Gabriel García Márquez
Frei sein und unabhängig

Gabriel García Márquez

FREI SEIN UND UNABHÄNGIG

Journalistische Arbeiten
1974-1995

Aus dem Spanischen
von Svenja Becker, Astrid Böhringer,
Christian Hansen
und Dagmar Ploetz

Kiepenheuer & Witsch

1. Auflage 2000

Titel der Originalausgabe: *Por la libre. Obra periodística 4 (1974–1995)*
© Gabriel García Márquez, 1974/1995; 1999
Aus dem Spanischen von Svenja Becker S. 133-144, S. 177-285,
Astrid Böhringer S. 9-131, Christian Hansen S. 309-367,
und Dagmar Ploetz S. 145-176, 287-307
© 2000 by Verlag Kiepenheuer & Witsch, Köln
Alle Rechte vorbehalten. Kein Teil des Werkes
darf in irgendeiner Form (durch Fotografie, Mikrofilm
oder ein anderes Verfahren) ohne schriftliche
Genehmigung des Verlages reproduziert oder unter
Verwendung elektronischer Systeme verarbeitet,
vervielfältigt oder verbreitet werden.
Umschlaggestaltung: Rudolf Linn, Köln
Umschlagmotive: Ulf Andersen/Gamma/Studio X
und SuperStock Bildagentur
Gesetzt aus der Garamond Stempel (Berthold)
bei Kalle Giese, Overath
Druck und Bindearbeiten: GGP Media, Pößneck
ISBN 3-462-02930-4

INHALTSVERZEICHNIS

Chile, der Putsch und die Gringos 9
Interview mit Philip Agee 27
Der Kampf, bei dem Miguel Enríquez starb 35
Portugal, freies Territorium Europas 45
Kuba kreuz und quer 71
»Ja, es gibt den chilenischen Widerstand« 107
»Wir sind eine Armee, die fest im Alltagsleben
verankert ist« 113
»Monteneros: Soldaten und Politiker« 123
Mir fällt keine Überschrift ein 133
Operation Carlota – Kuba in Angola 145
Aber General Torrijos hat jemanden, der ihm
schreibt 177
Angola, ein Jahr danach. Eine Nation in der
Grundschule 181
Rodolfo Walsh, der Schriftsteller, der den CIA
überflügelte 199
Torrijos, Kreuzung aus Maultier und Jaguar 203
Die Monate der Finsternis – Che im Kongo 213
»Die Revolution steht nicht auf dem Sockel« 221
Der Coup der Sandinisten. Chronik des Sturms auf
das »Haus der Schweine« 229
Die Kubaner und die Blockade 247
Vietnam von innen 261

Inhaltsverzeichnis

Bateman: Rätsel ohne Ende 287
Aus meinen Erinnerungen: Besuch beim Papst 309
Aus meinen Erinnerungen: Guillermo Cano 317
Was geht in Kolumbien vor? 325
Was sind die vorrangigen Aufgaben der Menschheit
in den kommenden Jahrzehnten? 341
Anmerkungen zu einer neuen Debatte über die
Drogenfrage 343
Für ein Land, das den Kindern gehört 347
Felipes bitterer April 359
Federicos unersättlicher Optimismus 365

Quellenverzeichnis 369

Register 375

Chile, der Putsch und die Gringos
1974

Ende 1969 aßen drei Generäle des Pentagons mit vier chilenischen Militärs in einem Vorort von Washington zu Abend. Der Gastgeber war der damalige Oberst Gerardo López Angulo, Luftattaché der Militärmission Chiles in den Vereinigten Staaten, und die chilenischen Gäste waren seine Kollegen der anderen Waffengattungen. Das Abendessen fand zu Ehren des Direktors der chilenischen Fliegerschule, General Carlos Toro Mazote, statt, der am Vortag angekommen war, um eine Fortbildung zu absolvieren. Die sieben Militärs aßen Obstsalat und Kalbsbraten mit Erbsen, tranken die milden Weine aus der fernen Heimat im Süden, wo leuchtende Vögel an den Stränden saßen, während Washington im Schnee versank, und redeten auf Englisch über das Thema, das die Chilenen in dieser Zeit als einziges zu interessieren schien: die Präsidentschaftswahlen im kommenden September.

Beim Nachtisch fragte einer der Pentagon-Generäle, was die chilenische Armee täte, wenn der Kandidat der Linken, Salvador Allende, die Wahlen gewinnen würde. General Mazote antwortete:

»Dann werden wir den Moneda-Palast innerhalb einer halben Stunde in unsere Gewalt bringen, und wenn wir ihn in Brand stecken müssten.«

Einer der Gäste war General Ernesto Baeza, heute Direktor der chilenischen Staatssicherheit. Er war derjenige, der beim Putsch den Sturm auf den Präsidentenpalast leitete und den Befehl gab, ihn in Brand zu stecken. Zwei seiner Untergebenen aus dieser Zeit wurden am gleichen Tag berühmt: General Augusto Pinochet, Präsident der Militärjunta, und General Javier Palacios, der am letzten Schusswechsel mit Salvador Allende beteiligt war. Am Tisch saß auch der Brigadegeneral der Luftwaffe Sergio Figueroa Gutiérrez, heute Bauminister und ein enger Freund eines anderen Mitglieds der Militärjunta, des Luftwaffengenerals Gustavo Leigh, der den Befehl gab, den Präsidentenpalast mit Raketen zu bombardieren. Der letzte Gast war Admiral Arturo Troncoso, heute Hafenkommandant von Valparaíso, der die blutige Säuberungsaktion unter den fortschrittlichen Offizieren der Kriegsmarine durchführte und die Militärrevolte in den frühen Morgenstunden des 11. September in Gang setzte.

Dieses historische Abendessen war der erste Kontakt des Pentagons mit Offizieren der verschiedenen chilenischen Waffengattungen. Bei weiteren Treffen sowohl in Washington als auch in Santiago wurde schließlich die Vereinbarung getroffen, dass die chilenischen Militärs, die sich mit der Mentalität und den Interessen der Vereinigten Staaten am meisten identifizierten, die Macht übernehmen würden, falls die Unidad Popular die Wahlen gewinnen sollte. Man plante das ganz kühl, wie eine simple Kriegsoperation, und ohne die realen Bedingungen in Chile zu berücksichtigen.

Der Plan stand schon seit längerem fest, und zwar nicht nur als Folge des Drucks der International Telegraph & Telephone Corporation (ITT), sondern auch auf Grund viel komplexerer weltpolitischer Erwägungen. In Gang gesetzt wurde die Operation von der Defence Intelligence Agency des Pentagons, aber die Durchführung lag bei der Naval Intelligence Agency, die unter der politischen Führung des Nationalen Sicherheitsrates die Daten der anderen Geheimdienste, einschließlich des CIA, sammelte und verarbeitete. Es war normal, dass das Projekt der Marine anvertraut wurde und nicht dem Heer, denn der Putsch in Chile sollte zur gleichen Zeit wie die Operation Unitas stattfinden, das heißt, die gemeinsamen Manöver nordamerikanischer und chilenischer Einheiten im Pazifik. Diese Manöver wurden im September, dem Wahlmonat, durchgeführt, und dann war es nicht ungewöhnlich, dass es auf der Erde und am Himmel Chiles alle Arten von Kriegsgerät und jede Menge Männer gab, die in der Kunst und in der Wissenschaft des Todes ausgebildet waren. Damals sagte Henry Kissinger privat zu einer Gruppe von Chilenen: »Der Süden der Welt, von den Pyrenäen abwärts, interessiert mich nicht, und ich weiß auch nichts darüber.« Der Plan war zu diesem Zeitpunkt bis ins letzte Detail ausgearbeitet, und es ist undenkbar, dass Kissinger und auch Präsident Nixon keine Kenntnis davon hatten.

Chile ist ein schmales Land von 4.270 km Länge und 190 km Breite und mit zehn Millionen herzlichen Einwohnern, von denen zwei Millionen in der Hauptstadt Santiago wohnen. Die Größe des Landes beruht nicht darauf, dass es so viele Tugenden hat, sondern dass die Ausnahmen so bemerkenswert sind. Das einzige, was es wirklich ernsthaft produziert, ist Kupfererz, aber sein Kupfererz ist das beste der Welt, und Chiles Produktionsvolumen liegt nur unwesentlich unter dem der Vereinigten Staaten und der Sowjetunion. Chile produziert auch Weine, die genauso gut sind wie die europäischen, aber sie werden wenig exportiert, weil die

Chilenen fast alles selbst trinken. Sein Pro-Kopf-Einkommen, sechshundert Dollar, gehört zu den höchsten Lateinamerikas, aber nur dreihunderttausend Menschen teilen sich fast die Hälfte des Bruttosozialprodukts. 1932 war Chile die erste sozialistische Republik des Kontinents, und man bemühte sich damals mit der begeisterten Unterstützung der Arbeiter um die Verstaatlichung der Kupfer- und Kohlebergwerke, doch dieser Versuch dauerte nur dreizehn Tage. In Chile gibt es durchschnittlich alle zwei Tage ein leichtes und alle drei Jahre ein verheerendes Erdbeben. Die weniger apokalyptischen Geologen meinen, dass Chile kein Festlandgebiet sei, sondern ein Sims der Anden in einem Ozean aus Dunstwolken, und dass das gesamte nationale Territorium mitsamt seinen Salpeterfeldern und seinen sanften Frauen dazu verurteilt sei, durch eine Naturkatastrophe von der Landkarte zu verschwinden.

Die Chilenen sind die sympathischsten Leute des Kontinents, sie freuen sich, am Leben zu sein, und genießen es so gut wie möglich, und sogar noch ein bisschen mehr, aber sie haben einen gefährlichen Hang zur Skepsis und zum Sinnieren. »Kein Chilene glaubt, dass morgen Dienstag ist«, sagte einmal ein Chilene zu mir, und er selbst glaubte es auch nicht. Trotz dieser grundlegenden Ungläubigkeit – oder vielleicht auch gerade deshalb – haben die Chilenen jedoch einen hohen Grad an natürlicher Zivilisation, eine ausgeprägte politische Reife und ein beachtliches kulturelles Niveau erreicht, und das sind ihre besten Ausnahmen.

Von den drei Literaturnobelpreisen, die Lateinamerika bekommen hat, gingen zwei an Chilenen. Einer von ihnen, Pablo Neruda, war der größte Dichter dieses Jahrhunderts.

All das musste Kissinger bekannt gewesen sein, als er sagte, er wisse nichts über den Süden der Welt, denn die Regierung der Vereinigten Staaten kannte damals selbst die geheimsten Gedanken der Chilenen, hatte sie 1965 ohne Erlaubnis Chiles in einer unglaublichen Operation sozialer und politischer Spionage in Erfahrung gebracht: der Operation Camelot.

Es handelte sich dabei um eine hinterhältige Untersuchung mit sehr präzisen Fragebögen, die bis in den letzten Winkel des Landes allen Chilenen vorgelegt wurden, gleich welcher sozialen Schicht oder Berufsgruppe, um den Grad an politischer Reife und die sozialen Tendenzen der Chilenen wissenschaftlich zu ermitteln. In dem Fragebogen, der für die Kasernen bestimmt war, stand die Frage, die fünf Jahre später die chilenischen Militärs bei dem Abendessen in Washington noch einmal hörten: »Wie werden Sie reagieren, wenn der Kommunismus an die Macht kommt?« Das war eine Fangfrage. Nach der Operation Camelot wussten die Vereinigten Staaten genau, dass Salvador Allende zum Präsidenten der Republik gewählt werden würde.

Chile war nicht zufällig für diese Erhebung ausgesucht worden. Die lange Tradition und die Stärke seiner Volksbewegung, die Hartnäckigkeit und die Intelligenz ihrer Führer sowie die wirtschaftlichen und sozialen Bedingungen des Landes ließen seine Zukunft voraussahnen. Die Auswertung der Operation Camelot bestätigte es; Chile würde nach Kuba die zweite sozialistische Republik des Kontinents werden. Die Vereinigten Staaten verfolgten daher nicht nur die Absicht, die Regierung Salvador Allende zu verhindern, um die nordamerikanischen Investitionen zu schützen. Das größere Ziel war die Wiederholung der ungeheuerlichsten und fruchtbarsten Erfahrung, die der Imperialismus je in Lateinamerika gemacht hat: Brasilien.

Am 4. September 1970 wurde der sozialistische Arzt und Freimaurer Salvador Allende wie erwartet zum Präsidenten der Republik gewählt. Der Plan wurde jedoch nicht durchgeführt. Die gängigste Erklärung dafür ist besonders amüsant: Im Pentagon hatte sich jemand geirrt und zweihundert Visa für einen angeblichen Marinechor beantragt, der in Wirklichkeit aus Spezialisten im Stürzen von Regierungen bestand, darunter waren auch mehrere Admiräle, die nicht einmal singen konnten. Die chilenische Regierung durchschaute das Manöver und verweigerte die Visa. Wegen dieses Zwischenfalls, so wird vermutet, hat man das Abenteuer dann verschoben. Der eigentliche Grund ist jedoch, dass das Vorhaben sorgfältig analysiert worden war: Andere nordamerikanische Geheimdienste, vor allem der CIA, und auch der Botschafter der Vereinigten Staaten in Chile, Edward Korry, hielten den Plan für eine simple militärische Operation, die zudem die damaligen Bedingungen in Chile außer Acht ließ.

Der Sieg der Unidad Popular rief dann auch in der Tat nicht die soziale Panik hervor, die das Pentagon erwartet hatte. Im Gegenteil, die unabhängige Haltung der neuen Regierung in der internationalen Politik und ihre Entschlossenheit im Bereich der Wirtschaft sorgten sofort für ein allgemeines Freudenfest. Im Lauf des ersten Jahres wurden siebenundvierzig Industriebetriebe und über die Hälfte der Banken verstaatlicht. Die Landreform enteignete 2.400.000 Hektar bewirtschafteten Landes und machte sie zu Volkseigentum. Die Inflation wurde gesenkt: Man erreichte Vollbeschäftigung, und es gab eine effektive Lohnerhöhung von 40 Prozent.

Die vorherige Regierung unter dem Christdemokraten Eduardo Frei hatte einen Prozess der Chilenisierung des Kupfers eingeleitet. Sie hatte allerdings nichts weiter getan, als einundfünfzig Prozent der Kupferminen zu kaufen, und dabei allein für die Mine El Teniente einen Betrag bezahlt, der über dem Gesamtpreis des Unternehmens lag. Die Unidad Popular gewann mit einem einzigen Gesetzesakt alle von der Anaconda und der Kennecott, den Tochterfirmen nordamerikanischer Gesellschaften, ausgebeuteten Kupfervorkommen für das Land zurück. Ohne Entschädigung. Die Regierung schätzte, dass die beiden Gesellschaften in fünfzehn Jahren den ungeheuren Gewinn von achtzig Milliarden Dollar gemacht hatten.

Das Kleinbürgertum und die Mittelschicht, zwei starke Kräfte, die in jenem Augenblick einen Militärputsch hätten unterstützen können, begannen allmählich, von unerwarteten Vorteilen zu profitieren, und zwar nicht auf Kosten des Proletariats, wie das immer der Fall gewesen war, sondern auf Kosten der Finanzoligarchie und des ausländischen Kapitals. Die Streitkräfte als gesellschaftliche Gruppe sind genauso alt und haben den gleichen Ursprung und die gleichen Ambitionen wie die Mittelschicht, und die hatten keinen Grund, ja nicht einmal einen Vorwand, um eine winzige Gruppe von Offizieren mit Putschgelüsten zu unterstützen. Diese Realität war den Christdemokraten bewusst, und sie schlossen sich damals nicht nur nicht der Verschwörung in den Kasernen an, sondern sie widersetzten sich ihr mit Entschiedenheit, weil sie wussten, dass diese innerhalb ihrer Anhängerschaft keine Sympathie fand. Sie hatten ein anderes Ziel: mit allen Mitteln den guten Zustand der Regierung zu schädigen, um sich bei den Wahlen im März 1973 die Zweidrittelmehrheit im Kongress zu verschaffen. Mit dieser Sitzverteilung konnte sie verfassungsgemäß die Absetzung des Präsidenten beschließen.

Die Partido Demócrata Cristiano war eine große, klassenübergreifende Partei mit einer soliden Basis in der modernen Industriearbeiterschaft, bei den kleinen und mittleren Bauern sowie bei der Bourgeoisie und der Mittelschicht in den Städten. Die Unidad Popular vertrat die weniger privilegierten

Teile der Arbeiterschaft, das bäuerliche Proletariat und die untere Mittelschicht in den Städten.

Die Christdemokraten, die mit der extrem rechten Partido Nacional verbündet waren, kontrollierten den Kongress. Die Unidad Popular kontrollierte die Exekutive. Die Polarisierung dieser beiden Kräfte sollte dann auch tatsächlich das ganze Land in zwei Lager spalten. Kurioserweise machte sich ausgerechnet der Katholik Eduardo Frei, der nicht an den Marxismus glaubt, den Klassenkampf besonders zunutze, förderte ihn und trieb ihn mit dem Ziel auf die Spitze, die Regierung zu Fall zu bringen, das Land zu demoralisieren und in den wirtschaftlichen Ruin zu stürzen.

Die Wirtschaftsblockade der Vereinigten Staaten wegen der entschädigungslosen Enteignungen und die interne Sabotage der Bourgeoisie gaben dem Land den Rest. In Chile wird alles Mögliche produziert, von Autos bis zu Zahnpasta, doch die Industrie hat eine falsche Identität: In den einhundertsechzig größten Firmen steckten sechzig Prozent ausländisches Kapital, und achtzig Prozent der verarbeiteten Grundstoffe waren importiert. Das Land brauchte außerdem jährlich dreihundert Millionen Dollar, um Konsumartikel einzuführen, und weitere vierhundertfünfzig Millionen, um die Kosten der Auslandskredite zu zahlen. Die Kredite der sozialistischen Länder konnten den Grundmangel an Ersatzteilen nicht ausgleichen, denn die gesamte chilenische Industrie, die Landwirtschaft und das Transportwesen waren mit nordamerikanischer Technik ausgerüstet. Die Sowjetunion musste australischen Weizen kaufen, um ihn nach Chile zu schicken, weil sie selbst keinen hatte, und über die Pariser Banque Commerciale pour l'Europe du Nord gewährte sie Chile mehrere Dollarkredite in beträchtlicher Höhe. Kuba schickte in einer eher beispielhaften als entscheidenden Geste ein mit geschenktem Zucker beladenes Schiff. Aber Chiles Bedürfnisse waren immens. Die fröhlichen Damen der Bougeoisie gingen unter dem Vorwand, sie litten unter der Rationierung und die Armen hätten überzogene Ansprüche, auf die Straße, um mit ihren leeren Töpfen zu klappern. Es war kein Zufall, sondern im Gegenteil sehr bezeichnend, dass dieses Straßenspektakel mit Silberfüchsen und blumengeschmückten Hüten am gleichen Tag stattfand, an dem Fidel Castro einen dreißigtägigen Besuch beendete, der einen ungeheuren sozialen Wirbel verursacht hatte.

Salvador Allende tanzt seine letzte glückliche Cueca

Präsident Salvador Allende wurde damals klar – und er sagte es auch –, dass das Volk zwar an der Regierung war, aber nicht an der Macht. Der Satz war umso alarmierender, als Allende eine legalistische Ader hatte, die die Wurzel seines eigenen Untergangs war: Ein Mann, der bis zum Tod kämpfte, um Recht und Gesetz zu verteidigen, wäre imstande gewesen, mit erhobenem Kopf den Moneda-Palast durch die Vordertür zu verlassen, wenn der Kongress ihn verfassungsgemäß abgesetzt hätte. Die italienische Journalistin und Politikerin Rossanna Rossanda, die Allende damals besuchte, stellte fest, dass er gealtert, angespannt und voller düsterer Vorahnungen war, wie er so vor ihr auf dem gelben Kretonnesofa saß, auf dem später sein von Kugeln durchsiebter Leichnam mit dem von einem Gewehrkolben zerstörten Gesicht liegen sollte. Selbst die verständnisvollsten Gruppierungen der Christdemokratischen Partei waren damals gegen ihn. »Auch Tomic?« fragte Rossanna.
»Alle«, antwortete Allende.

Im Vorfeld der Wahlen vom März 1973, die über sein Schicksal entscheiden würden, hätte Allende sich mit sechsunddreißig Prozent der Stimmen für die Unidad Popular zufrieden gegeben. Trotz der sprunghaft anwachsenden Inflation, der radikalen Rationierung und des ohrenbetäubenden Topfkonzerts bekam sie jedoch vierundvierzig Prozent. Das war ein so spektakulärer und entscheidender Sieg, dass Allende, nachdem er mit seinem Freund und Vertrauten, dem Journalisten Augusto Olivares, als einzigem Zeugen in seinem Arbeitszimmer zurückgeblieben war, die Tür schließen ließ und allein eine Cueca tanzte.

Für die Christdemokraten war das der Beweis dafür, dass der von der Unidad Popular eingeleitete demokratische Prozess mit legalen Mitteln nicht aufgehalten werden konnte, aber es fehlte ihnen die Weitsicht, die Konsequenzen ihres Abenteuers abzuschätzen: Dies ist ein Fall unverzeihlicher historischer Verantwortungslosigkeit. Die Vereinigten Staaten sahen es als Warnzeichen, das von viel größerer Bedeutung war als die Interessen der enteigneten Firmen; für sie war es ein nicht zu akzeptierender Präzedenzfall innerhalb des friedlichen Fortschritts der Völker der Welt, insbesondere der Franzosen und der Italiener, bei denen es die momentanen Bedingungen möglich machen, ähnliche Versuche wie den in Chile zu unternehmen. Alle Kräfte der inneren und äußeren Reaktion schlossen sich zu einem kompakten Block zusammen.

Die Parteien der Unidad Popular dagegen, deren interne Risse viel tiefer waren, als man heute zugibt, konnten sich nicht einigen, was die Auswertung der Märzwahl anging. Die Regierung sah keine Handlungsmöglichkeiten mehr; von der einen Seite kam die Forderung, die offensichtliche Radikalisierung der Massen dafür zu nutzen, die soziale Umgestaltung einen entscheidenden Schritt weiterzubringen, während die Gemäßigteren auf der anderen Seite das Gespenst des Bürgerkriegs vor Augen hatten und darauf vertrauten, mit den Christdemokraten zu einer regressiven Einigung zu gelangen. Heute sieht man ganz deutlich, dass diese Kontakte von Seiten der Opposition nichts anderes als ein Ablenkungsmanöver waren, um Zeit zu gewinnen.

Der CIA und der Unternehmerstreik

Der Streik der Fuhrunternehmer war der zündende Funke. Wegen der turbulenten Geographie des Landes ist die chilenische Wirtschaft vollkommen auf den Straßentransport angewiesen. Ihn lahmzulegen bedeutet, das ganze Land lahmzulegen. Für die Opposition war das sehr einfach, denn das Transportwesen gehörte zu den Bereichen, die am stärksten vom Ersatzteilmangel betroffen waren, und außerdem drohte ihm die von der Regierung geplante Verstaatlichung und die Ausstattung mit sowjetischer Technik. Der Streik wurde, ohne auch nur den kleinsten Einbruch, bis zum Schluss durchgehalten, weil er vom Ausland mit Bargeld finanziert wurde. Der CIA überschwemmte das Land mit Dollars, um den Unternehmerstreik zu unterstützen, und diese Devisen verschwanden auf dem Schwarzmarkt, wie Pablo Neruda einem Freund in Europa schrieb. Eine Woche vor dem Putsch waren Öl, Milch und Brot ausgegangen. In den letzten Tagen der Unidad Popular, als das Land nach dem völligen Zusammenbruch der Wirtschaft am Rande des Bürgerkriegs stand, konzentrierten sich die Bemühungen der Regierung und der Opposition darauf, das Kräfteverhältnis innerhalb der Armee zu den jeweils eigenen Gunsten zu verschieben. Der letzte Schachzug war perfekt: Achtundvierzig Stunden vor dem Putsch war es der Opposition gelungen, die führenden Offiziere, die Salvador Allende unterstützten, zu suspendieren und nach und nach, in einer Reihe meisterhafter Rochaden und Gambits, durch all die Offiziere zu ersetzen, die an dem Abendessen in Washington teilgenommen hatten.

Zu jenem Zeitpunkt gehorchte das politische Schachspiel jedoch nicht mehr dem Willen seiner Protagonisten. Von einer unumkehrbaren Dialektik mitgerissen, waren sie selbst zu Figuren eines Schachspiels ganz anderer Größenordnung geworden, eines Schachspiels, das viel komplexer und von viel größerer politischer Bedeutung war als eine bewusste Verschwörung des Imperialismus und der gegen die Regierung des Volkes gerichteten Reaktion. Sie hatten eine schreckliche Konfrontation der Klassen ausgelöst, ein erbittertes Ringen entgegengesetzter Interessen, dessen Höhepunkt eine in der Geschichte Lateinamerikas nie dagewesene soziale Katastrophe sein sollte.

Die blutrünstigste Armee der Welt

Ein Militärputsch konnte angesichts der Bedingungen in Chile nicht unblutig verlaufen. Allende wusste das. »Man spielt nicht mit dem Feuer«, hatte er zu der italienischen Journalistin Rossanna Rossanda gesagt. »Wer glaubt, ein Militärputsch sei in Chile wie in anderen Ländern Lateinamerikas nur eine Wachablösung im Regierungspalast, der irrt sich gewaltig. Wenn hier die Armee den Rahmen des Gesetzes verlässt, wird es ein Blutbad geben. Wie in Indonesien.«

Diese Gewissheit stützte sich auf die Geschichte. Die chilenischen Streitkräfte haben entgegen der Darstellung, die man uns immer präsentiert hat, jedesmal in die Politik eingegriffen, wenn sie ihre Klasseninteressen bedroht sahen, und sie sind dabei mit einer fürchterlichen Brutalität vorgegangen. Die zwei Verfassungen, die das Land in einem Jahrhundert gehabt hat, wurden mit Waffengewalt durchgesetzt, und der Militärputsch vor ein paar Monaten war der sechste Versuch während der letzten fünfzig Jahre.

Die Blutgier der chilenischen Armee geht bis auf ihre Ursprünge zurück, auf die furchtbare Erfahrung des Krieges gegen die Araukaner, wo Mann gegen Mann gekämpft wurde, und das dreihundert Jahre lang. Einer der Vorväter der Armee rühmte sich im Jahre 1620, mit eigenen Händen in einer einzigen Aktion über zweitausend Menschen getötet zu haben. Joaquín Edwards Bello erzählt in seinen Chroniken, dass die Armee während einer Fleckfieberepidemie die Kranken aus den Betten geholt und sie in einem Giftbad getötet habe, um die Seuche auszurotten. Während eines siebenmonatigen Bürgerkriegs 1891 gab es zehntausend Tote in einer einzigen Schlacht. Die Peruaner versichern, dass chilenische Soldaten während der Besetzung Limas im Pazifikkrieg die Bibliothek von Don Ricardo Palma geplündert hätten, aber nicht um die Bücher zu lesen, sondern um sich den Hintern damit abzuwischen.

Mit noch größerer Brutalität sind die Volksbewegungen niedergeschlagen worden. Nach dem Erdbeben von Valparaíso im Jahr 1906 massakrierten die Seestreitkräfte achttausend Hafenarbeiter und zerschlugen damit deren Organisation.

In Iquique flüchtete Anfang des Jahrhunderts eine Demonstration streikender Arbeiter unter dem Maschinengewehrfeuer der Soldaten ins städtische Theater: Es gab zweitausend Tote. Am 2. April 1957 schlug die Armee eine zivile Protestkundgebung im Geschäftszentrum von Santiago nieder. Die Zahl der Opfer konnte nie festgestellt werden, weil die Regierung die Leichen heimlich verscharren ließ. Unter der Regierung von Eduardo Frei trieb eine Militärpatrouille während eines Streiks in der Mine El Salvador die Teilnehmer einer Kundgebung mit Kugeln auseinander und tötete dabei sechs Menschen, darunter mehrere Kinder und eine schwangere Frau. Der Standortkommandant war ein unbekannter General von zweiundfünfzig Jahren, Vater von fünf Kindern, Geographielehrer und Verfasser mehrerer Bücher über militärische Themen: Augusto Pinochet.

Der Mythos der Gesetzestreue und der Friedfertigkeit dieser blutrünstigen Armee war von der chilenischen Bourgeoisie ganz eigennützig erfunden worden. Die Unidad Popular erhielt ihn aufrecht, weil sie hoffte, die Klassenzugehörigkeit der hohen Offiziere etwas zu ihren Gunsten verändern zu können. Salvador Allende fühlte sich jedoch unter den Carabineros sicherer, einer bewaffneten Einheit, deren Angehörige aus bescheidenen Verhältnissen stammten und die der direkten Befehlsgewalt des Präsidenten der Republik unterstand. Tatsächlich unterstützten auch nur die ältesten Offiziere der Carabineros den Putsch.

Die jüngeren Offiziere verschanzten sich in der Schule der Unteroffiziere in Santiago und leisteten vier Tage lang Widerstand, bis sie schließlich durch Bombardements zur Strecke gebracht wurden. Das war die bekannteste Schlacht des heimlichen Krieges, der am Vorabend des Putsches in den Kasernen tobte. Die Putschisten liquidierten diejenigen Offiziere, die ihnen die Unterstützung verweigerten oder die sich dem Befehl zur Repression widersetzten. Man schlug den Aufstand ganzer Regimenter sowohl in Santiago als auch in der Provinz erbarmungslos nieder und füsilierte deren Anführer zur Abschreckung. Der Kommandant der Kreuzer von Viña del Mar, Oberst Cantuarias, wurde von seinen Untergebenen erschossen. Die jetzige Regierung hatte die Dinge so dargestellt, als seien viele dieser loyalen Soldaten dem Widerstand des Volkes zum Opfer gefallen. Es wird noch einige Zeit vergehen, bis man die tatsächlichen Ausmaße dieser internen Schlächterei kennen wird, denn die Leichen wurden in Müllwagen aus den Kasernen geschafft und heimlich begraben. Letztendlich haben nur etwa fünfzig zuverlässige Offiziere an der Spitze von vorab gesäuberten Truppen die Repressionsmaßnahmen durchgeführt.

Zahlreiche ausländische Agenten waren an dem Drama beteiligt. Die Bombardierung des Regierungspalastes, deren technische Präzision die Experten in Erstaunen versetzte, ging auf das Konto einer Gruppe nordamerikanischer Luftakrobaten, die unter dem Schutz der Operation Unitas ins Land gekommen waren, um am bevorstehenden 18. September, dem Unabhängigkeitstag, einen fliegenden Zirkus zu präsentieren. Zahlreiche Geheimpolizisten der Nachbarregierungen, über die bolivianische Grenze eingeschleust, hielten sich bis zum Tag des Putsches versteckt und entfesselten dann eine erbitterte Verfolgungsjagd auf etwa siebentausend politische Flüchtlinge aus anderen lateinamerikanischen Ländern.

Brasilien, das Land, in dem der schlimmste Terror herrschte, hatte diesen Service übernommen. Zwei Jahre zuvor hatte es den reaktionären Putsch in Bolivien unterstützt, der Chile eine wichtige Rückendeckung nahm und die Infiltration aller möglichen Hilfsmittel für den Umsturz erleichterte. Einige der Kredite, die Brasilien von den Vereinigten Staaten bekommen hat, sind heimlich nach Bolivien transferiert worden, um die subversiven Kräfte in Chile zu unterstützen. 1972 unternahm General William Westmoreland eine heimliche Reise nach La Paz, über deren Zweck man sich ausschwieg. Es ist jedoch sicher kein Zufall, dass kurze Zeit nach diesem geheimen Besuch an der chilenischen Grenze

Truppenbewegungen stattfanden und Kriegsgerät aufgefahren wurde, was den chilenischen Militärs eine weitere Gelegenheit gab, ihre interne Position zu festigen und ihrerseits Truppenverschiebungen sowie Beförderungen im Sinne des bevorstehenden Putsches zu unternehmen.

Am 11. September schließlich wurde, während man die Operation Unitas vorverlegte, der Plan des Washingtoner Abendessens durchgeführt, mit dreijähriger Verspätung zwar, aber genauso wie damals beschlossen: Es sollte kein militärischer Gewaltstreich im herkömmlichen Sinne werden, sondern eine verheerende Vernichtungsschlacht. Das musste so sein, denn es ging nicht nur darum, eine Regierung zu stürzen, sondern man wollte die düstere Saat Brasiliens aufgehen lassen, mit ihren schrecklichen Terror-, Folter- und Mordinstrumenten, bis in Chile nichts mehr von den politischen und sozialen Bedingungen übrig bliebe, die die Unidad Popular möglich gemacht hatten. Vier Monate nach dem Putsch war die Bilanz fürchterlich: fast zwanzigtausend Ermordete, dreißigtausend politische Gefangene, die brutalster Folter unterzogen wurden, fünfundzwanzigtausend von den Universitäten verwiesene Studenten und über zweihunderttausend entlassene Arbeiter. Die schlimmste Phase war jedoch noch nicht zu Ende.

Der wirkliche Tod eines Präsidenten

Als die Stunde der letzten Schlacht gekommen war und das Land sich völlig in der Gewalt der entfesselten Kräfte der Subversion befand, hielt Salvador Allende immer noch am Gesetz fest. Der dramatischste Widerspruch seines Lebens war, dass er die Gewalt aus tiefster Seele ablehnte, gleichzeitig aber ein leidenschaftlicher Revolutionär war, und er glaubte, diesen Widerspruch durch die Hypothese gelöst zu haben, die Bedingungen in Chile ließen eine friedliche Entwicklung zum Sozialismus innerhalb der bürgerlichen Legalität zu. Die Erfahrung zeigte ihm zu spät, dass man ein System nicht durch die Regierung ändern kann, sondern nur, wenn man wirklich die Macht hat.

Diese späte Feststellung verlieh ihm vermutlich die Kraft, bis zum Tod in den brennenden Trümmern eines Hauses Widerstand zu leisten, das nicht einmal sein eigenes war, ein düsterer Palast, den ein italienischer Architekt ursprünglich als Münze gebaut hatte und der schließlich zur Zufluchtsstätte eines Präsidenten ohne Macht wurde. Er leistete sechs Stunden lang Widerstand, mit einer Maschinenpistole, die ihm Fidel Castro geschenkt hatte und die die erste Feuerwaffe war, die Salvador Allende je benutzte. Der Journalist Augusto Olivares, der bis zum Schluss an seiner Seite kämpfte, wurde mehrmals verletzt und verblutete später auf der Unfallstation.

Gegen vier Uhr nachmittags gelang es dem Divisionsgeneral Javier Palacios, zusammen mit seinem Adjutanten, Hauptmann Gallardo, und einer Gruppe von Offizieren in den zweiten Stock vorzudringen. Dort wartete zwischen falschen Louis-XV-Sesseln, Blumenvasen mit chinesischen Drachen und Rugendas-Bildern aus dem roten Salon Salvador Allende auf sie. Er trug einen Grubenhelm auf dem Kopf, hatte Jacke und Krawatte ausgezogen, und seine Kleider waren blutbeschmiert. In der Hand hielt er die Maschinenpistole.

Allende kannte General Palacios gut. Wenige Tage zuvor hatte er zu Augusto Olivares gesagt, das sei ein gefährlicher Mann, der enge Kontakte zur Botschaft der Vereinigten Staaten unterhalte. Sobald er Palacios auf der Treppe auftauchen sah, rief Allende ihm zu: »Verräter«, und verletzte ihn an einer Hand.

Allende starb beim Schusswechsel mit dieser Patrouille. Anschließend feuerten alle Offiziere nach einem militärischen Kastenritus noch einmal auf seinen Leichnam. Zum Schluss zerschlug ihm ein Unteroffizier mit dem Gewehrkolben das Gesicht. Das Foto existiert: Es stammt von dem Fotografen Juan Enrique Lira von der Zeitung *El Mercurio*, er durfte als einziger den Leichnam fotografieren. Allende war so entstellt, dass man seiner Frau Hortensia zwar den Leichnam im Sarg zeigte, ihr aber nicht gestattete, sein Gesicht aufzudecken.

Allende war kurz zuvor, im Juli, vierundsechzig Jahre alt geworden, und er war ein richtiger Löwe: hartnäckig, entschlossen und undurchschaubar. »Was Allende denkt, weiß nur Allende«, hatte mir einmal einer seiner Minister gesagt. Er liebte das Leben, er liebte Blumen und Hunde, und er war auf eine etwas altmodische Weise galant, mit parfümierten Briefen und heimlichen Begegnungen. Seine größte Tugend war die Konsequenz, doch das Schicksal ließ ihm die seltene und tragische Größe zuteil werden, dass er sein Leben hingab für die Verteidigung eines so anachronistischen Unsinns wie das bürgerliche Recht, für die Verteidigung eines obersten Gerichtshofs, der ihn abgelehnt hatte und der seine Mörder legitimieren sollte, für die Verteidigung eines schäbigen Kongresses, der ihn der Gesetzwidrigkeit bezichtigt hatte, der sich jedoch frohgemut dem Willen der Usurpatoren unterwerfen sollte, für die Verteidigung der Freiheit der Oppositionsparteien, die ihre Seele dem Faschismus verkauft hatten, für die Verteidigung des ganzen überholten Brimboriums eines Scheißsystems, das er hatte beseitigen wollen, ohne einen einzigen Schuss abzugeben. Das Drama ereignete sich in Chile, zum Pech der Chilenen, aber es wird in die Geschichte eingehen als etwas, das uns allen widerfahren ist, ob wir wollen oder nicht, und das für immer in unserem Leben bleiben wird.

Interview mit Philip Agee
1974

Salvador Allende verlor im September 1964 die Präsidentschaftswahlen in Chile. Der siegreiche Kandidat war der Christdemokrat Eduardo Frei. Damals hielt man diesen Sieg nur für eine weitere Episode in der sehr langen und ruhigen Geschichte der chilenischen Demokratie. Jetzt allerdings erfährt man, dass die damalige Niederlage Salvador Allendes ein geheimer Sieg des CIA, der obersten Geheimdienstbehörde der Vereinigten Staaten, war. Der CIA hatte mehrere Millionen Dollar investiert, um die rechten Parteien zu stärken und Stimmen gegen den sozialistischen Kandidaten zu kaufen. Ein Mann namens Philip Agee, damals CIA-Agent in Montevideo, enthüllt diese Wahrheit und viele weitere in einem spannenden Buch, das im Januar erscheinen wird (*Inside the Company: CIA Diary*. Penguin Books. London).

»Unser Problem war damals«, erzählt Agee, »dass die Finanzabteilung des Hauptquartiers des CIA in Washington nicht genügend chilenisches Geld in den New Yorker Banken zusammenbekommen hatte und in Lima und Rio de Janeiro hatte ankaufen müssen. Aber auch auf diese Weise konnte der Bedarf nicht gedeckt werden. Unser Ankäufer in Montevideo«, fährt Agee fort, »war die First National City Bank, die ihre Leute nach Santiago schickte, wo sie ganz diskret chilenische Escudos in kleinen Einzelbeträgen kaufen sollten. Zwei Tage später kamen sie mit dem Bargeld zurück, das sie auf die übliche Weise eingeschleust hatten: in Koffern voller Kleider und unter Bestechung der Zollbeamten.« Es war soviel Geld, dass Agee einen ganzen Tag brauchte, um es zu zählen. »Am nächsten Tag«, sagt er, »schickten wir es wieder als Diplomatengepäck nach Santiago.«

Philip Agee erzählt mir das alles in London, in einem Spanisch ohne jeden regionalen Akzent und mit dem Gesicht und der geistigen Strukturiertheit eines guten Mathematikstudenten, doch am auffälligsten an ihm ist seine natürliche Bescheidenheit. Er hat an der Universität Notre Dame in South Bend, Indiana, ein Philosophiestudium absolviert und war dort im Alter von neunzehn Jahren vom CIA angeworben worden. Zehn Jahre lang arbeitete er als Geheimdienstoffizier in Quito, Montevideo und Mexiko-Stadt. 1969 verließ er den CIA, weil er durch seine eigene Erfahrung zu der Überzeugung gelangt war, dass die Vereinigten Staaten das Unrecht und die Korruption unterstützten, um die imperialistische Kontrolle über Lateinamerika aufrechtzuerhalten und noch weiter auszudehnen. In den letzten drei Jahren ist er an irgendeinem Ort der Welt gewesen, um dieses Buch über seine Erfahrungen zu schreiben. Es ist ein kompaktes, ernstes und unmissverständliches Buch, das man an einem Stück liest.

Im Verlauf unseres langen und intensiven Gesprächs, bei dem wir immer wieder bestimmte Dokumente untersuchten und Ereignisse rekonstruierten, hätten wir den CIA fast von aller Schuld freigesprochen. Trotz all seiner Macht und all seines Geldes konnte er nämlich ohne die stillschweigende Unterstützung der lateinamerikanischen Regierungen, ohne die Käuflichkeit unserer Beamten und die fast grenzenlose Korruption unserer Politiker im Grunde gar nichts ausrichten.

In Ecuador zum Beispiel verfasste der Leibarzt des Präsidenten J.M. Velasco Ibarra – ein Kolumbianer namens Felipe Ovalle – jede Woche einen Bericht, den er dem CIA verkaufte. Dank der Mithilfe der Postbeamten wurde die Diplomatenpost aus Kuba, der UdSSR und China an das CIA-Büro weitergeleitet, wo der Agent John Bacon die Briefe öffnete, sie fotokopierte, wieder verschloss und dem Postamt unversehrt zurückgab. Ein UN-Botschafter Ecuadors war CIA-Agent, ebenso wie drei uruguayische Diplomaten in Havanna, ein Korrespondent der Agentur Ansa in Montevideo, die offizielle Stenographin der Militärjunta, die Präsident Arosemena in Ecuador ablöste, ein Finanzminister, zwei Führer der Partido Social Cristiano, ein Autoimporteur in Guayaquil, der Verkaufschef von Philip Morris für Lateinamerika und Fidel Castros eigene Schwester Juanita.

Der CIA hat dank dem stillschweigenden Einverständnis der Besitzer in vielen Hotels Lateinamerikas Mikrofone versteckt. Er hört in seinen Büros die Gespräche linker Politiker ab, dank der Mithilfe örtlicher Geheimdienststellen, die ihm außerdem täglich Listen von Auslandsreisenden sowie die Anmeldeformulare beliebiger Bürger schicken. Das CIA-Büro in Montevideo kontrolliert zahllose Telefongespräche über ein geheimes Netz aus dreißig Doppelkabeln, die von der Telefongesellschaft installiert wurden.

Agee erzählt in seinem Buch, nach der Wahl Arosemenas zum Präsidenten von Ecuador habe der Vizepräsident des Senats, Reinaldo Varea, ein Treffen mit Ted Noland, dem CIA-Chef in Quito, vereinbart, um diesen um Hilfe bei seinen Bemühungen um das Amt des Vizepräsidenten der Republik zu bitten. Noland verschaffte es ihm mit Unterstützung des Führers der Konservativen, Aurelio Dávila.

Beide wussten anscheinend nicht, dass sowohl der eine als auch der andere auf Nolands Gehaltsliste stand. Nachdem Reinaldo Varea zum Vizepräsidenten gewählt worden war, erreichte er, dass ihm der CIA seine monatliche Zuwendung von siebenhundert auf tausend Dollar erhöhte und ihm versprach, sie zu verdoppeln, falls er es bis zum Amt des Präsidenten schaffe.

Die Zahlungen des CIA sind allerdings nicht immer so schäbig. Einen Beamten der kubanischen Botschaft in Montevideo, der für den Bereich Kommunikationstechnik zuständig war, versuchte man mit dem Angebot zu locken, ihm das nette Sümmchen von dreißigtausend Dollar für einen vollständigen Bericht über die kubanischen Geheimdienstoperationen zu zahlen, weitere fünfzigtausend Dollar versprach man ihm für die Codes der verschlüsselten Botschaften und dreitausend Dollar monatlich, falls er für den CIA in irgendeiner kubanischen Botschaft arbeiten würde. 1967 betrug der Lateinamerika-Haushalt des CIA allein für die laufenden Ausgaben siebenunddreißig Millionen Dollar.

Das Hauptziel der Vereinigten Staaten war damals, dass die lateinamerikanischen Länder ihre Beziehungen zu Kuba abbrachen, bis das Land völlig isoliert wäre. Um dies zu erreichen, inszenierten die USA Staatsstreiche, öffentliche Unruhen, bezahlte Streiks und sorgten für die blutige Niederschlagung von Volksprotesten und Studentenrevolten. Sie ließen den rechten Parteien beträchtliche Geldsummen zukommen, bestachen die reformwilligen Kräfte und errichteten schließlich die Herrschaft des Terrors. Die Universitäten eigneten sich besonders gut zum Agitieren und zum Provozieren. Gutmeinende Studenten verteilten subversive Flugblätter, die in den nordamerikanischen Botschaften gedruckt worden waren. Agee sagt: »Keiner der Studenten, mit Ausnahme der bezahlten Führer, wusste, dass er für den

CIA arbeitete.« Alle kubafeindlichen Wandmalereien der damaligen Zeit und, den jeweiligen geheimen Absichten entsprechend, auch ein paar kubafreundliche, gingen auf das Konto des CIA.

Agee erzählt in seinem Buch, wie Präsident Velasco Ibarra von Ecuador zu Fall gebracht wurde, fast mit einem Telefonanruf, weil er sich weigerte, mit Kuba zu brechen. Er erzählt weiter, wie man dessen Nachfolger, Arosemena, stürzte, weil dieser den Botschafter der Vereinigten Staaten beleidigt hatte, und wie Frondizi in Argentinien und Quadros in Brasilien gestürzt wurden, weil auch sie sich weigerten, die Beziehungen zu Kuba abzubrechen. 1962 gab Ecuador schließlich unter dem furchtbaren Druck der Vereinigten Staaten nach. Agee erzählt, dass sie an diesem Abend den Sieg in ihren Büros in Quito mit Champagner gefeiert und vom Hauptquartier Glückwünsche übermittelt bekommen hätten.

Zwei Jahre später verfolgte Agee von der Washingtoner Zentrale aus aufmerksam das Manöver, mit dem die Vereinigten Staaten es schafften, Kuba aus der OAS auszuschließen. Als Anlass für die Kampagne diente eine Waffenlieferung, die nach Aussage der venezolanischen Regierung auf ihrem Territorium gefunden worden sei. Ein belgischer Händler, der angebliche Verkäufer der Waffen, erklärte, er habe sie an Kuba verkauft. Von seinem privilegierten Beobachtungsstand in Washington aus schien Agee jedoch nicht sehr überzeugt von dieser abenteuerlichen Geschichte. »Ich hatte den Eindruck, dass die ganze Kampagne vom CIA-Büro in Caracas inszeniert worden war«, erzählt er, »und ich vermute, dass die Waffen auch dort beschafft worden waren, vielleicht in Zusammenarbeit mit den lokalen Geheimdienststellen.«

Die schwierigste Operation, aber vielleicht auch die lohnendste, war jedoch in Brasilien durchgeführt worden. 1963 hatte Ted Noland nach seiner Rückkehr von einer Reise nach Rio de Janeiro zu Agee gesagt, Brasilien sei »unser größtes Problem in Lateinamerika: größer noch als Kuba seit der Raketenkrise«. Um dieses Problem zu lösen, finanzierte der CIA beim Wahlkampf 1962 die Kandidaten der Rechten, eine Operation, die »mindestens zwölf Millionen Dollar, wahrscheinlich aber mehr als zwanzig Millionen Dollar« kostete. Die Kampagne wurde immer massiver, bis man schließlich 1964 nicht nur den Sturz Goularts erreicht, sondern auch die absolute Herrschaft des Terrors etabliert hatte. Agee sagt: »Offensichtlich hatte Präsident Johnson diese Entscheidung persönlich getroffen, nicht nur, um kurzfristig einen Gegenschlag zu verhindern, sondern auch, um so schnell wie möglich Sicherheitskräfte einzusetzen, die ein längerfristiges Handeln gewährleisteten.« Ergebnis dieser unheilvollen Inspiration war, dass dann nacheinander die Regierungen von Uruguay, Bolivien und Chile stürzten.

Es ist ein faszinierendes Buch. Man erfährt dort, dass auch Cheddy Jagan, der Premierminister von Britisch Guayana, vom CIA ausgeschaltet wurde. Erstaunt erfährt man außerdem, dass die Präzisionswaffen, mit denen der dominikanische Diktator Trujillo ermordet wurde, nachdem er bei der Regierung der Vereinigten Staaten in Ungnade gefallen war, als Kuriergepäck vom CIA aus Miami gekommen waren. Der Autor bestätigt, dass die Foltermannschaften, die in Lateinamerika ihr Unwesen treiben, in der Schule für Guerrillabekämpfung in der Kanalzone von Panama ihre Ausbildung erhalten. Schließlich weist er auch eindeutig nach, dass es 1964 – als Kuba aus der OAS ausgeschlossen wurde – sehr viel mehr stichhaltige Gründe gab, zuerst einmal die Vereinigten Staaten auszuschließen, und zwar wegen ihrer hartnäckigen und blutigen Einmischung in die inneren Angelegenheiten Lateinamerikas.

Diese Aneinanderreihung von Schandtaten, die in der Invasion der Dominikanischen Republik durch die *marines* gipfelte, brachte Philip Agee irgendwann in Gewissensnot. »Was nutzt es, die Subversion zu bekämpfen«, überlegte er damals, »wenn das Unrecht hinterher weiter besteht?« Es war nicht nur eine moralische Krise, sondern ein entscheidender politischer Akt: Von heute auf morgen verließ Philip Agee den CIA und stellte sich auf die Seite der Revolution in Lateinamerika. Und dort stehen wir nun zusammen.

Der Kampf, bei dem Miguel Enríquez starb
(*Dem Autor von Carmen Castillo berichtet*)
1975

Wir hatten alles so weit vorbereitet, um am kommenden Montag an einen sichereren Ort umzuziehen, als plötzlich die Beamten der DINA, des nationalen Geheimdienstes, auftauchten und Miguel töteten. Seltsamerweise war das in diesen ganzen Monaten nach dem Putsch, die wir schon im Untergrund gelebt hatten, der einzige Übergriff auf unser Haus, denn Miguel hatte entdeckt, dass es kein besseres Versteck als den Alltag gibt, und so führten wir ein ganz normales Leben und widmeten uns der intensiven politischen Arbeit, die die Partei uns aufgetragen hatte.

Das Haus war groß, es hatte ein Wohnzimmer, zwei Schlafzimmer, ein Arbeitszimmer und einen kleinen Innenhof mit einem nach hinten gehenden Kämmerchen, in dem wir die Waffen aufbewahrten. Es war ein sehr angenehmes Viertel, eine Mischung aus Facharbeitern und Leuten aus der Mittelschicht, sehr sympathische und freundliche Menschen, und keiner von ihnen hätte sich vorstellen können, dass Miguel zu diesem Zeitpunkt der meistgesuchte Mann der chilenischen Diktatur war. Sie konnten es sich deshalb nicht vorstellen, weil wir uns nie versteckten. Nach unserem Einzug hatten wir den Nachbarn erklärt, dass Miguel zu Hause arbeite, weil er nierenkrank sei. Ich ging jeden Tag zu der Zeit aus dem Haus, in der die Hausfrauen ihre Einkäufe tätigen, und ich nutzte dann die Gelegenheit, um Kontakte herzustellen und das Informationsmaterial in Empfang zu nehmen, das wir von allen Ebenen der Partei erhielten.

Einige Monate lebten Miguels kleine Töchter Jimena und Camila bei uns, denen wir beigebracht hatten, uns so zu behandeln, dass niemand unsere wahre Identität entdeckte. Glücklicherweise hatten wir sie wenige Tage vor Miguels Tod sicherheitshalber in einer ausländischen Botschaft untergebracht, von der aus sie das Land verlassen sollten. Ich war damals im sechsten Monat schwanger, und das war ein weiterer Aspekt der Normalität, denn es ist schwer vorstellbar, dass eine schwangere Frau eine so intensive und riskante politische Arbeit macht. Miguel hatte sich lediglich den Schnurrbart abrasiert, sich die Haare ein bisschen gelockt, und er setzte eine Brille aus Fensterglas auf, wenn er aus dem Haus ging. Er fuhr selbst Auto, einen weißen Fiat 124, aber der Führerschein war gefälscht.

Das Problem war, dass wir beide immer eine Waffe bei uns tragen mussten. Irgendwann in den letzten Monaten, als die Verfolgung noch schlimmere Ausmaße angenommen hatte, standen Miguel und ich einmal plötzlich mitten im Zentrum von Santiago vor einer Militärpatrouille, die die Passanten kontrollierte. Die Papiere, die wir bei uns hatten, wären durchgegangen, aber die Waffen nicht. Wir bereiteten uns innerlich vor, denn es gab nur zwei Möglichkeiten: Entweder sie ließen uns durch, oder wir mussten uns den Weg freischießen. Eine andere Wahl gab es nicht.

Plötzlich reagierten wir beide instinktiv auf die gleiche Art und Weise. Wir machten eine freundliche Geste, grüßten die Soldaten, als wären wir Freunde, als stünden wir auf ihrer Seite, und so kamen wir unbehelligt an fünf Autos und etlichen Lastwagen voller Militärpolizisten mit Maschinengewehren vorbei, die unseren Gruß erwiderten.

Als die Mädchen nicht mehr bei uns wohnten, beschloss die Partei, dass Miguel immer mehr abtauchen und keine weitere Aufgabe übernehmen sollte, bei der er sich exponiert hätte. Andrés Pascal, der jetzt Miguel als Generalsekretär der Partei abgelöst hatte, sollte sich um diese Arbeit kümmern, damit sich Miguel ganz der Analyse von Berichten und der Erstellung notwendiger Dokumente widmen könnte. Seine Hauptaufgabe war also die Denkarbeit. Er beschäftigte sich eingehend mit der weltweiten Wirtschaftskrise, der Geschichte Lateinamerikas, der wirklichen Situation Chiles in der Welt. Manchmal verbrachte er ganze Nachmittage damit, eifrig in der Encyclopaedia Britannica zu lesen oder auf einer riesigen, auf dem Boden ausgebreiteten Weltkarte herumzukriechen.

Währenddessen nahm ich auf der Straße das Material entgegen, das uns die Aktivisten zusammen mit den Berichten der Basis zukommen ließen. Wenn ich mit diesen Unterlagen nach Hause kam, war das der spannendste Augenblick des Tages, denn diese Köfferchen bargen die auf Papier gebannte Realität, die politischen Grundsatzdiskussionen, das Denken der Basis.

Es ist merkwürdig, aber Miguel sprach nie vom Tod, obwohl er wusste, dass er auf ihn lauerte. Er liebte das Leben sehr, und als Arzt wusste er, dass eine stabile Gesundheit und eine gute körperliche Verfassung im revolutionären Kampf von grundlegender Bedeutung sind. Deshalb machte er jeden Morgen eine ganze Stunde Gymnastik, bei der ich auch mitmachen musste, und anschließend frühstückten wir dann ausgiebig. Er schätzte gutes Essen und verstand etwas von guten Weinen, und er fand immer ein wenig Zeit, um auf dem altersschwachen Plattenspieler Musik zu hören.

Er mochte lateinamerikanische Volksmusik, aber auch Tangos und einige Sachen von Wagner, obwohl er eigentlich nur das hören konnte, was wir hatten, und das war nicht viel. Die Freunde, die uns in dieser Zeit besuchten, blieben zum Essen und schliefen manchmal auch bei uns, aber es waren immer Leute vom politischen Ausschuss der Partei, und die Gespräche drehten sich um die politische Arbeit.

Ganz plötzlich und unvermittelt sprach Miguel dann eines Abends vom Tod, zwei Wochen, bevor sie ihn umbrachten. Es ist merkwürdig, aber selbst ich wusste nicht, was er dachte. An jenem Abend erfuhr ich, dass Miguel den Tod nicht fürchtete, aber er hatte auch nicht vor, ihn herauszufordern: Er war gegen unnötige Opfer. Das soll ganz klar gesagt werden: Miguel Enríquez wollte nicht mit dreißig Jahren sterben, er wollte kämpfen, um zu gewinnen, und nicht, um zu verlieren. Er wusste, was er tun wollte, was er am Ende erreichen wollte, und er war davon überzeugt, dass seine Aufgabe nach dem Sieg noch viel wichtiger sein würde. Es war ihm bewusst, dass er ein Kader mit Führungsqualitäten und auch mit intellektuellen Fähigkeiten war. Das war uns allen bewusst. Und deshalb fühlte er, dass er die Pflicht hatte, am Leben zu bleiben.

Der Kampf, bei dem sie Miguel töteten, fand am Samstag, den 5. Oktober 1974, statt. Wir wussten seit mehreren Wochen, dass irgendetwas geschehen war, etwas, das wir nicht klar erkennen konnten, das uns aber zwang, sofort in ein anderes Haus zu ziehen. Die gezielten Schläge der Diktatur gegen unsere Aktivisten machten deutlich, dass sie konkrete Spuren hatten, dass sie schon ein Netz um uns gesponnen hatten. Vielleicht hatte irgendjemand geredet. Angesichts dieser Umstände machte ich mich auf die Suche und fand ein kleines Häuschen mit zwei Zimmern, aber auf einem großen Grundstück mit vielen Obstbäumen und

Hühnern, wodurch es weniger verdächtig war; es lag verborgen in einer sehr ruhigen Gegend, wo wir lange Zeit hätten leben können, ohne entdeckt zu werden. Durch eine Reihe unvorhergesehener widriger Umstände verloren wir jedoch kostbare Zeit. Die Person, die das Haus auf unseren Namen kaufen sollte, hatte ich über einen Verbindungsmann ausfindig gemacht, der am Donnerstag, den 3. Oktober, gefasst wurde. Am Freitag konnte ich nichts Geeignetes finden. Am Samstag zog ich noch einmal los, und Miguel blieb zu Hause, um mit ein paar Genossen aus der Partei zu arbeiten.

Ich fand nichts an jenem Morgen, und auf dem Heimweg ging ich noch kurz in den Laden an der Ecke, um ein paar Lebensmittel zu kaufen. Als ich um ein Uhr mit Taschen beladen das Haus betrat, stand Miguel in seinem himmelblauen Hemd und der beigen Weste vor mir, und er trug die Brille, die er nur aufsetzte, wenn er auf die Straße ging. »Wir müssen sofort weg«, sagte er zu mir, mit ruhigem Ton, aber bestimmt. Dann erklärte er mir, dass zwei Autos, die zweifellos von der DINA gewesen seien, ganz langsam an unserem Haus vorbeigefahren seien. Unser Verdacht, dass man unser Versteck entdeckt habe, schien sich zu bestätigen, und wir durften keine Sekunde mehr verlieren.

Alles war bereit für die Flucht, das Auto stand mit laufendem Motor in der Garage, bepackt mit unseren ganzen Sachen bis auf zwei Aktenkoffer mit Papieren, die noch im Schlafzimmer standen. Im Haus befanden sich zwei weitere Genossen: Humberto Sotomayor und El Coño Molina (der wenige Tage später von der Polizei in den Straßen von Santiago ermordet wurde). Wir waren schon auf dem Weg zur Garage, als einer der beiden aus dem Fenster rief: »Da kommen sie schon wieder.« Erst in diesem Augenblick bemerkten wir, dass sie nur noch wenige Meter entfernt waren. Wir konnten gerade noch unsere Waffen ergreifen, da schlug schon eine Maschinenpistolengarbe in die Vorderfront unseres Hauses ein. Miguel beantwortete das Feuer von einem Wohnzimmerfenster aus mit seiner Naca, die er immer neben dem Bett stehen hatte. Die anderen beiden schossen aus wechselnden Positionen. Ich feuerte mit einer ganz kleinen Maschinenpistole der Marke Scorpio aus dem Arbeitszimmer. Ich hatte nur eine theoretische Ausbildung, sodass mich schon das bloße Geräusch meiner Waffe verblüffte, und ich schoss in Richtung Straße, ohne jemanden zu sehen, so als würden wir gegen einen schrecklichen, aber unsichtbaren Feind kämpfen. Als nach etwa zehn Minuten ununterbrochener Schießerei das Feuer plötzlich aufhörte, bedeutete mir Miguel von der Tür aus, dass wir ganz schnell über den Hof fliehen sollten. Ich packte den Aktenkoffer mit den Dokumenten, die ich am Tag zuvor bekommen hatte und für deren Schutz ich verantwortlich war, und in diesem Augenblick hörte ich eine Explosion und spürte einen tödlichen Schlag, gefolgt von einem stechenden Schmerz im rechten Arm. Dann spürte ich den Arm gar nicht mehr, sah nur, wie er blutüberströmt hin- und herbaumelte. Eine von draußen hereingeworfene Granate war im Wohnzimmer explodiert, und ihre Splitter hatten mir den Arm zerfetzt und mich überall am Körper verwundet, doch in dem Augenblick, als ich zu Boden fiel, spürte ich weder Schmerzen noch Angst, ich hatte nur das undeutliche Gefühl, tot zu sein. Molina lief, während er immer noch in Richtung Haustür schoss, an mir vorbei und rief: »Sie haben dich erwischt«, oder so etwas Ähnliches. Ich versuchte vergeblich, mich aufzurichten, da sah ich auf dem schmalen Weg, der das Haus von der Garage trennt, Miguel. Er lag auf dem Rücken, das Maschinengewehr in der Hand, und er hatte Blutflecken auf den Wangenknochen, vor allem links.

Seine Augen waren lebendig, er schaute mich die ganze Zeit an und atmete schwer. Ihn in dieser Verfassung zu sehen, war so schrecklich für mich, dass ich das Bewusstsein verlor.

In diesem nebulösen Zustand war es mir unmöglich herauszufinden, was mit Molina und Sotomayor geschehen war, aber als ich wieder zu mir kam, war ich klar genug, um sofort zu merken, dass außer Miguel und mir niemand mehr im Haus war. Ich war nicht imstande aufzustehen, aber ich sah, wie Miguel, der immer noch den Blutfleck auf der Wange hatte, an eine Garagenwand gekauert ganz ruhig in Richtung Straße schoss. Meine letzte Erinnerung an ihn ist, wie er sich zu mir herunterbeugte und etwas zu mir sagte, das ich nicht verstehen konnte. Dann wurde ich zum zweiten Mal ohnmächtig.

Ich weiß nicht, wieviel Zeit vergangen war, als ich zum zweiten Mal aufwachte, aber die faschistische Regierung hat selbst gesagt, der Kampf mit Miguel habe fast zwei Stunden gedauert. Als erstes überraschte mich die absolute Stille in dem leeren Haus. Mir tat nichts weh, und obwohl ich mich nicht aufrichten konnte, hatte ich die seltsame Gewissheit, dass ich nicht sterben würde. Als dann die beiden ersten Polizisten die Haustür einschlugen und in das ruhige Haus hereinstürmten, war ich entsetzt und erleichtert zugleich und sagte mir: »Scheiße, die holen mich jetzt hier raus, und ich bleibe wahrscheinlich am Leben.« Einer der beiden stürzte sich auf mich, versetzte mir einen Fausthieb ins Gesicht, mit dem er mir einen Zahn ausschlug, und schrie mich an: »Du bist die Jimena, du verdammtes Miststück, was hast du hier drin gemacht?« Aber der andere befahl ihm, mich in Ruhe zu lassen. »Diese Frau ist schwanger«, fuhr er ihn an. »Bringt sie hier raus.« Ich erinnere mich, dass sie mich auf die Straße geschleift haben und dabei widersprüchliche Befehle gaben. Erst hieß es, man solle einen Krankenwagen rufen, dann sollte keiner gerufen werden, dann wieder doch. Es hatte sich eine Menschenmenge am oberen und am unteren Ende der Straße gebildet, unzählige Polizeiautos standen da, überall heulten Sirenen, und es wurde immer noch auf das Haus geschossen, was mich vermuten ließ, dass Miguel am Leben war und weiterhin Widerstand leistete.

Als sie mich endlich in einen Krankenwagen verfrachtet hatten, spürte ich das irrationale Bedürfnis, schnell irgendwo anzukommen. Die beiden Polizisten, die mit mir eingestiegen waren, konnten sich aber nicht darüber einigen, wohin ich gebracht werden sollte: Der eine wollte mich ins Gefängnis fahren, der andere ins Krankenhaus. Letzterer setzte sich schließlich durch, und der Anblick der Ärzte und Krankenschwestern war für mich wie ein neuer Lebenshauch. Von da an dachte ich nur noch daran, dass ich jemanden dazu bringen musste, die Nachricht hinauszuschmuggeln, dass ich noch am Leben war, denn wir hatten bereits die Erfahrung gemacht, dass die Militärs Genossen von uns für tot erklärt hatten, lange bevor sie wirklich in den Folterkammern umgekommen waren. Kaum war ich mit einer Krankenschwester, die eine Bluttransfusion durchführen sollte, allein geblieben, sagte ich daher ganz schnell: »Benachrichtigen Sie meinen Onkel Jaime Castillo«, und gab ihr die Telefonnummer. Sie rief an, und hat mir damit das Leben gerettet. Die Nachricht löste eine weltweite Solidaritätskampagne aus, unter deren Druck die Militärjunta schließlich nachgeben musste.

Während dieser langen Tage im Krankenhaus wusste ich jedoch nicht, dass sich so viele unbekannte Freunde für mich einsetzten.

Nach unzähligen stundenlangen Verhören und Auseinandersetzungen zwischen den Schergen, die mit Gewalt Informationen aus mir herausholen wollten, und den Ärzten, die sich um meine Genesung kümmerten, nach einer schwierigen Operation zur Rettung meines Arms, der immer noch lahm ist, nach der furchtbaren Nachricht vom Tod Miguels, die ich im Krankenhaus erfuhr, und der Sorge um die Zukunft seines Kindes, das sich in meinem Bauch zu bewegen begann, nach so vielen Nächten voller Einsamkeit und Grauen kam schließlich ein Oberst, der mich eine Menge Papiere unterschreiben ließ, mich wutentbrannt zum Flughafen brachte und mich in ein Flugzeug setzte, ohne mir auch nur mein Ziel mitzuteilen. Erst nachdem wir schon einige Zeit geflogen waren, sagte mir jemand, dass wir auf dem Weg hierher, nach London, seien.

PORTUGAL, FREIES TERRITORIUM EUROPAS
1975

Als ich vor zwei Wochen in Lissabon ankam, hatte ich das Gefühl, noch einmal zu erleben, was ich als junger Mann bei meiner ersten Ankunft in Havanna am 20. Januar 1959, wenige Tage nach dem Sieg der Revolution, schon erlebt hatte. Das lag nicht nur an dem frühen Sommer Portugals, an dem Geruch von Meerestieren, der in der Luft lag, und der neu erworbenen Freiheit, die man überall schnuppern konnte, sondern es hatte mit tieferen Übereinstimmungen zu tun. Es gibt in Portugal durch die afrikanischen Kolonien einen auffallend starken Einfluss schwarzer Kultur, der sich auch im Wesen der Portugiesen offenbart. Das ganze Land ist erfüllt von den heißen Rhythmen von den Kapverden und aus Angola, die an die Klänge unserer Tropen erinnern. Die Mode, einen Bart zu tragen, in früheren Zeiten ein Zeichen der Trauer, ist jetzt von den aus den Kolonien heimgekehrten Truppen eingeführt worden, so wie sie in Kuba die Guerrilleros aus der Sierra Maestra mitgebracht hatten. Und wie diese verbrüdern sich die portugiesischen Soldaten allerorts mit den Zivilisten, tauchen ohne Vorurteile von irgendwelcher Seite ins Alltagsleben ein und beteiligen sich ohne Waffen an öffentlichen Arbeiten, die überhaupt nichts mit dem Krieg zu tun haben. Was das heutige Portugal aber am meisten mit dem Kuba von vor fünfzehn Jahren verbindet, ist die ansteckende Jubelstimmung eines Landes, das nicht schläft. Ein Jubel, wie es ihn auch so oft in den Tropen gibt: ausgelassen und zugleich unsicher. Die Fenster der Amtsstuben sind zu jeder Tages- und Nachtzeit hell erleuchtet. Die Minister, Zivilisten wie Militärs, vergeben Termine für zwei Uhr morgens.

Vor vielen Jahren habe ich einmal in Havanna gesagt: »Wenn etwas diese Revolution zu Grunde richtet, dann die Stromkosten.« Meine kubanischen Freunde, ebenso wie jetzt meine portugiesischen Freunde, lachten sich halb tot über meinen Pessimismus und ließen die Lichter weiter brennen. Der Offizier der MFA, der Bewegung der Streitkräfte, der mich am Flughafen erwartete, rundete dieses Bild der Gemeinsamkeiten ab. Dieser achtundzwanzigjährige Hauptmann mit tiefschwarzem Bart, olivfarbener Haut und dem leicht abwesenden Blick der Portugiesen streckte mir ohne die geringste Spur von Förmlichkeit die Hand entgegen und sagte mit karibischem Akzent: »Hallo, Gabriel, willkommen in Portugal, einem freien Territorium Europas.« Das war der Beginn eines kurzen, aber intensiven Aufenthalts, in dessen Verlauf ich Gelegenheit hatte, mit Ministern und Arbeitern, mit ungläubigen Schriftstellern und verängstigten Kaufleuten, mit unsicheren politischen Führern und ihrer Macht vollkommen sicheren Militärs, aber mit keinem einzigen Bischof zu sprechen. Aus all diesen Aussagen konnte ich mir ein Gesamtbild machen, das den ersten Eindruck nur bestätigte: Die Situation in Portugal hat wenig mit der irgendeines anderen europäischen Landes einschließlich Spanien zu tun, weist aber mit allen Vorteilen und Gefahren unglaubliche Parallelen zu der eines lateinamerikanischen Landes auf.

Die Wände schreien einem entgegen

»Niemand kann uns besser verstehen als Sie«, sagte ein Mitglied des Revolutionsrates zu mir. »Die Europäer, selbst die verständnisvollsten, versuchen uns nach den Maßstäben eines entwickelten Landes zu definieren und schaffen es einfach nicht, uns in ihre Schemata zu pressen.« Das ist richtig, obwohl das Problem noch etwas tiefer geht. Der Premierminister, Brigadier Vasco Gonçalves, hatte wenige Tage zuvor von seinen NATO-Kollegen energisch gefordert: »Mehr Verständnis und weniger Skepsis.« Aber man kann kaum von jemandem Verständnis erwarten, der gar nicht verstehen will. Der Ruf des Premierministers in der Wüste der Brüsseler Interessengemeinschaft bringt genau auf den Punkt, was das größte Verhängnis Portugals ist, der Grund für seinen derzeitigen Zustand und das schwerwiegendste Hindernis auf seinem Weg in die Zukunft. Portugal ist eins der ärmsten Länder der Erde, aber es hat eine wichtige strategische Lage, und so muss es sich aus historischen und geographischen Gründen mit den reichsten und am höchsten entwickelten Ländern der Erde an einen Tisch setzen. Es spricht außerdem eine Sprache, die niemand versteht, weil niemand sie verstehen will, und es trägt geflickte Hosen und zerschlissene Schuhe, aber es tritt mit der Würde auf, die ihm seine einstige Rolle als fast unumschränkter Herrscher aller Meere verleiht.

Der ungeheure Druck dieses Dramas spiegelt sich in allen Aspekten des portugiesischen Lebens wider. Alles ist politisch geworden. Vom Rossio-Platz im Herzen Lissabons bis zum entlegensten Winkel der Provinz gibt es keinen Zentimeter Wand, kein einziges Reklameschild und keinen einzigen Statuensockel, auf dem nicht eine politische Botschaft steht. »Gewerkschaftliche Einheit« verlangen die Kommunisten in Riesenlettern, während sie den Sozialisten vorwerfen, sie wollten die Arbeiterklasse spalten, um sie der europäischen Sozialdemokratie auszuliefern. »Sozialismus ja, aber mit Freiheiten«, fordern ohne weitere Erklärungen die Sozialisten, die im Stalinismus die größte Gefahr sehen. »Weg mit dem kapitalistischen Imperialismus und dem Sozialimperialismus«, sagt eine Partei der extremen Linken, deren unnachgiebiger Radikalismus hart an der Schwelle zur Provokation ist. »Es lebe Cristo Rey«, sagt die katholische Reaktion. »Die Wahlstimme ist die Waffe des Volkes«, sagen die Liberalen. Und die Anarchisten korrigieren mit ihrem unermüdlichen Esprit: »Die Waffe ist die Wahlstimme des Volkes.« Eine extremistische Partei, die nach Meinung vieler von China finanziert und nach Meinung vieler anderer ohne Frage vom CIA finanziert wird, überzieht das ganze Land jeden Morgen mit riesigen Wandzeitungen, die mit Tinte und Pinsel geschrieben sind, und in denen angebliche Gräueltaten des gegenwärtigen Regimes angeprangert werden, zu vernichtenden Schlägen gegen die Parteien ausgeholt und alles verschmäht wird, was nicht die direkte Macht des Volkes ist. Zwei Fischer fischen hocherfreut in diesen trüben Gewässern. Der eine ist die weltweite Scheinheiligkeit, deren unerschrockene Vertreter an den Ecken die Posaunen blasen und mit ihren schauderhaften Schmähreden gegen Alkohol und Sex die Panik schüren. Der andere ist die Reaktion mit ihren ungeheuren Geldmitteln und ihren getarnten Komplizen, die im Namen Gottes die Sabotage finanzieren, nächtliche Granaten auf Geschäfte werfen und die ganze Welt mit der infamen Lüge vergiften, das schöne und ruhige Portugal der Lieder sei zum Teufel gegangen.

Auch der Pornographie gebührt Respekt

Inmitten dieser lautstarken und leidenschaftlichen öffentlichen Polemik ist die Freiheit wie alles Neue den Gefahren der Neuigkeit ausgesetzt. Lissabon ist eine der schönsten Städte der Welt, aber bis vor einem Jahr war es auch eine der traurigsten, als Folge einer merkwürdigen, mittelalterlichen Diktatur, die ein halbes Jahrhundert dauerte und deren Macht sich auf eine gnadenlose politische Polizei stützte. Heute ist Lissabon eine lärmende Stadt mit spektakulären Verkehrsunfällen, nicht nur, weil die Portugiesen einen kühnen Fahrstil haben, sondern auch, weil sie sich so glücklich und frei fühlen, dass sie sich nicht mehr um die Ampeln kümmern. In den teuren Restaurants, wo die Meerestiere wie Schmuckstücke in den Schaufenstern ausgestellt werden, scheißt das kaltgestellte Bürgertum lautstark auf die Kommunisten. In den volkstümlichen Restaurants, wo man einen köstlichen Reis mit Hühnerbrust isst, fragen sich die Kellner, ob sie unter dem gegenwärtigen Regime noch ein Trinkgeld annehmen dürfen. Alle Welt redet, und niemand schläft. An einem ganz gewöhnlichen Donnerstag war um vier Uhr morgens kein freies Taxi zu bekommen. Am Tag nach der Nelkenrevolution fand man auf den Theatertransparenten und an den Zeitungskiosken eine geballte Ladung Erotik. Im Theater gab es eine respektlose und bitterböse Satire über den umherwandernden Leichnam Eva Peróns, woraufhin die argentinische Regierung drohte, die Fleischlieferungen einzustellen, wenn das Stück nicht abgesetzt würde. Das war eine ernst zu nehmende Drohung, denn Argentinien liefert sechzig Prozent des Fleisches, das in Portugal verzehrt wird.

Dennoch hat die Regierung das Stück nicht verboten. Dagegen legte sie mit dem Argument, dass die Freiheit auch für gutes Kino gelte, für Pornofilme eine Quote von zehn Prozent des gesamten Imports fest. Tausende von Spaniern, die meisten ohne klare politische Couleur, verschlingen diese Quote an einem Wochenende, kehren, glückliche Erschöpfung im Gesicht, am Montag wieder heim und raunen sich gegenseitig zu, so viel Schönheit sei doch gar nicht möglich, Menschenskind, das kann nicht von langer Dauer sein. Noch besser haben es ihre Landsleute im Grenzgebiet, die Einwohner der Extremadura und Galiciens, die auf ihren Bildschirmen portugiesisches Fernsehen empfangen können. Vor ein paar Wochen kam ganz unverhofft der in Spanien am meisten verbotene Film direkt in ihre gute Stube: *Der letzte Tango in Paris.*

Die verborgene Seite des Jubels

Leider ist die andere Seite des Jubels furchtbar, und sie lässt sich in einem einzigen Satz zusammenfassen: »Portugal produziert nichts anderes als Portugiesen.« Die Diktatur hatte die Wirtschaft saniert und die Auslandsschulden auf ein Minimum reduziert, in erster Linie durch gnadenlose Ausbeutung der afrikanischen Kolonien, aber auch durch die fast vollständige Einsparung öffentlicher Ausgaben. Ohne Erziehungssystem, ohne Gesundheitsversorgung und ohne jeglichen staatlichen Schutz war der Portugiese einer der billigsten Menschen der Welt.

Entzückt von den Vorteilen der Diktatur, unter der Arbeitskräfte so billig wie Sklaven waren, keinen Anspruch auf Sozialleistungen und kein Streikrecht hatten, waren die großen transnationalen Gesellschaften in Portugal auf ein regelrechtes Paradies gestoßen. Das Ganze war jedoch ein knallharter Schwindel. Die Unternehmen exportierten ihre fertigen Produkte zu Preisen, die unter den Herstellungskosten lagen, weil sie sie im Ausland an sich selbst verkauften. Folglich gaben sie enorme Verluste an, um in Portugal nicht einmal die Steuern zu lassen. Die Revolutionsregierung versucht, diesem schändlichen Treiben mit Hilfe der Arbeiter ein Ende zu bereiten, aber nicht durch Forderungen, sondern durch eine größere Kontrolle der Industriebetriebe. Deren Antwort ist ganz einfach: Sie ziehen nach Singapur um. Die Wahrheit ist zwar hart, aber die Portugiesen wollen, dass sie gesagt wird: Im Augenblick konsumiert das Land ohne größere Einschränkungen dreißig Prozent mehr, als es produziert, und seine Goldreserven wären bei dieser Entwicklung nach wenigen Monaten aufgebraucht. Anderthalb Millionen Portugiesen leben unter schwierigen Bedingungen als Gastarbeiter in Deutschland, Frankreich, in der Schweiz und Holland, aber ihre unverzügliche Heimkehr wäre eine größere Katastrophe, denn dieses wandernde Portugal verringert nicht nur den Druck der Arbeitslosigkeit im Land, sondern trägt auch dazu bei, den Konsum zu reduzieren, und erhöht die Deviseneinkünfte. Im Bewusstsein dieser Tatsachen haben die flüchtigen Kapitalisten in verschiedenen europäischen Städten Banken eröffnet, um die Devisen der Emigranten einzustreichen. Die Regierung schickte ihrerseits politische Brigaden ins Ausland, die den Emigranten die Machenschaften der Reaktion erklärten, und die Devisen wurden über die verstaatlichten portugiesischen Banken wieder in die richtigen Kanäle geleitet. Schwieriger ist es jedoch, der Kampagne gegen den Tourismus Einhalt zu gebieten. Lacerda, der alte brasilianische Reaktionär, veröffentlichte vor kurzem einen Artikel, in dem er behauptete, in den Straßen Lissabons würden Ausländerinnen vergewaltigt. Es heißt, die Strände seien blutgetränkt, die Guerrilleros lauerten an den Autobahnen, und die Bolschewiken würden kleine Kinder verspeisen. Der Tourismus, der sich aus Griechenland und Zypern nach Portugal geflüchtet hatte, sucht sich nun andere Ziele. Das riesige und prachtvolle Hotel Ritz hatte im Mai nur zwei Gäste. Andere Hotels dagegen füllen sich allmählich mit den üblichen Parasiten der Revolution, den unvermeidlichen Opportunisten, die aus aller Welt hierher kommen, um die Gunst der Stunde zu nutzen. Das ist schließlich die letzte Gemeinsamkeit: Diese Parasiten waren vor drei Jahren in Chile, wie sie viele Jahre zuvor in Havanna gewesen waren, bis die Revolution die nötige Reife erreicht hatte und dem Treiben ein Ende bereitete.

Wie viele Wege führen zum Sozialismus

Trotz dieses düsteren Panoramas scheinen die Portugiesen nicht zu verzagen. Ganz im Gegenteil. »Der größte Reichtum eines Volkes sind seine Menschen«, sagen die Mitglieder der Bewegung der Streitkräfte (MFA), die eigentlichen Inhaber der politischen Macht und der militärischen Macht, und sie sagen es, ohne lange zu überlegen, mit einer gewissen messianischen Lauterkeit.

Aber man darf nicht vergessen, dass die Portugiesen seit ihren frühesten Ursprüngen den Ruf haben, im Schein der Erleuchtung zu stehen. An der alles erschütternden Umwälzung, die ihr Land derzeit erlebt, haben die Militärs den größten Anteil: Sie investieren die meisten Mittel, den meisten Verstand und die meiste Phantasie, vor allem aber eine Entschlossenheit, für die es keine unüberwindlichen Hindernisse zu geben scheint. Besonders sorgfältig und häufig sind die Schilder der MFA; einige sind regelrechte Kunstwerke. Die MFA-Zeitungen sind am aufwendigsten gestaltet und sprechen die deutlichste Sprache, und alle machen sie die Absicht deutlich, das Volk mit den Streitkräften zusammenzuschweißen, zu einem einzigen Block, ohne dazwischengeschaltete Instanzen.

Sie müssten es nicht einmal sagen, um alle wissen zu lassen, dass sie es auch denken. Man sieht es in ihren Gesichtern. Sie scheinen zu wissen, was sie wollen, und sie wissen, dass die Zeit drängt. Die meisten von ihnen sind ehemalige Studenten, die von der Diktatur als Kanonenfutter für die Kolonialkriege rekrutiert wurden. Sie haben politisches Bewusstsein im Kontakt mit dem Feind erlangt, und jetzt lernen sie in der Praxis die Geheimnisse der Wissenschaft der Revolution. Sie arbeiten ohne feste Zeiten, ohne Pausen, in der öffentlichen Verwaltung ebenso wie in den Politisierungskampagnen für die Bauern, und sie tun dies alles mit großem Ernst, aber auch mit einem gewissen Charme. Die Demokratie, so sagen sie, hat in den Kasernen angefangen: Offiziere und Soldaten duzen sich, schlafen im selben Raum und essen das gleiche Essen am gleichen Tisch. Zum ersten Mal in der Geschichte der Menschheit haben die Soldaten das Recht, einen Befehl zu verweigern, wenn die Offiziere ihnen nicht sagen, welches Ziel sie damit verfolgen. Die Antwort ist auf allen Ebenen die gleiche: Unser Ziel ist der Sozialismus. Allerdings weiß noch niemand, welche Art von Sozialismus das unter den ungeheuer schwierigen Bedingungen Portugals sein wird. Diesen portugiesischen Sozialismus zu erfinden, der unabhängig von jeglichem internationalen Machtzentrum ist, und ihn gleichzeitig mit Phantasie und Menschlichkeit aufzubauen, das scheint das oberste Ziel zu sein, das sich die MFA gesetzt hat, und zwar mit einem einzigen, bis jetzt absolut zuverlässigen Verbündeten: der Kommunistischen Partei. Die Herausforderung ist enorm, aber ich bin in aller Bescheidenheit überzeugt davon, dass die MFA es schaffen wird.

Aber was zum Teufel denkt das Volk?

Viele in Portugal sind der Meinung, der erste große Fehler, den die Revolution begangen habe, seien die Wahlen vom 25. März gewesen. Sie wurden gegen den Willen der Kommunistischen Partei (PCP) durchgeführt, die nur zwölf Prozent der Stimmen bekam, fanden aber die begeisterte Unterstützung der Sozialistischen Partei (PS), die mit achtunddreißig Prozent die Mehrheit erhielt. Die seriösesten Analysen stimmen jedoch darin überein, dass diese Ergebnisse nicht der Realität entsprechen, da es in einer Situation, wie sie gegenwärtig in Portugal herrsche, nicht möglich sei, die politische Realität nach der Anzahl der Wahlstimmen zu beurteilen.

»Die PS bekam zwar mehr Stimmen, aber die PCP verfügt über eine größere politische Schlagkraft, weil sie ihre Wurzeln wirklich in der Basis hat«, sagte ein Universitätsprofessor zu mir. »Außerdem hat die Rechte, die ja verdrängt worden ist, ihre Stimmen geschickterweise den Sozialisten zukommen lassen, das heißt, sie hat unter dem Deckmantel der Legalität versucht, die Revolution zum Stillstand zu bringen.« Hinzu kommt noch das Misstrauen, das die PCP in weiten Kreisen der Mittelschicht weckt.

Jedenfalls gehen viele Konflikte, die der portugiesische Weg heute zu bewältigen hat, auf diese inopportunen Wahlen zurück. Sie haben den Streit zwischen der PCP und der PS noch verschärft, sie haben der Reaktion leichte Argumente für eine unglaubliche Diskreditierungskampagne im Ausland geliefert, und sie haben die portugiesische Regierung in eine unangenehme Situation gebracht. »Wir sind in eine blöde Falle gegangen«, sagte ein Mitglied des Revolutionrats zu mir. »Die Wahlen sind in der Euphorie des ersten Augenblicks versprochen worden, ohne dass man sich über die tatsächlichen Bedingungen im Land im Klaren war, und wenn sie nicht durchgeführt worden wären, hätte das der Glaubwürdigkeit der MFA schaden können.« Ich erwiderte ihm, dass die kubanische Revolution trotz des Drucks von allen Seiten nicht in diese Falle gegangen sei. Die Antwort kam prompt: In Kuba seien die Wahlen nach so vielen Jahren des Wahlbetrugs in Misskredit geraten, während man sie in Portugal nach fast einem halben Jahrhundert Diktatur als eine wichtige Forderung des Volkes betrachte. Im Grunde gab man jedoch der Reaktion eine Gelegenheit, die diese niemandem gegeben hätte, wäre sie an der Macht gewesen.

Der Streit zwischen der PCP und der PS, der in der Geschichte dieses Jahrhunderts soviel Unheil angerichtet hat, wird in Portugal keine Lösung finden. Beide Parteien werfen sich gegenseitig vor, sich zum Diener anderer Länder zu machen, was bis zu einem gewissen Punkt zutrifft und was auch die MFA mit Sorge erfüllt. Mário Soares, der intelligente und geschickte Generalsekretär der PS, bestreitet jedoch, dass sich seine Partei der europäischen Sozialdemokratie verpflichtet fühle. Bei einem fast dreistündigen Mittagessen mit ihm, das am herrlichen Meer von Estoril stattfand und bei dem auch seine scharfsinnige und leidenschaftliche Tochter sowie ein paar Freunde anwesend waren, konnte ich feststellen, wie sehr ihn die Auseinandersetzung mit den Kommunisten beschäftigt. Er machte einen freundlichen und gebildeten Eindruck und pflegte einen politischen Stil, der der europäischen Tradition entspricht, doch er war damals ziemlich angespannt, was man leicht mit einer absoluten Humorlosigkeit verwechseln konnte. Er war offen und deutlich: Die schlimmste Bedrohung der portugiesischen Revolution sei nicht der Imperialismus und auch nicht die innere Reaktion, sondern der Stalinismus. Er ist der Meinung, dass das Land ohne Hilfe von außen nicht überleben kann und dass diese Hilfe bei der wirklichkeitsfernen Haltung der Kommunisten nicht möglich ist.

Seine einzige Formel lautet: »Sozialismus mit Freiheit«, wobei er sich aber nicht die Frage stellt, ob diese formale Freiheit bei einer schwachen Revolution, die noch am Anfang steht, nicht eher der Reaktion nützt als den Kräften der Veränderung, wie das in Chile der Fall war. Ich hatte den Eindruck, dass er sich in der Defensive befand und, obwohl er bereit war, bis zum Schluss durchzuhalten, nicht allzu viel Vertrauen in die Zukunft setzte.

Die Kommunisten dagegen wirken sicher und zerstörerisch. In ihrem Hauptquartier, einem alten und asketischen Gebäude, in dem alle Büroräume abgeschlossen sind, spürt man die Gegenwart einer unsichtbaren und stählernen Macht. Nach Aussage der Kommunisten liegen die grundlegenden Differenzen zwischen ihnen und Mário Soares zunächst einmal darin begründet, dass dieser behaupte, das kapitalistische System abzulehnen, sich aber nicht gegen die Monopole habe aussprechen wollen, und außerdem darin, dass er für gewerkschaftlichen Pluralismus plädiere, während die Kommunisten eine einheitliche Gewerkschaftsorganisation wollten. Außerdem werfen sie ihm vor, ein doppeltes Spiel zu spielen, weil er im Land die Macht des Volkes fordere, im Ausland aber auf Grund seiner Verpflichtungen gegenüber der europäischen Sozialdemokratie um eine Art Marshall-Plan für Portugal bitte.

Wie lange werden die Familienstreitigkeiten noch dauern?

Auch die Kommunisten haben ernste Probleme. Sie haben die Angst gegen sich, die schon ihr Name bei weiten Kreisen der Bevölkerung weckt, die durch die jahrelange faschistische Herrschaft und die klerikale Kontrolle vergiftet worden sind. Sie haben die Befürchtung gegen sich, die Sowjetunion werde versuchen, ein Regime aufzubauen, das dem portugiesischen Wesen fremd sei. Sie haben außerdem die sehr ernste Auseinandersetzung mit den kommunistischen Parteien Spaniens und Italiens gegen sich. Aber vor allem haben sie die gesamte europäische Sozialdemokratie gegen sich, die Regierung der Vereinigten Staaten und das konfliktgeladene Bild ihres Generalsekretärs Álvaro Cunhal, eines beinharten Kommunisten, der geprägt ist vom Dunkel der Gefängniszellen und des Untergrunds: ein mysteriöser und fast mythischer Mann, dessen Raubtiererscheinung einen merkwürdigen Kontrast zu seinem natürlichen sympathischen Wesen bildet. Seine harte Sprache, die keine Zwischentöne kennt, bietet Anlass für schnelle Interpretationen und Verdrehungen der reaktionären Kräfte. Das Schlimmste an dem Konflikt mit den italienischen und spanischen Kommunisten ist, dass sowohl diese als auch die Portugiesen Recht haben, wenn man die unterschiedlichen Bedingungen eines jeden Landes berücksichtigt. Die Italiener, die in Italien eine Allianz mit der Christdemokratie anstreben, haben Recht, wenn sie den Portugiesen vorwerfen, die Auflösung der portugiesischen Christdemokratie unterstützt zu haben, die im Grunde aber ein faschistisches Relikt war. Die Spanier haben Recht, wenn sie von Mário Soares' ablehnender Haltung betroffen sind, denn die Spanier im Untergrund streben eine Allianz fortschrittlicher und liberaler Kräfte an und erhoffen sich dabei etwas mehr als nur den Segen der europäischen Sozialdemokratie. Aber auch die Portugiesen haben Recht, wenn sie vorbringen, dass für sie Portugal Priorität habe. Dieser Widerspruch ist eigentlich natürlich zwischen Nachbarländern mit unterschiedlichem wirtschaftlichem und politischem Entwicklungsgrad, und er hätte auch nichts Beunruhigendes, wenn er der Reaktion nicht so ein leichtes Spiel machen würde. Kuba stand vor ähnlichen Konflikten und schaffte es, sie zu überwinden.

Es gibt noch zehn weitere Parteien in Portugal, aber der Nachteil ist, dass keine von ihnen, auch nicht die größeren, als richtige Massenpartei angesehen werden kann. Die Sozialistische Partei hat einen kleinen Teil des Industrieproletariats hinter sich, weite Kreise der Mittelschicht sowie einen guten Teil der emigrierten Arbeiter. Die Kommunistische Partei, emporgekommen unter härtesten Untergrundbedingungen und mit einem Zentralkomitee, dessen Mitglieder zusammen über dreihundert Jahre Gefängnis aufweisen, verfügt beim Industrieproletariat und einem Großteil der Studenten über die Mehrheit, genießt eine offenkundige Sympathie unter den Angehörigen der Streitkräfte und hat die Kontrolle über die Presse. Das Industrieproletariat macht jedoch nur einen sehr geringen Teil der aktiven Gesamtbevölkerung des Landes aus. Das große Kräftepotential der Revolution scheinen die breiten Massen der Bauern zu sein, die ein archaisches und elendes Dasein fristen, im Norden, der von Kleinparzellen geprägt ist, von dumpfem Kazikentum und mittelalterlichem Klerus beherrscht, im latifundistischen Süden von Feudalherren in Allianz mit dem Finanzkapital. In beiden Extremen haben die Bauern einen ausgeprägten Sinn für Privateigentum, der nur schwer zu eliminieren ist.

Auf dem Land entsteht die Revolution von selbst

Insgesamt gesehen entwickelt sich die revolutionäre Lage zweifellos auf dem Land am schnellsten. Allerdings ist dieses Phänomen schwieriger zu verfolgen, weil die Information durch die Zeitungen dürftig ist, die offizielle Information hinter der Realität herhinkt und es auf Grund der Spontaneität eine ganze Reihe unterschiedlicher Situationen gibt. Die Landbesetzungen, vor allem auf den Latifundien im Süden, haben eigentlich gleich am Tag nach dem Sturz der Diktatur begonnen, die meisten spontan, aber mit einer klaren Affinität zum Privateigentum auf Seiten der Bauern. Im Augenblick muss man zwischen drei Aktionsplänen unterscheiden, die alle von der Regierung unterstützt oder auch einfach nur geduldet werden: eine offizielle Aktion, eine gewerkschaftliche Aktion und eine spontane Aktion.

Auf offizieller Ebene wurde das Institut für die Umgestaltung der Landwirtschaft (IRA) gegründet, ein staatliches Organ, das direkt eingreift, um den spontanen Prozess zu kanalisieren. Es fördert die Gründung von Kooperativen mit zwanzig bis fünfundzwanzig Arbeitern in bestimmten Gebieten ehemaliger Latifundien, leistet technischen Beistand und eine gewisse materielle Hilfe.

Auf gewerkschaftlicher Ebene kümmert man sich darum, den Arbeitern das entsprechende Bewusstsein zu verschaffen, damit sie sich in Klassenverbänden organisieren. Die Hauptaktivität der Gewerkschaft der Landarbeiter besteht darin, gegen die Arbeitslosigkeit zu kämpfen, indem sie Druck auf die Landbesitzer ausübt, damit diese brachliegendes Land wieder bebauen. Die reaktionären Kräfte haben versucht, diesen Bereich durch die Schaffung von Geistergewerkschaften oder -kooperativen zu unterwandern, beziehungsweise höhere Löhne zu zahlen, als sie die Gewerkschaft, den finanziellen Möglichkeiten entsprechend, festgelegt hat. Als unmittelbares Ergebnis der gewerkschaftlichen Aktion haben sich die bebauten Flächen im Süden in den letzten Monaten erheblich vergrößert. Doch dieser Aktion mangelt es an technischen Mitteln.

Im Bereich der spontanen Aktion hat der revolutionäre Prozess seine größte Kraft entwickelt und Situationen geschaffen, die nicht mehr rückgängig zu machen sind, sowohl bezüglich ihrer Ergebnisse als auch was die Bewusstseinsbildung der Landarbeiter angeht. In vielen Gebieten des Südens haben sich Gruppen von Arbeitern organisiert, um die brachliegenden Ländereien der früheren Latifundien zu bewirtschaften.

In einer typischen, durch die spontane Aktion der Landarbeiter entstandenen Kooperative erhalten diese keinen Lohn und haben auch keine festen Arbeitszeiten. Das gemeinsam erwirtschaftete Geld wird gemäß den dringendsten Bedürfnissen eines jeden wöchentlich verteilt. Es gibt jedoch keine festen Bewirtschaftungspläne, und die Arbeiter sind gezwungen, mehr oder weniger blindlings gegen die unvorteilhaften Formen der Feldbewirtschaftung anzukämpfen und sich gegen alle erdenklichen Sabotageversuche seitens der Reaktion zu wehren. Da die offizielle Hilfe noch sehr dürftig ist (selbst mit dem technischen Beistand der IRA), hat das emotionale Klima unter den Landarbeitern etwas Abenteuerliches. »Wir kennen die Risiken, die uns bedrohen«, hat einer von ihnen gesagt, »aber wir sind bereit, unsere Positionen zu verteidigen, notfalls auch mit der Waffe.«

»Wer nicht dynamisch wird, bleibt auf der Strecke«

Die Bauern bekommen die Waffen, sobald sie wissen, gegen wen sie sie einsetzen müssen. Das ist ein förmliches Versprechen der MFA, und zu diesem Zweck hat man die originellste, interessanteste und effizienteste Institution der portugiesischen Revolution geschaffen: die Kampagnen zur Dynamisierung der Kultur. Dabei handelt es sich schlicht und einfach um Politisierungsbrigaden der MFA, die sich als Gleiche unter Gleichen unter die Bauern mischen, um ihnen dabei zu helfen, dass sie ihre archaischen Vorurteile überwinden, und ihnen den Sinn der Revolution und die Notwendigkeit des Sozialismus zu erklären. Im Norden, wo es den Parteien nicht gelungen ist, den Widerstand der renitentesten Bauern zu brechen, schaffen die Dynamisierungskampagnen im Augenblick durch entsprechenden Unterricht, durch Überzeugungskraft und gutes Beispiel die Keimzellen einer Basisstruktur, die sich erfolgreich gegen die Kaziken und die herumziehenden Priester zu behaupten vermag. Die Mitglieder der Brigaden verschmelzen mit den Volksmassen in einem Prozess, der meiner Ansicht nach die Speerspitze der Revolution ist.

Der Mann, der diese Idee hatte, sie ausgearbeitet hat und sie auf der Grundlage einer ähnlichen Erfahrung wie der Kubas voranbringt, ist der Marinekommandant Ramiro Correia, ein zweiunddreißigjähriger Arzt, intelligent und gebildet, Mitglied des Revolutionsrates und einer der politischen Köpfe der MFA, der weniger wegen seiner Jugend als vielmehr wegen seiner Schlichtheit und Herzlichkeit erstaunt. In den Büroräumen des grauenhaften Science-Fiction-Gebäudes, das einer exzentrischen Millionärin gehört hatte und von der Revolution enteignet wurde, erklärte Ramiro Correia mir die unerwartete Tragweite seiner Erfindung. »Wir glauben«, hat er gesagt, »dass die Dynamisierung der Kultur der Weg ist, um die neue Art von Sozialismus zu finden, die Portugal braucht.« Ramiro Correia ist der Meinung, dass die portugiesische Revolution durch diese Institution ihre wirkliche Dynamik erreicht und dass ihre Fortschritte sicher sind und nicht mehr rückgängig zu machen. »Wenn die Parteien, die uns bei diesem Prozess begleiten, nicht auch dynamisch werden, bleiben sie auf der Strecke«, sagt er. Denn die portugiesische Revolution, die von allen Seiten bedroht sei, befinde sich in einem Wettlauf mit der Zeit. Als ich beim Abschied zu Ramiro Correia sagte, ich würde im Januar 76 wiederkommen, antwortete er mir daher laut lachend: »Das ist sehr spät, denn zu diesem Zeitpunkt werden wir bereits wie im Dezember 78 sein.« Ich ging begeistert hinaus, aber im Aufzug flüsterte mir der Teufel eine Frage ohne Antwort ins Ohr: »Was wird bloß das Volk über all das denken?«

Der Sozialismus auf der Ebene der Militärs

Die MFA hat sich also nicht zum Schiedsrichter in der Auseinandersetzung zwischen den Parteien gemacht, sondern sie hat sich eine eigene Dynamik auferlegt, deren Ziel es ist, eine solide soziale Basis in direktem Kontakt mit den Bauern zu schaffen. Der Zivilist mit dem vielleicht engsten Kontakt zu den Militärs ist César Oliveira, ein junger, intelligenter Mann und einer der am besten informierten Portugiesen. Er sagte mir: »Die MFA strebt im Grunde nach gewerkschaftlicher Einheit und Demokratisierung, um die Vorherrschaft einer einzigen Partei zu verhindern.« Das heißt, so schloss ich, dass die MFA die Absicht hat, selbst zu einer Partei zu werden. »Darüber sind wir uns noch nicht so ganz im Klaren«, erwiderte Oberst Varela Gómez vom bedeutenden Institut für Militärsoziologie. »Wir wissen nur, dass es innerhalb der Kasernen niemals irgendeine ideologische Strömung geben wird, die nicht den Streitkräften untergeordnet ist.« Doch der große Stratege des Putsches gegen die faschistische Diktatur, Brigadier Otelo Saraiva de Carvalho, der verantwortlich ist für die öffentliche Ordnung und einer der härtesten und radikalsten Offiziere des Obersten Revolutionsrates, ging noch weiter. »Der portugiesischen Revolution«, sagte er, »wird durch die spalterischen Parteikämpfe Schaden zugefügt. Wenn wir es schaffen, dass die Basis den Spitzen der Parteien ihre Unterstützung entzieht und sich der MFA als politischer Kraft im Lande anschließt, bin ich sicher, dass die MFA zu einer echten Bewegung der nationalen Befreiung werden wird; damit würden wir diesem Land einen enormen Impuls geben, und die Revolution würde mit sicherem Schritt auf den von uns gewünschten Sozialismus zusteuern.« Saraiva de Carvalho ist daher der aktivste Verfechter von Komitees zur Verteidigung der Revolution nach kubanischem Muster, deren mögliche Gründung natürlich für Misstrauen innerhalb der Parteien sorgt.

Die Militärs sind jedenfalls verärgert über die Streitigkeiten der Parteien, sie schaffen ihnen unnötige Probleme, fördern die internen Zwistigkeiten und lassen sie Zeit verlieren, die ihrer Meinung nach nicht mehr eingeholt werden kann. »Die Schnelligkeit des Prozesses wird einer der entscheidenden Faktoren für seinen Erfolg sein«, sagte ein Offizier der MFA zu mir. Deshalb war seinem Ärger über die Sozialisten in der ersten Juniwoche offensichtlich durch nichts abzuhelfen. Viele Militärs sind der Überzeugung, die Sozialisten würden versuchen, den Prozess aufzuhalten, bewusst oder unbewusst konterrevolutionäre Aktionen im Sinne der europäischen Sozialdemokratie durchzuführen und ein System durchzusetzen, das mehr Ähnlichkeit mit einer liberalen Demokratie als mit dem Sozialismus habe. Was sie jedoch am meisten stört und beunruhigt, ist die Tatsache, dass die Sozialisten uneingeschränkt über den riesigen, weltweit wirksamen Resonanzboden des Imperialismus und der Sozialdemokratie verfügen. Schließlich fassen es einige Militärs auch als bewusste Provokation auf, dass sich die Sozialisten vor kurzem mit der Kirchenhierarchie verbündet haben, um den Zwischenfall mit dem katholischen Radiosender *Renascença* zu einem Grundproblem zu machen, wie dies auch bereits bei dem Zwischenfall mit der Zeitung *República* geschehen ist. Dies erscheint ihnen umso schwerwiegender, als die Kirchenhierarchie bedingungslos auf der Seite der faschistischen Diktatur gestanden hat und jetzt ihre Stoßtrupps auf die Straße schickt und zynisch nach einer Freiheit ruft, zu deren Unterdrückung sie zuvor ein halbes Jahrhundert selbst beigetragen hat, entweder durch wohlwollendes Schweigen oder durch aktive Beteiligung. Diese Aktionen haben auf Seiten der Reaktion einen ganz konkreten Vorläufer: die Unternehmerstreiks und die Topf-Proteste in Chile, deren Finanzierung durch den CIA mittlerweile allgemein bekannt ist.

Ohne Verpflichtungen gegenüber den Blöcken

Die Militärs sind dagegen sehr dankbar für die entschlossene Unterstützung durch die Kommunisten, deren durchorganisierte und disziplinierte soziale Basis die einzige ist, über die sie im Augenblick verfügen. »Der große Unterschied«, sagte ein parteiloser Arbeiter zu mir, »besteht darin, dass die Kommunisten hier im Land Untergrundarbeit geleistet haben, die Sozialisten jedoch im Ausland.« In Lissabon ist man allgemein der Auffassung, Premierminister Vasco Gonçalves sei seit zwanzig Jahren Mitglied der Kommunistischen Partei. Niemand weiß es genau, und ich wollte auch nicht so dreist sein, ihn danach zu fragen, doch ein prominenter Sozialist sagte zu mir: »Wenn Vasco Gonçalves kein Kommunist ist, dann benimmt er sich zumindest wie einer.« Bei meinem Gespräch mit Gonçalves konnte ich kein einziges

Indiz erkennen, das mir hätte Klarheit verschaffen können. Er machte auf mich den Eindruck eines äußerst rechtschaffenen strengen Mannes, der mir, obwohl er nach seiner Rückkehr aus Brüssel vierundzwanzig Stunden nicht geschlafen hatte, mit der Selbstbeherrschung eines guten Politikers und der Vorsicht eines guten Staatsmannes gegenübertrat.

»Er ist der einzige Puritaner, dem man vertrauen kann«, sagte mir ein alter Freund von ihm, als ich meine Besorgnis darüber zum Ausdruck brachte, dass der Premierminister selbst bei Festen in kleinstem Kreis nur Mineralwasser trinkt. Mancher verübelt ihm, dass er in dem riesigen und düsteren Palast wohnt, in dem der gespenstische Oliveira Salazar bis zu seinem Tod gelebt hat. Doch Vasco Gonçalves scheint sich um Anekdoten nicht zu kümmern. So wie er es jetzt gerade in Brüssel gesagt hat, ist er wohl wirklich bereit, Portugal zu einem demokratischen Sozialismus ohne Verpflichtungen gegenüber den Blöcken zu führen, und er besitzt offensichtlich auch die dafür nötige Ausbildung, Entschlossenheit und Intelligenz.

So gelangt man in Portugal zu der Schlussfolgerung, dass die Militärs bereit sind, die sozialistische Revolution auch über die sich bekämpfenden Parteien hinweg sowie gegen die reaktionären Kämpfe im Inneren und den internationalen Boykott durchzuführen. Um dies zu erreichen, haben sie die Uniform ausgezogen und ringen hemdsärmelig mit den Politikern um jeden Zentimeter der Gunst der Massen. Ihren Slogan findet man überall, auf Hauswände gemalt, auf Ansteckern, auf bunten Kokarden, auf Autoaufklebern, und er ist nicht nur sehr emphatisch, sondern auch uneingeschränkt: »OVO e MFA« und das bedeutet: »Volk und Streitkräfte«.

Das Beispiel der Guerrilleros

Zu welchen Ergebnissen kann diese Allianz führen? Wie sind die Militärs von einer starren und blutigen Diktatur zu der Einsicht gelangt, dass ein Wandel ohne eine echte Wechselbeziehung mit dem Volk unmöglich ist, und wie ist ihnen bewusst geworden, dass die einzige fruchtbare Alternative für Portugal der Sozialismus ist? Das sind die Fragen, die man sich stellen muss, um einen Prozess zu verstehen, der keine Parallelen hat, nicht einmal in Peru, und die Antwort darauf ist eine faszinierende und beispielhafte Episode in der zeitgenössischen Geschichte.

Dieser Prozess war eigentlich ganz einfach. Als sich vor etwa zehn Jahren der Kolonialkrieg verschärfte, beschlossen die Offiziere der Diktatur, die Erzaristokraten waren, schnell eine mittelständische Offiziersklasse aufzubauen, die in den aufständischen Kolonien als Kanonenfutter dienen sollte. Zu diesem Zweck öffneten sie zunächst die Tore der Militärakademie, wo die Berufsoffiziere ausgebildet wurden, und begannen außerdem, Studenten zu rekrutieren, um sie zu Milizoffizieren mit dem sofortigen Grad eines Leutnants zu machen. Auf diese Weise veränderte sich im Lauf weniger Jahre die soziale Zusammensetzung der mittleren Ränge vollkommen. »Wir waren sensibler für die Probleme des Volkes als die alte aristokratische Offiziersklasse«, sagte ein Milizoffizier. »Deshalb liegt es auf der Hand, dass sich unser Jahrgang, bei dem das Durchschnittsalter achtundzwanzig Jahre betrug, ideologisch im Sinne der Anliegen des Volkes veränderte.« Diese Milizoffiziere, ehemalige Studenten, die ihre Feuertaufe im Kampf gegen den Faschismus an den Universitäten erhalten hatten, lösten innerhalb der Streitkräfte eine dauerhafte und tiefgehende Debatte aus, die einen Bewusstwerdungsprozess auslöste und im Niedergang der Diktatur gipfelte. »Wir sind das Produkt des Kolonialkriegs«, sagte ein anderer Offizier. »Unser Bewusstsein ist in den langen Nächten des Nachdenkens in den afrikanischen Feldlagern entstanden, in Gesprächen mit den Soldaten, die ja letztendlich die Vertreter des Volkes sind, mit den sogenannten Milizoffizieren, die von den Universitäten kommen, und mit den Gefangenen der Guerrillagruppen, die uns mit ihrer beispielhaften Entschlossenheit und Klarheit Gänsehaut verursachten.« Von da an war die Diktatur in ihrer mittelalterlichen Struktur unterhöhlt und zum Tode verurteilt.

Bei meinen langen Gesprächen mit Mitgliedern der MFA, von Generälen bis zu Soldaten, war ich immer wieder erstaunt über ihre treffende Sprache, ihre Unabhängigkeit und ideologische Klarheit, vor allem aber über das hohe Niveau ihrer Allgemeinbildung. Ich habe vorurteilslos mit einem achtundzwanzigjährigen ehemaligen Pharmaziestudenten diskutiert, der heute Luftwaffenoberst ist, mit einem früheren Maschinenbaustudenten, der heute Marinekommandant ist, und mit einem Oberstleutnant mit wildem Bart, der einmal Langustenfischer war. Der Außenminister, Kommandant Augusto Melo Antunes, ein nervöser Raucher mit lächelndem Gesicht, der bei seinen Kameraden als einer der ältesten und scharfsinnigsten Ideologen der MFA gilt, geht, fast ohne es zu merken, von einem politischen Gespräch zu einer Diskussion über Literatur über.

Ich bin zu einem sehr klaren Schluss gelangt. Auf Grund ihrer sozialen Herkunft, auf Grund ihrer Identifikation mit den Bedürfnissen und Wünschen des Volkes, auf Grund ihrer ideologischen Schulung und ihrer Begeisterung für die Demokratie ist die MFA in der Lage, ihr Anliegen, in Portugal einen portugiesischen Sozialismus aufzubauen, voranzubringen. Für sie spricht außerdem, dass seit dem faschistischen Vorstoß vom 11. März die eindeutig revolutionären Kräfte innerhalb der Streitkräfte auch die nötige Schlagkraft haben.

Ein breit angelegtes, transnationales Komplott

Leider reicht das nicht. Der Oberste Revolutionsrat ist das höchste richtungsweisende, korrigierende und beratende Organ und gemäß der geltenden Verfassung auch die höchste Regierungsinstanz. Er setzt sich aus achtunddreißig gewählten Mitgliedern aller Waffengattungen zusammen, von Generälen bis zu Soldaten. Er hat einen höheren Rang als der Ministerrat, das Durchschnittsalter seiner Mitglieder liegt bei dreißig Jahren, und es gibt keinen Grund zu der Annahme, dass er monolithisch ist. Die häufigen internen Diskussionen sind lang und angespannt, und sie stehen unter dem Einfluss der schrecklichen Widersprüche, die das Land im Augenblick erlebt. Man kann jedoch davon ausgehen, dass es keine grundlegenden Differenzen gibt und dass die wichtigsten Entscheidungen des Revolutionsrates im Rahmen der eindeutig linken Tendenz, die dort vorherrscht, das Ergebnis einer realistischen Analyse der Bedingungen im Land sind. Ernstlich bedroht wird die notwendige Einheit der MFA durch die Konflikte der Parteien, die ständigen Provokationen der reaktionären Kräfte inner- und außerhalb des Landes, das Unverständnis einer extremen Linken, die der reaktionären Provokation jede Menge guter Dienste erweist, und vor allem durch die wachsende Gefahr eines Bürgerkriegs in Angola, wo sich drei Befreiungsbewegungen nicht einig werden können. Der Oberste Revolutionsrat hatte Bedenken, Truppen nach Angola zu schicken, um in den Konflikt einzugreifen, und die portugiesischen Soldaten weigern sich auch, nach Afrika zurückzugehen, nachdem sie die bitteren Tage der Intervention bereits für beendet hielten. Aber ein schlechter Ausgang in Angola wird sechshunderttausend zornige Siedler zur Rückkehr nach Portugal zwingen, und diese werden die Reihen der Reaktion erweitern und wirtschaftliche und politische Konflikte erzeugen, die viel schlimmer sind als die bereits existierenden.

Das größte Problem, das zugleich schwierigste und empörendste, ist jedoch, dass die westeuropäischen Länder, die fast alle von der Sozialdemokratie oder der Christdemokratie beherrscht werden, dem Gringo-Imperialismus den gleichen Kainsdienst erweisen wie die lateinamerikanischen Oligarchien, als es gegen Kuba gegangen ist. Es handelt sich hier um ein breit angelegtes transnationales Komplott, das als demokratische Kampagne getarnt ist, und es soll verhindern, dass die portugiesische Revolution Interessen beeinträchtigt, die sie zwangsläufig beeinträchtigen muss, wenn sie wirklich zum Sozialismus gelangen will. Es liegt auf der Hand, dass diese Kampagne im Gange ist, dass sich die europäische Presse und die mit dem internationalen Kapital verflochtenen Rundfunk- und Fernsehstationen mit großem Frohlocken daran beteiligen und dass man genauso wie seit 1960 gegen Kuba keine Provokation unversucht und keine Möglichkeit der Verzerrung und Sabotage ungenutzt lassen wird. Auf Grund der strategischen Lage Portugals werden sich die Sowjetunion und die sozialistischen Länder Europas bei diesem Konflikt vorsichtig zurückhalten müssen.

Vor diesem Hintergrund kann Portugal eigentlich nur auf seine natürlichen Verbündeten in der Dritten Welt zählen, allen voran die arabischen Länder. Seine Zukunft hängt außerdem stark von der ungewissen Zukunft Spaniens ab. Aber auch im besten Fall wird sich die lange, opferreiche Durststrecke nicht umgehen lassen, die das kubanische Volk nach fünfzehn entbehrungsreichen Jahren nun allmählich hinter sich hat. »Wir werden alles tun, um das zu vermeiden«, sagte ein Mitglied des Obersten Revolutionsrates, »aber wenn sie uns an die Wand drücken, sind wir bereit, uns dieser Situation zu stellen.« Die fast unumgänglichen Engpässe werden in Lissabon und in anderen Städten Probleme schaffen, wie dies auch in Kuba der Fall war, weil es nach wie vor Kreise gibt, die an dem künstlichen Lebensstandard der Diktatur festhalten wollen. »Aber im Innern des Landes wird es keine Probleme geben«, sagte ein bekannter Journalist zu mir. »Unser Volk ist seit so vielen Jahrhunderten so arm, dass es nicht noch ärmer werden und die Armut auch nicht mehr allzu lange dauern kann.« Mit dieser Überzeugung endete mein Besuch in Portugal. Am Flughafen spürte ich eine Art unbändiger Überschwänglichkeit. Denjenigen, die zu meiner Verabschiedung gekommen waren, sagte ich voller Überzeugung, dass die portugiesische Revolution meiner Meinung nach weniger Heldentum als vielmehr Besonnenheit und Phantasie brauchen werde. »Dann sind wir gerettet«, sagte die Schriftstellerin Maria Velho da Costa zu mir. »Denn das portugiesische Volk ist alt an Jahren und hat viel erfahren.«

KUBA KREUZ UND QUER
1975
Die schwere Nacht der Blockade

Die ungeschminkte Wahrheit, meine Damen und Herren, ist, dass es im heutigen Kuba keinen einzigen Arbeitslosen, kein Kind ohne Schule, keinen einzigen Menschen ohne Schuhe, ohne Wohnung und ohne seine drei Mahlzeiten am Tag gibt; es gibt keine Bettler und keine Analphabeten und niemanden, egal welchen Alters, dem nicht kostenlose Ausbildung auf jeglicher Ebene zur Verfügung stünde; es gibt keinen Menschen, der nicht angemessen und kostenlos ärztlich versorgt würde und der nicht Anspruch auf kostenlose Medikamente oder auf kostenlose Krankenhausbetreuung jeglichen Niveaus hätte; es gibt keinen einzigen Fall von Malaria, Tetanus, Poliomyelitis oder Pocken; es gibt keine Prostitution, keine Faulenzerei, keinen Diebstahl, keine Einzelprivilegien, keine polizeiliche Repression, keine wie auch immer geartete Diskriminierung; es gibt niemanden, dem irgendwo der Eintritt verwehrt würde, der allen anderen offensteht, oder der sich einen Film nicht ansehen oder irgendeine Kultur- oder Sportveranstaltung nicht besuchen könnte; und es gibt auch keinen Menschen, der diese Rechte nicht unverzüglich durch Protest- und Einspruchsverfahren geltend machen und ungehindert die Stellen erreichen könnte, die er erreichen muss, sogar die höchsten Ebenen der Staatsführung. Diese verblüffende Realität kenne ich nicht deshalb so genau, weil man mir davon erzählt hat, sondern weil ich Kuba gerade kreuz und quer durchstreift habe, auf einer ausgedehnten und intensiven Reise, auf der nichts, was von Interesse wäre, unerforscht geblieben ist. Sechs Wochen lang absolvierte ich in endlosen Arbeitstagen ein Programm, das ich, meiner beruflichen Neugier entsprechend, selbst zusammengestellt hatte, und ich hatte dabei nicht nur ausreichende Freiheit, sondern viel mehr Freiheit, als notwendig war, um die Wahrheit kennen zu lernen. Meine ständigen Begleiter waren mein sechzehnjähriger Sohn Rodrígo, der zweitausend Fotos machte und alles ablichtete, auch noch die ungewöhnlichsten Orte der Insel, außerdem ein herzlicher, aber strenger und unermüdlicher Führer, der seine Instruktionen, mir ausnahmslos jede Tür zu öffnen, an die ich klopfen würde, wortwörtlich befolgte, und ein intelligenter und fröhlicher Fahrer, der mich oft mit einem gewissen Schaudern denken ließ, dass er wirklich wusste, was das Glück ist. Ich durchquere das Land Quadratzentimeter für Quadratzentimeter, vom wunderschönen und geheimnisvollen Viñales-Tal, wo die Wolken am frühen Morgen tief in den Gipfeln der Palmen hängen, bis zu den stillen alten Herrenhäusern von Santiago de Cuba, deren nach Jasmin duftende Innenhöfe sich bis zur Sierra Maestra hinziehen, und von der heute nicht mehr existierenden Gefängnishölle auf der Isla de Pinos, wo das Durchschnittsalter der Bevölkerung bei fünfzehn Jahren liegt, bis zum herrlichen Meer von Matanzas, wo nun die Volksmacht entsteht. Ich habe mich mit Arbeitern und Soldaten, mit Bauern und Hausfrauen, mit Schulkindern und mit einigen der höchsten Führer des Staates unterhalten, und ich glaube, dass jeder Ort auf der Insel von der Revolution gleichermaßen erreicht worden ist, und dass es keinen einzigen

Menschen gibt, der sich nicht für das Schicksal aller verantwortlich fühlen würde. Jeder Kubaner scheint zu denken, er könnte, wenn eines Tages niemand mehr in Kuba zurückgeblieben wäre, ganz allein unter der Leitung Fidel Castros die Revolution bis zu ihrem glücklichen Ende weiterführen. Diese Feststellung war für mich eindeutig die bewegendste und entscheidendste Erfahrung meines Lebens.

Ein Sozialismus, der mit den Händen zu greifen ist

Über sein Christentum sprechend, hat Chesterton einmal gesagt, er könne es am Beispiel von einem Kürbis oder einer Straßenbahn erklären. Ähnlich ist es bei der kubanischen Revolution. In Kuba ist man dabei, einen menschlichen und sichtbaren Sozialismus aufzubauen, den man mit Händen greifen kann und der keine großen theoretischen Erklärungen braucht, weil er überall auf den Straßen und als fester Bestandteil des Alltagslebens zu finden ist. Es ist ein Sozialismus, den die Kubaner nach ihren Bedürfnissen und Möglichkeiten aufbauen, mit einer beispielhaften Leidenschaft und Ernsthaftigkeit, aber auch unter schallendem Gelächter und immer mit diesem Fünkchen heimlichen Wahnsinns, der vielleicht ihre älteste und produktivste Tugend ist. So begreift man an jedem beliebigen Ort in Kuba, angefangen bei einer Straßenbahn oder einem Kürbis, dass dort nicht nur ein anderes Produktions- und Verteilungssystem aufgebaut wird, sondern noch etwas viel Wichtigeres, das gleichzeitig die Quelle der Originalität und Größe Kubas ist: eine neue Moral.

Das Wesentliche dieses Wunders liegt wohl darin, dass der Kubaner von heute mehr daran interessiert ist, wie weit er persönlich an der Revolution beteiligt ist, als welche eventuellen persönlichen Vorteile sie ihm bringen könnte. Das habe ich sehr deutlich an der erbosten Reaktion unseres Fahrers gesehen, als er von einer Nachlässigkeit erfuhr, die unser Programm für zwei Tage durcheinander brachte. »Das muss geklärt werden, bis der Schuldige gefunden ist«, schrie er. »Ich habe doch nicht vierzehn Jahre lang bei der Zuckerrohrernte mitgemacht, um diese Schuhe und dieses Hemd zu bekommen, sondern damit solche Sachen in Kuba nicht mehr passieren.«

Heute, da die harten Zeiten für immer der Vergangenheit angehören, kann man sich kein genaues Bild von der kubanischen Revolution machen, wenn man nicht versteht, wie diese neue Moral in der leidvollen Nacht der Blockade entstanden ist. Vor dem Sieg der Revolution war Kuba den Gringos so ergeben, dass Präsident Carlos Manuel de Céspedes seine Antrittsrede auf Englisch hielt. Seine Innen- und Außenpolitik wurde vom amerikanischen State Department bestimmt. Die Zuckerfabriken, seit Jahrhunderten Stützpfeiler der kubanischen Wirtschaft, gehörten nordamerikanischen Monopolgesellschaften, deren Magnaten mit ihren Privatflugzeugen auf privaten Flughäfen ohne jegliche Kontrolle landeten.

Die Fabriken, die Transportmittel, die Haushaltsgeräte, die Lebensmittel, die Bücher und sogar die Lebensphilosophie wurden aus den Vereinigten Staaten importiert. Es gab keine Ersatzteillager. Wenn etwas an einer Maschine kaputtging, rief man einfach in Miami oder in New York an, und das lebenswichtige Teil kam mit der nächsten Nachtmaschine. Als die Vereinigten Staaten 1962 die Blockade verhängten, stand Kuba plötzlich vor der Tatsache, dass es nichts hatte außer sechs Millionen entschlossener Kubaner auf einer hellen und mittellosen Insel.

Die Blockade war ein grausamer Versuch des Völkermords

Die Blockade war jedoch nicht nur, wie viele glauben, die Durchtrennung der Nabelschnur, die Kuba mit den Vereinigten Staaten verband. Sie war der grausame Versuch eines Völkermords von Seiten einer fast unbegrenzten Macht, deren Fangarme in allen Ecken der Welt auftauchten. Viele Industriebetriebe westlicher Länder, die versuchten, mit Kuba Handel zu treiben, bekamen die Repressalien der Vereinigten Staaten zu spüren, und einige – in England und Spanien – wurden auch aufgekauft, um den Handel zu verhindern. Ein Schiff des CIA patrouillierte noch bis vor wenigen Jahren in den Hoheitsgewässern Kubas, um die Schiffe abzufangen, die Waren für die belagerte Insel geladen hatten. Die ständige Gefahr bewaffneter Invasionen, die systematische Sabotage und die permanenten Provokationen kosteten die Kubaner viel mehr Nerven und Energie als die Handelsblockade.

Die Vereinigten Staaten behaupteten damals, und sie sagen es auch heute noch, die Blockade betreffe nicht die Lieferung von Medikamenten. Ich habe im Gesundheitsministerium in Havanna Briefe von nordamerikanischen Labors gesehen, die sich aus Angst vor Repressalien seitens der Regierung weigerten, Kuba Medikamente zu verkaufen. Und es kommt noch schlimmer: Als Kuba vorschlug, Nahrungsmittel für Kinder und Antibiotika gegen die in der Schweinebucht gefangen genommenen Söldner einzutauschen, nahmen die Vereinigten Staaten die freigelassenen Gefangenen mit, lieferten dafür aber nie eine größere Menge Medikamente.

Der schändlichste Aspekt der Blockade war wahrscheinlich am wenigsten bekannt: die Verführung kubanischer

Techniker und Fachleute durch die Vereinigten Staaten. In einem Land, in dem nur Menschen aus einer sehr hohen sozialen und finanzkräftigen Schicht Zugang zur Bildung hatten, identifizierten sich die meisten unabhängigen Techniker und Fachleute mit dem Imperialismus, gingen auf das Angebot traumhafter Gehälter ein und verließen ihr Land. Viele von ihnen nahmen lebenswichtige Dokumente und Geheimkenntnisse mit.

Im Gesundheitswesen war dieser Menschenraub besonders kriminell. Von ungefähr siebentausend Ärzten, die es in Kuba vor der Revolution gegeben hatte, floh mehr als die Hälfte, und die wenigen, die blieben, mussten sich mit Problemen auseinandersetzen, die ihnen fremd waren. »Wir wussten nicht einmal«, sagte einer von ihnen zu mir, »welche Mengen Aspirin für die Kopfschmerzen aller Kubaner benötigt wurde.« Das dramatischste Problem war das Insulin für die Diabetiker. Die Kubaner bestellten in Polen die Menge, die nach ihrer Berechnung für ein Jahr ausreiche, und die Polen antworteten verwundert, dies sei die Menge, die ganz Europa in zehn Jahren verbrauche. Diese kleine Gruppe von Ärzten, die so viele Konflikte mit der Arithmetik hatte, schaffte es dann aber, das kubanische Gesundheitswesen, das heute bereits als eins der besten und originellsten der Welt gilt, aus dem Nichts aufzubauen.

In der Industrie, im Bergbau, im Transportwesen und in der Landwirtschaft war die Situation ähnlich. Die Arbeiter übernahmen die Verantwortung der geflohenen Techniker, und die Produktion ging nicht nur weiter, sondern verzeichnete auch einen unmittelbaren und konstanten Anstieg. In den Nickelminen mussten die Pläne zum Abbau des Metalls und auch andere lebenswichtige Dokumente, die die Gringos mitgenommen hatten, aus dem Gedächtnis rekonstruiert werden. Der alte, sympathische Techniker der Rumfabrik in Santiago erzählte uns, dass seine ehemaligen Vorgesetzten ihm eine phantastische Summe geboten hätten, damit er in die USA ginge, nicht unbedingt, um sich sein Wissen und seine Geheimkenntnisse zunutze zu machen, die er letztendlich nicht allein besaß, sondern um zu verhindern, dass die Kubaner sie sich zunutze machten. Seine Antwort war beispielhaft: »Warum haben Sie mir eine solche Summe nicht angeboten, als Sie mich hier mit einem Hungerlohn beschäftigten?«

Ein einziges Produkt war in der damaligen Situation unersetzlich: das Erdöl. Auch wenn es noch so viele andere unbestreitbare Belege für die Hilfe der Sowjetunion und anderer sozialistischer Länder gibt, reicht es doch schon zu wissen, dass keine einzige Tätigkeit in Kuba auch nur eine Minute aus Mangel an Erdöl eingestellt werden musste, obwohl die sowjetischen Tankschiffe einen Weg von etwa zwölftausend Kilometern haben.

Die schlimmste Erinnerung an die Blockade:
Erbsen und Seehecht

Zum Hungertod verurteilt, mussten die Kubaner ihr Leben von Grund auf neu erfinden. Sie entwickelten eine ganze Technologie des Mangels, eine ganze Ökonomie der Knappheit, eine ganze Kultur der Einsamkeit. Die Frauen lernten, anders zu kochen, nämlich mit den Lebensmitteln, die gerade verfügbar waren, und sie lernten, anders zu nähen, nämlich mit Fäden, die sie aus dem Saum des Hemdes zogen, das zu flicken war. Vorher mussten sie meistens noch die Nadel schärfen, weil sie viele Jahre lang mit einer einzigen auskommen mussten. Das Alter der Kinder war ein ernstes Problem in den privaten Haushalten: Die Versorgungsstellen, die pro Jahr zwei Garnituren Kleider und ein Paar Schuhe ausgaben, konnten nicht berücksichtigen, wie schnell die Kinder wuchsen.

Alles im täglichen Leben erforderte besondere Findigkeit und Entschlossenheit. Und besondere Charakterstärke, denn die Radio- und Fernsehsender von Miami bombardierten das Land über Jahre hinweg ununterbrochen mit einer heimtückischen Propaganda, die die Standhaftigkeit und Würde der Kubaner brechen sollte, und die Revolutionsregierung konnte nichts dagegen tun. In Kuba braucht man eigentlich nur das Radio oder das Fernsehen einzuschalten, und schon brechen die nordamerikanischen Programme mit aller Macht herein. »Und dann behaupten die doch tatsächlich noch, wir seien ein schlecht informiertes Volk«, sagte einer mit sardonischem Grinsen zu mir. Zeit hatte einen anderen Wert bekommen. Man brauchte viel mehr Stunden zum Nachdenken, und die Schlaflosigkeit war länger und leerer in diesem Zustand der Belagerung, den man höchstens mit den langen Zeiten der Stille während mittelalterlicher Pestepidemien vergleichen kann.

Der grundlegende Unterschied – und man muss die Kubaner kennen, um das besser zu verstehen – besteht darin, dass die Kubaner im Gegensatz zu den Fürsten und Bischöfen des Mittelalters die langen Stunden ihrer Nächte nicht mit Gedanken an den Tod verbrachten, sondern dass sie die Nächte zu Tagen machten und die Monate zu Jahren, um eine neue Lebensweise zu erfinden und unter der Blockade ein blühendes Gemeinwesen aufzubauen.

Am erstaunlichsten ist, dass ich keinem Kubaner begegnet bin, der mit Groll an diese Notzeit denkt. Dagegen haben fast alle zwei Dinge in schrecklicher Erinnerung: Seehecht und Erbsen. Seehecht, der einer der schmackhaftesten Fische Europas ist, und Erbsen waren jahrelang die von der

Not auferlegte Grundnahrung, und sie werden den Kubanern für immer und ewig als ein Symbol der schlechten Zeiten in Erinnerung bleiben. Die Rationierung der Lebensmittel, die der imperialistischen Propaganda so nützlich gewesen ist, hat den Leuten im Grunde mehr wegen der damit verbundenen Monotonie als wegen der Härte zu schaffen gemacht. Man hatte eben nicht allzu viele Wahlmöglichkeiten: Es wurde das verteilt, was es gab, und während der längsten und härtesten Jahre der Blockade gab es eben auf der Welt am meisten Erbsen und Seehecht. Nitza Villapol, eine außergewöhnliche Frau, die ununterbrochen ihre tollkühnen Kochsendungen im Fernsehen machte, gestaltete die eintönige kubanische Alltagskost dadurch etwas attraktiver, dass sie über zweihundert Möglichkeiten erfand, Seehecht so zuzubereiten, dass er wie Hähnchen oder Kalbfleisch schmeckte, und sie erfand auch eine ganze Reihe von Verkleidungen für Erbsen. Ein kubanischer Schriftsteller aß zwei Jahre lang zum Nachtisch immer Süßkartoffelkonfekt, was seine Lieblingsspeise war, rührte es aber nie mehr an, als er zufällig erfuhr, dass das Konfekt aus als Süßkartoffeln verkleideten Erbsen hergestellt war.

Rindfleisch war zu einem Mythos geworden, nicht weil es weniger gab als vorher, sondern weil es sechsmal mehr Menschen gab, die es sich leisten konnten. Die Statistiken zeigen, dass bereits 1961, zu Beginn der Blockade, mehr Rinder geschlachtet wurden als in irgendeinem Jahr vor der Revolution. Es ist einfach so, dass vor der Revolution lediglich eine Million Menschen Rindfleisch essen konnte, während es heute acht Millionen zweimal pro Woche essen. Die Rationierung von Fleisch betrifft jedoch nur die Privathaushalte, in den Restaurants ist es immer zu finden.

Das ist ein interessanter Punkt, wenn man als Vergleich Kolumbien nimmt, wo so viel über die Lebensmittelknappheit der Kubaner debattiert wird und die große Mehrheit der Bevölkerung die massive und gnadenlose Rationierung der Armut erleidet. In Kolumbien gibt es im Übrigen nicht zweimal pro Woche Rindfleisch, auch nicht für diejenigen, die es sich leisten können, in Restaurants zu essen. Das kubanische Regime ist dagegen so strikt, was die Gleichheit der Versorgung angeht, dass in die unzugänglichsten Gegenden der Sierra Maestra, in denen keine Viehzucht mehr möglich ist und es keine Kühlsysteme gibt, lebende Kühe gebracht werden, die dann vor Ort geschlachtet und an alle verteilt werden. Noch rigoroser waren allerdings die für die Elektrogeräte zuständigen Versorgungsbeamten, die zwei Jahre brauchten, bis sie merkten, dass sie die Apparate an Orte schickten, wo es keinen Strom gab.

Die politische Bedeutung des Minirocks

Mindestens hundert Frauen habe ich an verschiedenen Orten in Kuba gefragt, woran sie die Blockade am meisten gespürt hätten. Fast alle gaben die gleiche Antwort: »Bei den Schuhen.« Bei den Schuhen war das Problem in der Tat das Gleiche wie beim Rindfleisch: Die Revolutionsregierung hatte es sich zur Aufgabe gemacht, alle Kubaner ohne Ausnahme mit Schuhen auszustatten, und das in einem Land von mittellosen Bauern und malariakranken Kindern, die von klein auf barfuß gelaufen waren. Zwei Dinge fallen einem im heutigen Kuba am meisten auf: die Gleichheit der Klassen und dass alle Schuhe tragen. Nicht ohne Hintergedanken bot ich meinem Sohn an, ihm für jedes Foto eines Kubaners ohne Schuhe fünfzig Dollar zu zahlen, und der einzige, den er auftreiben konnte, war am Strand. Die Schuhe sind außerdem nicht mehr rationiert, sie werden kostenlos an die Schulkinder verteilt, und die Kinder müssen sie als Schutz vor Parasiten tragen, sobald sie laufen können.

Selbst in den Zeiten, als die Versorgung mit Schuhen und Kleidung besonders schlecht war, ließen es sich die Kubanerinnen nicht nehmen, sich nach der neuesten Mode zu kleiden. Eine andere bewundernswerte Kühnheit der Kubaner war nämlich, weiterhin Frauenzeitschriften mit Informationen über die internationale Mode zu verlegen, und die Frauen änderten ihre alten Kleider entsprechend. Sie fanden auch immer einen Schuster, der ihnen den Absatz höher machte und die Spitze und die Spange so umarbeitete, dass die kubanischen Schuhe aussahen, als kämen sie aus Paris. Außerdem stellten die Frauen ihre eigenen Kosmetika, ihre eigenen Bleichmittel und Tönungen für die Haare her und wirkten ihre Strümpfe selbst, nur um nicht hinter den Modellen in den Zeitschriften zurückstehen zu müssen. Das schönste Beispiel für diese unglaubliche Würde der Armut stellen die Miniröcke der Kubanerinnen dar, die die kürzesten der Welt sind; einfach atemberaubend.

Wir können uns eine Scheibe davon abschneiden, mit welcher Würde und welchem Humor die Kubaner heute über diese Dinge reden. Sie klagen nicht über ihre Nöte, sondern lachen sich halb tot, wenn sie an die grandiosen Fehler denken, wie zum Beispiel an den des Funktionärs, der einen Katalog falsch verstanden hatte und zwei Schneeräumfahrzeuge bestellte, oder an das phänomenale Versehen der zerstreuten Versorgungsbeamten, die alle linken Schuhe im Osten und alle rechten im Westen der Insel verteilten. Ein Tabakpflanzer aus Pinar del Río, äußerte jedoch die interessanteste und realistischste Meinung dazu. »Früher habe ich von Geburt an wie ein räudiger Hund gelebt und hier auf diesen Feldern nach Essbarem gesucht«, sagte er. »Aber seitdem diese verdammte Blockade angefangen hat, ist mein Leben problemlos: Heute habe ich alles.« Und dann fügte er laut lachend hinzu: »Von mir aus kann sie ruhig weitergehen.« Die Blockade der Vereinigten Staaten geht natürlich weiter, aber die Kubaner haben sie vergessen, weil sie selbst sie von innen aufgebrochen haben. Manchmal machen sie, wenn sie daran denken, Scherze darüber, aber ansonsten genießen sie die Würze des neuen Lebens, das vom alten nur das Beste bewahrt hat: die unwiderstehliche Musik und die ständige Lust, dazu zu tanzen, die explosiven Gefühle und die Gastfreundschaft. Von der Blockade ist den Kubanern nur ein winziges Fünkchen Misstrauen und ein manchmal etwas rätselhaftes Verhalten geblieben, das borniere Ausländer als offiziell verhängte Zurückhaltung interpretieren, während es sich in Wirklichkeit um eine Art stillschweigende Übereinkunft handelt, den Besuchern die zahlreichen Flicken, notdürftigen Reparaturen und Schrunden zu verheimlichen, die das kubanische Leben immer noch aufweist.

Aber die guten Zeichen sind nicht zu übersehen. An dem Nachmittag, an dem ich in Havanna ankam, wartete eine Schlange von vierzehn Schiffen aus aller Welt darauf, in den Hafen einlaufen zu können. An dem Nachmittag, an dem ich die Insel verließ, waren es zweiundzwanzig, und die europäischen Autos, die sie an Bord hatten, reichten von einem Ende des Malecón bis zum anderen.

Die Stadt erwachte zu einer neuen Zeit greller Farben, öffentlicher Tanzsalons und spöttischer Bemerkungen über die blöden Gringos, die Kuba eins draufgeben wollten und dabei selbst eins draufbekamen. Es war ein kollektiver Gemütszustand, der sich auf offener Straße zeigte, wo viele Verliebte zu jeder Tages- und Nachtzeit das taten, was sie wollten, sodass ein französischer Tourist sich fragte, ob in Kuba wohl auch die Betten rationiert seien. Beim Karneval, der in einer herrlichen Juninacht gefeiert wurde, entluden sich die Herzen der Habaneros in lautstarkem Überschwang. Es war ein vollkommenes Fest, bei dem alle auf der Straße tanzten und Bier tranken, sich die Betrunkenen die Fäuste um die Ohren schlugen und eine Frau einen Tobsuchtsanfall bekam, weil sie ihren Mann dabei erwischte, wie er sich mit ihrer Kollegin aus der Fabrik amüsierte. Doch inmitten dieses Aufloderns von Menschlichkeit, inmitten von Geschrei, Musik und Feuerwerkskörpern, befand sich das deutlichste Zeichen der Größe und Stärke der Revolution und gleichzeitig das für ihre Verleumder überall auf der Welt niederschmetterndste Argument: die Polizei, die über die öffentliche Ordnung zu wachen hatte, meine Damen und Herren, war unbewaffnet.

Not macht erfinderisch

Fidel Castro war gerade von einem Besuch bei den Vereinten Nationen zurückgekehrt und legte vor der Menschenmenge auf dem Plaza de la Revolución in Havanna Rechenschaft darüber ab, als die Stadt unter zwei provokativen Explosionen erbebte. Es war der 28. September 1959. Ich saß in meiner Funktion als Redakteur der *Prensa Latina* auf der Tribüne, und wie alle Bewohner der Hauptstadt in der damaligen Zeit hatte ich mich allmählich an diese Bomben gewöhnt, die seit ein paar Wochen immer wieder überall explodierten. Fidel Castro unterbrach jedoch nach der zweiten Explosion seine Rede und sagte dann in einem anderen, energischeren Ton: »Wir werden den Aggressionskampagnen des Imperialismus ein kollektives revolutionäres Überwachungssystem entgegensetzen, damit jeder weiß, wer in den Nachbarhäusern wohnt und was alle tun, wie ihr

Verhältnis zur Tyrannei war, womit sie sich beschäftigen, mit wem sie Umgang haben und welchen Aktivitäten sie nachgehen, denn wenn die Imperialisten glauben, sie könnten es mit dem Volk aufnehmen, dann werden sie ihr blaues Wunder erleben.« Am gleichen Abend, noch bevor die Regierung Fidel Castros Initiative umsetzen konnte, hatte die Bevölkerung von Havanna, wie später das gesamte kubanische Volk, bereits damit begonnen, die Komitees zur Verteidigung der Revolution zu gründen, die CDR.

Keine andere revolutionäre Aktion jener Zeit, nicht einmal die großen Enteignungen, sollte eine deutlichere Panik bei der Reaktion hervorrufen und eine wütendere Kampagne der nordamerikanischen Regierung und Presse entfesseln. Nur Fidel Castro weiß, ob seine Initiative das Ergebnis einer Augenblickseingebung gewesen ist oder ob er sie sich insgeheim ausgedacht und weiterentwickelt und dann auf eine passende Gelegenheit gewartet hat. Jedenfalls sind keine früheren Beispiele einer solchen Organisation bekannt. Sie existiert auch nicht in anderen sozialistischen Revolutionen, und es gibt keine Anzeichen dafür, dass irgendjemand daran gedacht hat, bevor Fidel Castro an jenem Nachmittag auf ihre Notwendigkeit hinwies.

Sogar gebrauchte Briefmarken werden in Devisen verwandelt

Die ursprüngliche Funktion der CDR war, wie ihr Name schon sagt, die Verteidigung der Revolution gegen den Feind im Innern. Die Wirksamkeit des Komitees zeigte sich während der Landung der Söldnertruppen in der Schweinebucht: Der interne Apparat der Konterrevolution wurde lahmgelegt. Natürlich war eine solche Organisation, die spontan unter dem Druck der Notwendigkeit entstanden war, nicht gegen Irrtümer und Exzesse gefeit. Viele allzu eifrige Mitglieder der CDR gingen weit über ihre Befugnisse hinaus und gefährdeten die Privatsphäre der Leute. Doch die Zeit und die zunehmende Reife des Entwicklungsprozesses rückten die Dinge wieder zurecht, und die Dynamik der Revolution gab den CDR nach und nach ihre endgültige Form und ihre präzise Funktion.

Heute gehören fünf Millionen Kubaner zu den CDR. Das sind achtzig Prozent der Bevölkerung, die älter sind als vierzehn Jahre, also das gesamte Volk. Es gibt in jedem Häuserblock des ganzen Landes ein solches Komitee, und es hat einen entscheidenden Beitrag zur Alphabetisierung, zur Versorgung und zur revolutionären Erziehung geleistet. Allein im vergangenen Jahr haben die CDR bei der Kampagne zur Wiederverwendung von Rohstoffen neunundneunzig Millionen weggeworfene Flaschen und Glasbehälter, achtzehntausend Tonnen Altpapier und fünfzehntausend Unzen gebrauchte Briefmarken gesammelt, die an Philatelisten auf der ganzen Welt exportiert wurden. Anfang dieses Jahres wurde die Devise ausgegeben: »Verwandeln wir Kuba für den ersten Parteikongress in einen Garten.« Mit promptem Erfolg. Selbst in den entlegensten Dörfern sieht man blumengeschmückte Häuser. In Santa Clara sahen wir eine mit Blumengirlanden behängte Lokomotive vorbeifahren. In der Sportartikelfabrik sind zwischen den Basebällen und den Boxhandschuhen die Nähmaschinen mit Blumen geschmückt.

Es besteht allgemeine Einigkeit darüber, dass die wichtigsten Errungenschaften der kubanischen Revolution das Gesundheitswesen und das Erziehungssystem sind. Ich glaube, dass es noch andere, weniger sichtbare Errungenschaften gibt, die im Übrigen die Grundlage für die beiden Ersteren sind, und dass wir sehr bald noch eine weitere werden anerkennen müssen: den Wohnungsbau. Ich bin allerdings auch der Meinung, dass keine dieser Errungenschaften ohne die Beteiligung und die Initiative der Massenorganisationen – wie der CDR –, die die eigentliche Stärke der kubanischen Revolution ausmachen, möglich gewesen wäre.

»Wir wissen, wie viele Kranke wegen der Blockade gestorben sind«

An der Südküste der Provinz Oriente gibt es ein paar traurige und einsame Friedhöfe, die hoch oben auf den Klippen liegen. »Das sind die Gräber jener, die vergeblich auf das Segelschiff gewartet haben«, sagen die einen. »Das sind die Gräber jener, die nicht genügend Bettlaken hatten«, sagen die anderen. Das ist dasselbe. Vor der Revolution verbrachten die Bewohner dieser unzugänglichen, von der Sierra Maestra und dem karibischen Meer eingeschlossenen Gegenden ganze Tage damit, auf den Klippen mit weißen Bettlaken Zeichen zu machen, in der Hoffnung, dass irgendein Schiff sich erbarmen und ihre Kranken mitnehmen würde.

In den meisten Fällen starben die Kranken, während sie auf das Segelschiff der Göttlichen Vorsehung warteten, und ihre Verwandten begruben sie auf diesen armseligen Friedhöfen, die zur Erinnerung an das Unrecht der Vergangenheit erhalten werden.

Heute sieht man jedoch vom Meer aus neben diesen Friedhöfen die blauen, die roten, die in fröhlichen Farben gestrichenen Krankenhäuser des neuen Kuba.

Das Gesundheitswesen erreichte diese rauhen Gegenden auf dem Rücken eines weißen Esels, dem man einen gelben Streifen auf den Rücken gemalt hatte. Der Esel war in den

Anfangszeiten der Revolution das einzig mögliche Transportmittel. Manchmal kam, wenn gerade einer da war, ein ambulanter Arzt mit dem Esel, untersuchte und impfte die Land- und Dorfbewohner. Manchmal kam auch nur eine Krankenschwester. So machte also das Gesundheitswesen seine ersten Schritte, bis es durch die Beteiligung der CDR zu einem gigantischen Massenunternehmen wurde. Die erste Kampagne war die Massenimpfung gegen Kinderlähmung. Das war eine einfache Angelegenheit: Jedes kubanische Kind musste zur Vorbeugung eine Art Bonbon schlucken. Doch die Hindernisse waren gewaltig. Erstens musste man nämlich wissen, wie viele Bonbons in einem Land ohne Statistik gebraucht wurden. Zweitens mussten sie in weniger als zwölf Stunden verteilt werden, weil sich der Impfstoff ungekühlt nicht länger hält. Drittens musste der Widerstand der Eltern überwunden werden, denen die Konterrevolution mit ihren niederträchtigen Mitteln eingeredet hatte, dass das kommunistische Bonbons seien, mit denen die Kinder einer Gehirnwäsche unterzogen werden sollten. Die CDR überwanden diese Hindernisse und schafften es, die erste Massenimpfung an einem einzigen achtstündigen Arbeitstag durchzuführen, und das im ganzen Land.

Auf diese Art und Weise sind die Kinderlähmung, der Wundstarrkrampf, die Pocken und alle anderen vorhersehbaren Krankheiten ausgerottet wurden. Auch die Malaria, die die größte Geißel der Kubaner war, wurde besiegt. Die früheren Tuberkulosehospitäler sind in allgemeine Krankenhäuser umgewandelt worden. Pancho González, der vor Temperament sprühende Kommandant, dem man die Aufgabe übertragen hatte, die Revolution bis in die unbekanntesten Winkel der Sierra Maestra zu verbreiten, redete mit mir über diese Dinge, während wir mit dem Auto durch Gegenden fuhren, die bis vor wenigen Jahren selbst den

Eseln mit den gelben Streifen nicht zugänglich waren. Eine Gruppe junger, sympathischer Ärzte, die frisch von der Universität gekommen waren, begleiteten uns noch weiter, bis zu dem unglaublichen Krankenhaus von Calabaza. Dort gibt es einen Krankenwagen, der selbst gegen widrigste Umstände ausgerüstet ist und die schwangeren Frauen in der Region ausfindig machen und ins Krankenhaus transportieren soll. Früher wurden diese Frauen von mythischen Hebammen betreut, die leicht an dem langen Nagel des kleinen Fingers zu erkennen waren, mit dem sie die Fruchtblase der Gebärenden aufstachen – und infizierten. Heute findet in Kuba jede Geburt im Krankenhaus statt. Diese erstaunlichen Fortschritte wurden während der Blockade erzielt, während man gleichzeitig Ärzte für den Notfall ausbildete, die manchmal ohne die geringsten Hilfsmittel arbeiten mussten.

1962 gab es eine ganze Zeit lang kein Aspirin. Die Chirurgen erfanden ungewöhnliche Techniken, um den Mangel an Narkosemitteln auszugleichen. Die Operationshandschuhe, die selbst in den ärmsten Ländern nur einmal gebraucht werden, wurden verzweifelten Sterilisierungsprozessen unterzogen, die die Kubaner selbst entwickelt hatten, und so lange verwendet, bis sich die Finger der Handschuhe buchstäblich in nichts auflösten. Jedes Mal, wenn man ältere Kubaner fragte, wie zum Teufel sie auf solche Ideen gekommen seien, antworteten sie gutgelaunt: »Not macht erfinderisch.« Doch im Grunde ihres Herzens können sie die Ursache all dieser Misslichkeiten nicht vergessen: In ihren geheimen Archiven bewahren sie die zahllosen Listen jener Kranken auf, die hätten gerettet werden können, wenn die Blockade nicht gewesen wäre.

Die Irrenanstalt von Havanna hat keine Gitter und keine Türen

Heute hat sich die Zahl der Ärzte gegenüber 1960 verdreifacht. Es gibt fast zwölftausend Ärzte für acht Millionen Einwohner, während wir in unserem demokratischen Kolumbien, das unter keiner Blockade leidet, zehntausendachthundert Ärzte für vierundzwanzig Millionen Einwohner haben. Außerdem konzentrieren sich die kubanischen Ärzte nicht alle in den Städten: Kein Kubaner hat es weiter als fünf Kilometer bis zu seinem Arzt, und dieser kann den Patienten in jedes Krankenhaus einliefern. Sowohl die Behandlung als auch die Krankenhausbetreuung und die Medikamente sind kostenlos und im Rahmen des Möglichen auch obligatorisch. Die Sterblichkeitsrate auf Kuba ist heute auffallend niedrig, und die Kindersterblichkeitsrate eine der niedrigsten der Welt.

Diese Erfahrung ist im psychiatrischen Krankenhaus von Havanna zu wahrer Meisterschaft getrieben worden. Dort nehmen Menschen mit unheilbaren geistigen Krankheiten am gesellschaftlichen Leben teil und verrichten bezahlte Arbeit, und viele von ihnen verbringen das Wochenende bei ihrer Familie. Die Patienten haben eine eigene Baseball-Mannschaft aufgestellt, die an nationalen Turnieren teilnimmt, sie haben ein Rumba-Orchester gegründet, das mit seinen heißen Rhythmen bei Straßenveranstaltungen auftritt, und sie haben eine Erntebrigade, die in den schlimmsten Zeiten der Blockade ohne den geringsten Zwischenfall mit den besten Brigaden von geistig Gesunden bei der Zuckerernte konkurrierte.

Auf dem Gelände des Krankenhauses, das ein riesiger Gesundheitspark ist, gibt es ein Fußballstadion und ein Schwimmbad von olympischen Ausmaßen. Es gibt eine

Schreinerei, eine Schusterwerkstatt und ein Schneideratelier, außerdem Schönheitssalons, Kino- und Theatersäle. Es gibt eine Geflügelfarm mit fünfundsiebzigtausend Hühnern, die Havanna versorgt, sowie einen Garten, in dem die schönsten Blumen des Landes gezüchtet werden. Jede Arbeit wird bezahlt, und einige Patienten unterhalten mit ihrem Lohn ihre gesunden Verwandten. Ich fragte den massigen und lächelnden Kommandanten Ordaz, der diese Irrenanstalt ohne Türen leitet, wo er diese psychiatrische Weisheit denn erworben habe: »Nirgendwo, Genosse«, antwortete er. »Ich war in der Sierra Anästhesist, aber als wir herunterkamen, befahl mir Fidel, diesem Krankenhaus ein menschliches Antlitz zu geben, und da hast du es. Ich führe Befehle aus.«

Die größte Alphabetisierungskampagne der Geschichte

Der gleichen Logik wie das Gesundheitswesen folgend, dessen Wiederaufbau mit den Impfkampagnen begann, startete das revolutionäre Erziehungswesen in Kuba mit der umfassendsten und schnellsten Alphabetisierungskampagne in der Geschichte der Menschheit. Allein die Zahlen sind schon gewaltig: 268.428 Alphabetisierer, unter ihnen hunderttausend junge Burschen zwischen zwölf und siebzehn Jahren, hatten sich vorgenommen, in zwölf Monaten siebenundvierzig Prozent einer Bevölkerung von insgesamt sechs Millionen Lesen und Schreiben beizubringen. Allein um dieses Heer von Alphabetisierern auf seine Aufgaben vorzubereiten, brauchte man über einhundertzwanzigtausend Ausbilder. Es war 1962, das Jahr der Landung in der Schweinebucht, doch der landesweite Alarmzustand und die ständige Mobilisierung unterbrachen die Kampagne nicht. Im Gegenteil, sie förderten sie sogar, wie es einer bereits historischen Gewohnheit der kubanischen Revolution entsprach: die Widrigkeiten zum eigenen Vorteil nutzen, so wie man das bei den Wirbelstürmen, den Söldnerattacken, den imperialistischen Provokationen und ganz allgemein auch bei der Blockade getan hat. Am Ende der Kampagne veröffentlichten die Kubaner eine Siegesmeldung: Der Analphabetismus war auf eine Restrate von 3,9 Prozent gesenkt worden. Die Weltpresse hatte ihre Zweifel daran. Die UNESCO schickte ihre Experten, und diese kamen zu dem Schluss, dass die kubanischen Statistiken falsch waren, denn die Zahlen waren nicht nur noch niedriger, sondern bezogen sich außerdem auf Erwachsene, die sich verweigerten. Heute liegt die Analphabetenrate in Kuba bei 2,2 Prozent und ist damit eine der niedrigsten der Welt.

Im Speiseraum des Strandbads auf der Isla de Pinos, wo wir uns versammelt hatten, um die Zahlen dieser meisterhaften Kampagne zu diskutieren, stießen wir auf zwei unwiderlegbare Beispiele. Einer unserer Tischgenossen, ein zweiunddreißigjähriger Agraringenieur, hatte während der Alphabetisierungskampagne lesen gelernt. Die Großmutter unseres Führers hatte im Alter von achtzig Jahren bei der gleichen Kampagne lesen gelernt. Jetzt ist sie vierundneunzig, ihr liebster Zeitvertreib ist Lesen, und sie verflucht jeden Abend den Kapitalismus wegen all der Bücher, die ihr entgangen sind. Der kubanische Prozess entwickelt sich derart schnell, vor allem in letzter Zeit, dass die Statistiken immer wieder sofort überholt sind. Aber gleichzeitig sind die Errungenschaften im Bereich des Erziehungswesens so spektakulär, dass man sie sich ohne irgendwelche Zahlen überhaupt nicht vorstellen kann. Die Revolution fand eine Million erwachsene Analphabeten, eine halbe Million Kinder ohne Schule und über zehntausend arbeitslose Lehrer vor. Heute geht jedes Kind zur Schule, die Erziehung ist kostenlos, vom Kindergarten bis zur beruflichen Spezialisierung im In- oder Ausland, und der Staat stellt den Studenten Unterkunft, Essen, Kleidung, Schuhe und Lernmittel kostenlos zur Verfügung. »Die Kinder werden geboren, um glücklich zu sein«, hat Fidel Castro einmal gesagt. Aus diesem Satz ist offensichtlich eine Losung gemacht worden.

In den Ferienlagern von Varadero gibt es für die kubanischen Kinder Einrichtungen, wie sie viele Kinder nordamerikanischer Millionäre nicht kennen. Das revolutionäre Element in der kubanischen Erziehung ist die enge Verknüpfung von Lernen und Arbeiten. So werden die Kinder ab dem vierten Lebensjahr spielerisch an die Arbeit auf einfachen kleinen Bauernhöfen herangeführt. Später, bis zum elften Lebensjahr, arbeiten sie zehn Stunden in der Woche im schuleigenen Gemüsegarten. Wenn sie die höchste Stufe ihrer Ausbildung erreicht haben, lernen sie während der einen Hälfte des Tages und arbeiten während der anderen, vor allem bei den großen, landesweiten Zitrusfrüchtekampagnen.

Die Stadtkinder, die sich früher fragten, wie die Küken geboren werden, arbeiten heute fünfundvierzig Tage im Jahr auf dem Land. Dieses System hat eine solche Produktivität erzielt, dass die riesigen Ausgaben im Bereich der Erziehung zu einem großen Teil kompensiert werden. Die Kubaner betonen jedoch, dass damit keine ökonomische, sondern eine ideologische Absicht verfolgt wird. Und sie belegen dies mit Zitaten von José Martí, der sich schon vor hundert Jahren dafür einsetzte, in ganz Lateinamerika Schule und Arbeit eng miteinander zu verknüpfen.

Dieses Prinzip hat auch die Konzeption der Universität verändert. Anstatt alle Fachbereiche an einem Ort zu konzentrieren wie in den kapitalistischen Ländern, haben die Kubaner sie aufgeteilt und die einzelnen Fakultäten an den jeweiligen Arbeitszentren angesiedelt. Medizin wird in den Krankenhäusern studiert, Ingenieurwesen in den Fabriken, Agrarwissenschaft auf dem Land. Die besten kubanischen Restaurants, die den Spitzenrestaurants eines jeden europäischen Landes in nichts nachstehen, sind die Schulen für Gastronomie. Nicht nur die Kinder lernen.

Man findet kaum jemanden, der in seiner Freizeit nicht irgendetwas lernt, sei es, um den Beruf zu wechseln, sei es, um sich in seinem derzeitigen Beruf weiterzubilden. Es gibt Schulen für alles Mögliche, sogar eine Zirkusschule in Havanna und eine Schule für Zauberer in Santiago. Die Schulen vermehren sich aber mit derartiger Geschwindigkeit, dass man sich ernsthaft fragt, ob es in Kuba für so viele Schulen auch immer genug Kinder geben wird.

Noch fünf Jahre Kampf bis zum Luxus

Trotz dieser massiven Einbindung in die Arbeit ist eins der größten Probleme Kubas der Arbeitskräftemangel. Man versucht, dieses Problem kurzfristig durch Mechanisierung zu lösen, die beim Anbau und bei der Ernte von Zuckerrohr sowie bei der Zuckerproduktion bereits zum Tragen kommt. Die Zeiten heroischer Zuckerrohrernten gehören der Vergangenheit an.

Die mit Palmenzweigen gedeckte Hütte unter dem Silbermond, wie sie in sentimentalen Boleros verklärt wurde, ist fast verschwunden, hinweggefegt von einer Massenkampagne zum Bau neuer Wohnungen. Viele der weniger gravierenden, dafür aber lästigen Probleme des Alltags sind für immer gelöst. Von Tag zu Tag tauchen mehr Lebensmittel und Gebrauchsgegenstände in den freien Verkaufsstellen auf, und sie kosten noch genauso viel wie vor fünfzehn

Jahren, denn die Revolution hat die Lebenshaltungskosten auf dem Niveau von 1961 eingefroren.

Die Touristen schnüffeln überall herum, suchen in den Häusern und im Gewissen der Leute nach Rissen in der neuen Gesellschaft und finden sie manchmal auch: Im Umkreis der großen Hotels findet man zwielichtige Jugendliche, die Uhren, Damenstrümpfe und Dollars kaufen wollen. Manchmal überraschen die Touristen auch in der Hafengegend eine auf Abwege geratene Mulattin, die sich für ein Paar Schuhe aus Neapel heimlich mit einem griechischen Matrosen getroffen hat.

Die Behörden wissen das und überlegen, wie diese Überbleibsel aus der Vergangenheit beseitigt werden können, ohne repressive Mittel anzuwenden. Wenn man die Kubaner kennt, weiß man, dass diese Fehltritte in ihrem Leben keine Bedeutung haben, dass sie am nächsten Tag früher aufstehen werden, um ihre materiellen Möglichkeiten so weiterzuentwickeln, dass sie irgendwann auch ihr moralisches Niveau erreicht haben. Sie wissen – und sie sagen es auch ohne idiotische Vorurteile –, dass auch der Sozialismus ein Recht auf Luxus hat, und sie sind bereit, sich diesen Luxus zu erkämpfen. In diesem Sinn gilt: 1980, also in fünf Jahren, wird Kuba das erste entwickelte Land Lateinamerikas sein. Und diese Herausforderung wird ernst genommen.

*Wenn Sie mir nicht glauben,
kommen Sie und überzeugen Sie sich selbst*

Die erste Massenveranstaltung der kubanischen Revolution, und es war eine der größten, fand am 26. Juli 1959 – wenige Monate nach der Machtübernahme – statt, als fast alle Arbeiter und Bauern des Landes in Havanna zusammenkamen, um den Jahrestag des Sturms auf die Moncada-Kaserne zu feiern. Die letzte Massenveranstaltung fand am 26. Juli dieses Jahres aus dem gleichen Anlass in der historischen Stadt Santa Clara statt. Ich hatte das Glück, an beiden Feiern teilzunehmen, und die Unterschiede zwischen der Ersten und der Letzten schienen mir sehr deutlich den fortgeschrittenen Entwicklungsstand und den großartigen Reifegrad zu zeigen, den Kuba in den ersten sechzehn Jahren seiner Revolution erreicht hat.

Die erste Massenveranstaltung war ein grandioses Spektakel gewesen. In weniger als drei Tagen wurde eine Million Menschen nach Havanna befördert. Sie füllten nicht nur alle verfügbaren Hotels und die Wohnungen von Leuten, die sie freiwillig aufnahmen, sondern verursachten darüber hinaus einen riesigen Stau auf den Straßen und öffentlichen Plätzen. Die armen Bauern, die zu dieser Zeit noch zerlumpt und ohne Schuhe herumliefen, bewegten sich wie Schlafwandler durch die damals laute und unmenschliche Stadt, während das Revolutionsheer zusammen mit Studenten und anderen freiwilligen Zivilisten etwas Ordnung in dieses Chaos zu bringen versuchte.

Eine Woche nach der Veranstaltung hatte man es noch nicht geschafft, die Stadt wieder zu räumen. Die Züge und Busse quollen immer noch aus allen Nähten, und in den Krankenhäusern von Havanna wusste man nicht einmal, wer Auskunft darüber geben konnte, was mit den Bauern geschehen sollte.

Dieses Jahr dagegen hat in Santa Clara eine ähnlich große, aber gut gekleidete Menschenmenge, in der jeder Schuhe trug, in weniger als zwei Stunden den für die Veranstaltung vorgesehenen Platz gefüllt.

Ein reibungslos funktionierendes Transportsystem hatte die Leute am Abend zuvor ohne allzu große Opfer und ohne schwere Unfälle befördert, und die logistischen Probleme waren von Brigaden gelöst worden, die auf Massenorganisationen spezialisiert waren.

Zur vorgesehenen Zeit hatten sich eine Million Kubaner und rund tausend ausländische Gäste unter der gnadenlosen Sonne von Las Villas an den vorgesehenen, nummerierten Plätzen eingefunden. Man hatte nichts dem Zufall überlassen: Inmitten dieser Menschenmenge gab es Wege ohne Absperrung, die den Krankenwagen die Durchfahrt ermöglichen sollten. Als die Veranstaltung zu Ende war, leerte sich der Platz wieder in weniger als einer Stunde, es gab keinen einzigen Stau und auch keinen sonstigen Verkehrszwischenfall, und in Santa Clara herrschte wieder die beschauliche Atmosphäre einer historischen Reliquie mit dem Duft ferner Pinien.

Am auffallendsten waren jedoch nicht die meisterhafte Organisation und die Logistik, sondern die politische Reife der Menschen und die fast telepathische Kommunikation, die zwischen ihnen und Fidel Castro entstanden war. 1959 schwirrte, wie es den damals üblichen Improvisationen entsprach, ein Hubschrauber des geschlagenen Batista-Heeres dicht über die Köpfe der Menschen hinweg, die mehrere Stunden gewartet hatten, und landete auf dem Dach des früheren Präsidentenpalastes, der heute zum Revolutionsmuseum umfunktioniert worden ist. Es war Fidel Castro, der mit über zweistündiger Verspätung kam und dann eine fünfstündige, etwas laienhaft zusammengebastelte Rede voller Wiederholungen hielt, die wie eine Quer-durch-den-Garten-Lektion für Erstklässler wirkte. In Santa Clara dagegen erschien er um Punkt zehn Uhr, der angekündigten Zeit, auf der Tribüne und hielt eine kompakte und präzise Rede, die eine Stunde und zwanzig Minuten dauerte und bei der er sich auf schriftliche Notizen stützte. Zweimal hatte er

Schwierigkeiten, das richtige Wort zu finden, und jemand aus der Menge fand es für ihn, rief es ihm zu, und Fidel Castro schnappte es auf und baute es mit der größten Natürlichkeit in seinen Satz ein. Im Gegensatz zu den ersten Jahren, als es noch notwendig war, den Massen mit schulischen Mitteln selbst die einfachsten Ziele der Revolution zu erklären, gibt es heute zwischen ihnen und ihrem Mentor geheime Kanäle wechselseitiger Kommunikation, sodass man manchmal denkt, die Wörter gehörten einem anachronistischen System an. Am Ende seiner Rede von Santa Clara fasste Fidel Castro einen Bericht in einem schlichten und gleichzeitig niederschmetternden Satz zusammen, der sehr gut verdeutlicht, welchen Reifegrad der kubanische Entwicklungsprozess erreicht hat: »Die Revolution macht Fortschritte.«

Ein großer Reporter: Fidel Castro

Diese Reife offenbart sich in allen Aspekten des kubanischen Alltagslebens und ganz besonders natürlich in der Person Fidel Castros. Als ich ihn das erste Mal mit diesen meinen mitleidigen Augen sah – das war in jenem großen und ungewissen Jahr 1959 –, war er gerade dabei, einen Flughafenangestellten in Camagüey davon zu überzeugen, dass er immer ein Hühnchen im Kühlschrank haben müsse, damit die amerikanischen Touristen dem imperialistischen Gerücht, die Kubaner würden verhungern, keinen Glauben schenkten. Damals war Castro etwa zweiunddreißig Jahre alt, er war knochig und bleich und trug den gleichen schütteren Jünglingsbart, den er heute noch hat, und er strahlte eine unbezwingbare körperliche Kraft und einen eisernen Willen aus, doch etwas in seinem Blick verriet die verborgene

Schwäche eines kindlichen Herzens. Er saß keine Sekunde still, und er rutschte so auf seinem Stuhl herum, dass man meinte, er würde auf ein und demselben Stuhl den Stuhl wechseln. Das war die Zeit der obsessiven und unerbittlichen Belehrung, als er ohne Vorankündigung im Fernsehen auftauchte, um ein konkretes und schwieriges Problem der jungen Revolution zu erklären. Dann redete er pausenlos von vier Uhr nachmittags bis Mitternacht, ohne einen Schluck Wasser zu trinken, ohne den Zuschauern eine Pause zu gönnen, nicht einmal, um kurz zur Toilette zu gehen, und er zerpflückte die Sache, um die es ging, bis ins Kleinste, wendete sie so lange hin und her, bis sie absolut einfach war, während die kubanischen Damen vor dem Fernseher ihre komplizierten Kreuzstichstickereien fertig stellten und sich zwischendurch mit Schokolade und Gebäck stärkten.

Heute ist Fidel Castro ein Mann, dem man seine fast fünfzig Jahre nicht ansieht, er hat fünfzehn Kilo zugenommen und ist immer noch so vital wie eh und je, aber seine Vitalität wird heute von der Gelassenheit und dem kritischen Urteil der Reife gesteuert. Er hat die schleichende und unerbittliche Korrosion der alltäglichen Macht, ihre heimliche Verderbnis und den stetigen Verschleiß durch eine ungewisse Zukunft unbeschadet überstanden, und er hat diese ungewisse Zukunft bedenkenlos auf sich genommen, als das Leben ihn mit dem schnellen und leichten Ruhm des schlichten Heldentums zu blenden versuchte. Fidel Castro selbst hat ein ganzes System zur Bekämpfung des Personenkults angeordnet, das so weit geht, dass kein öffentliches Bauwerk, kein Platz und keine Errungenschaft der Revolution seinen Namen oder den eines anderen lebenden Führers tragen darf. Trotz dieser strengen Vorkehrungen ist es ihm gelungen, jenseits der Begeisterung, der Dankbarkeit und des grenzenlosen Vertrauens der Kubaner das schlichteste, gleichzeitig aber auch von allen Regierenden der Geschichte, von den größten bis hin zu den unbedeutendsten, am meisten begehrte und selten erreichte Gefühl im Volk zu wecken: Zuneigung. Geschafft hat er das natürlich mit seiner politischen Intelligenz, mit seinem Instinkt und seiner Redlichkeit, mit seiner fast unmenschlichen Leistungsfähigkeit, mit seiner tiefen Identifikation mit dem Volk und seinem absoluten Vertrauen auf dessen Weisheit sowie mit dem umfassenden Blick, mit dem er selbst den kleinsten Problemen der täglichen Herrschaft begegnet. Ich habe jedoch den persönlichen und vielleicht etwas willkürlichen Eindruck, dass all diese Tugenden weniger wirksam gewesen wären, wenn sie sich nicht auf Fidel Castros wichtigste und am wenigsten anerkannte Gabe stützen könnten: sein journalistisches Talent. Alle großen Taten der Revolution, ihre Triumphe und ihre Niederlagen, ihre allerersten Anfänge, ihre intimen Details, ihre politische und menschliche Bedeutung, ihre historischen Perspektiven, all das ist dank einer klugen Technik der Berichterstattung für immer in den Reden Fidel Castros festgehalten. Dank dieser endlosen, gesprochenen Reportagen ist das kubanische Volk bestens über seine eigene Realität informiert, und zwar auf einem direkteren, tieferen und ehrlicheren Weg, als ihn die verlogenen Zeitungen des Kapitalismus bieten.

Welche Bücher dürfen in Kuba nicht publiziert werden?

Die Kubaner behaupten natürlich nicht, die Probleme der Meinungsfreiheit, der Information und der revolutionären Demokratie mit Hilfe der Reden Fidel Castros gelöst zu haben. Nachdem die bange Phase des Überlebenskampfs überwunden war, haben sie sich diesen Problemen mit dem gleichen Ernst und dem gleichen Eifer zugewandt, mit dem sie auch schon die lebensgefährlichen Behinderungen durch die Blockade in Angriff nahmen.

Drei Ereignisse, die für die Zukunft Kubas und des weltweiten Sozialismus von entscheidender Bedeutung sind, stehen dieses Jahr bevor. Eins ist die Vorbereitung des ersten Kongresses der Kommunistischen Partei, der im Dezember stattfindet und der die Institutionalisierung des revolutionären Prozesses einleiten wird. Ein weiteres Ereignis ist der Entwurf der sozialistischen Verfassung, die in den letzten Monaten in allen Arbeitszentren des Landes gründlich diskutiert worden ist und über deren endgültige Fassung in den nächsten Monaten eine Volksabstimmung stattfinden wird. Und das dritte Ereignis ist schließlich die Einführung der Selbstverwaltung, der sogenannten Volksmacht, durch allgemeine und geheime Wahlen, an denen jeder Bürger ab sechzehn Jahren teilnehmen kann. Das heißt: Das Volk ist tatsächlich und direkt an der Leitung des Staates und an dessen Verwaltung mit Hilfe eines phantasievollen Systems und einer eindeutigen Vertretungsbefugnis beteiligt.

Es ist sicher kein Zufall, dass man in diesem Prozess der Institutionalisierung dem Problem der Freiheit von Kunst und Meinung ein besonderes Interesse schenkt. Die Kubaner haben, ebenso wie die Küstenbewohner unseres Landes, eine besonders ausgeprägte Sensibilität, was diese Aspekte des Lebens angeht, und es ist offensichtlich, dass sie in den endlosen Stunden der langen Nacht der Blockade ohne Unterlass darüber gebrütet haben. Ich habe mit vielen Leuten auf unterschiedlichen Ebenen diskutiert, mit einer Offenheit und einer Leidenschaft, wie sie nur unter Menschen der Karibik vorstellbar ist, und ich bin davon überzeugt, dass die Kubaner für einige Probleme im Bereich der Kunst und der Freiheit des Wortes, bei denen es in anderen sozialistischen Ländern immer noch Anlass für unnötige Konflikte gibt, richtige und originelle Lösungen gefunden haben.

Kaum etwas hat so viele scharfe Kontroversen und so viel Jubel bei den Feinden hervorgerufen wie die blödsinnige Frage, ob die Malerei des Sozialismus realistisch oder abstrakt beziehungsweise ob die Musik melodisch oder konkret sein solle. In ihrem Verfassungsentwurf haben die Kubaner das Problem mit einem Federstrich gelöst: alle Formen künstlerischen Schaffens sind frei.

Der folgende Artikel der Verfassung, der sich nicht mehr auf die Form, sondern auf den Inhalt eines künstlerischen Werkes bezieht, ist allerdings nicht so glücklich. Dieser Inhalt darf – so der Entwurf des Artikels – in keinem Fall von den Prinzipien der Revolution abweichen. Diese Einschränkung ist alarmierend, vor allem, weil sie die Existenz eines Beamten voraussetzt, der befugt ist, im Voraus über die Zulässigkeit eines Werkes zu befinden.

Sie ist aber außerdem inkonsequent, weil sie dem Geist der Verfassung widerspricht, der im allgemeinen großzügig und menschlich ist, und sie widerspricht ebenfalls der herrlichen Atmosphäre schöpferischer Emanzipation, ungezügelter Phantasie und kritischer Freude, die heute in allen Bereichen des kubanischen Lebens herrscht.

Besonders merkwürdig und auch ungerecht an dieser Sache ist, dass sich hinter dieser Bestimmung nicht etwa ein Gefühl der Missachtung des Künstlers verbirgt, sondern genau das Gegenteil: eine völlige Überbewertung seiner Bedeutung in der Welt.

Dieser Gedanke birgt die Überzeugung in sich, dass ein Kunstwerk ein gesellschaftliches System aus den Angeln heben und den Lauf der Welt verändern kann. Falls dies irgendwann einmal möglich war oder irgendwann einmal möglich sein sollte, dann nicht wegen der zerstörerischen Kraft dieses Werkes, sondern wegen der inneren, unsichtbaren Erosionen des gesellschaftlichen Systems. Nachdem ich Kuba kreuz und quer durchreist habe, habe ich nicht mehr den geringsten Zweifel, dass seine Revolution vor den subversiven Wirbelstürmen der Künstler sicher ist. Kein Schriftsteller, der die Kühnheit besitzt, ein Buch gegen die Revolution zu schreiben, muss fürchten, auf verfassungsmäßige Schwierigkeiten zu stoßen. Die Revolution wird schlicht und einfach reif genug sein, das zu verdauen.

Die sozialistische Presse wird fröhlich und originell sein

Komplexer hingegen ist das Problem der Information, das die Kubaner zu Recht als höchst sensible politische Materie behandeln. Wer in wohlmeinender oder in böswilliger Absicht behauptet, in Kuba gebe es keine Pressefreiheit, versucht im Grunde, etwas ganz anderes zu sagen, dass es nämlich nicht so eine Presse gibt, wie sie der Kapitalismus geschaffen hat, um seine Interessen zu verteidigen und seine Ziele durchzusetzen. Nun ja, das ist richtig, glücklicherweise gibt es eine solche Presse nicht, und es wird sie auch nie mehr geben, denn die bürgerliche Gesellschaftsordnung ist bis in ihre Wurzeln zerstört worden, und man ist jetzt dabei, eine neue Gesellschaftsordnung aufzubauen, in der es kein Privateigentum mehr gibt, sodass selbst die Massenkommunikationsmittel Volkseigentum sein werden.

Denn die Kubaner bemühen sich mit großer Entschlossenheit, aber auch mit legitimer Behutsamkeit um eine neue Art der Presse innerhalb des sozialistischen Systems. Im Augenblick gibt es nur Zeitungen der Kommunistischen Partei, die die Aufgabe des Agitierens und Orientierens ziemlich gut erfüllen, die aber schlecht informieren und kaum irgendeine kritische Analyse wagen. Es gibt die offiziellen Sender, die die jeweils aktuelle Musik der Jugend, die Boleros früherer Zeiten und die heiße Rumba der Gegenwart spielen, außerdem wie überall sonst auf der Welt einen Nachrichtenüberblick senden. Darüber hinaus gibt es noch einen speziellen Sender, der Tag und Nacht die Uhrzeit angibt und die aktuellsten Nachrichten bringt, sodass die Kubaner über alles unterrichtet sind, was irgendwo passiert. Außerdem bietet das Abendblatt der kommunistischen Jugend, das weniger umfangreich als die Zeitung *Granma* ist, eine Rubrik mit Leserbriefen, in der vor ein paar Wochen die empörte Beschwerde einer Krankenschwester Aufmerksamkeit erregte, der in einem staatseigenen Geschäft ein unbrauchbarer Fernseher verkauft worden war. Der Nachteil ist nur, dass diese Informationsmedien unter der Leitung und der direkten Kontrolle der Kommunistischen Partei stehen, und die Kubaner sind sich darüber im Klaren, dass sie diese Beschränkung überwinden müssen.

Vorläufig denken sie an die Gründung einer Kette von Zeitschriften, die parallel zu den Publikationen der Kommunistischen Partei erscheinen und die direkt dem Staat unterstehen soll, das heißt also, dem Volk selbst und nicht nur seiner Avantgarde. Der Gewerkschaftsbund und auch der Frauenverband haben vor, ebenfalls eigene Zeitungen zu gründen. Aus dieser Vielzahl von Zeitungen und Zeitschriften, die mit ihren bunten Farben bereits die Straßenkioske zu überschwemmen beginnen, wird die neue, rechtschaffene Presse des neuen Kuba entstehen. Das einzige, was man ohne jeden Zweifel vorhersagen kann, ist, dass es eine fröhliche und originelle demokratische Presse sein wird.

*Die Volksmacht ist eine Tatsache:
Überzeugen Sie sich selbst*

Viele dieser Angelegenheiten werden auf dem ersten Kongress der Kommunistischen Partei im Dezember geregelt werden. Nachdem sich die Volksmacht in der Provinz Matanzas so gut bewährt hat, wird sie sich im nächsten Jahr auf das ganze Land ausdehnen. Das bedeutet eine völlige und bisher einmalige Umstrukturierung des Staatsapparats und der öffentlichen Verwaltung, und zwar nicht nur mit einer neuen politischen und gesellschaftlichen Konzeption der Macht, sondern auch mit einer neuen moralischen Konzeption. Eine wirkliche Demokratie, in der sich der Kandidat den Wählern nicht aufdrängt, sondern in der die Wähler den Kandidaten auf Grund seiner Verdienste um das Gemeinwohl durchsetzen. Der Gewählte kann jedoch durch einen begründeten Beschluss seiner Wähler von seinem Amt wieder abberufen werden, ganz gleich, ob es sich dabei um den Präsidenten der Stadtversammlung oder um den Ministerpräsidenten handelt.

Es ist allerdings auch klar, dass nicht alle Abgeordneten, die vom Volk zu dessen Vertretern gewählt werden, Mitglieder der Kommunistischen Partei sind. Das bedeutet, dass es zwischen den kommunistischen und den nicht-kommunistischen Delegierten zu Meinungsverschiedenheiten bei konkreten Verwaltungsangelegenheiten kommen kann. Maßgebend soll jedoch immer die Meinung der Mehrheit sein. »Das wird das Ende der Partei sein«, sagte ich zu einem kubanischen Kommunisten. »Im Gegenteil«, erwiderte er. »Diese ständige Herausforderung wird die Autorität und die Vorreiterrolle der Partei noch verstärken.« Das Wichtigste an der Volksmacht ist jedenfalls die Tatsache, dass sie eine pyramidale Struktur hat, die der Basis die ständige und unmittelbare Kontrolle ihrer Führer garantiert, und nicht umgekehrt.

Das ist natürlich die Diktatur des Proletariats. Die Kubaner haben es aber fertiggebracht, sie mit ihrer gesamten historischen Vergangenheit, von den Ursprüngen der Nation bis heute, in Einklang zu bringen. Sie haben sie spielend mit der Flut ihrer Traditionen, mit ihrer Musik und ihren Baseball-Mannschaften, mit ihren politischen Kämpfen und den unsichtbaren Nöten des täglichen Lebens verbunden, und das geht erstaunlicherweise so weit, dass sie für die gleiche Sache Lenin und Martí zitieren können, was sie auch immer wieder tun, und jedes Mal stimmt es.

Aber glauben Sie mir das nicht, Mensch, fahren Sie doch hin und überzeugen Sie sich selbst.

»Ja, es gibt den chilenischen Widerstand«
(Interview mit Jaime Gazmurri)
1975

Ja, es gibt den chilenischen Widerstand. Allerdings mussten wir zunächst einmal unsere Unerfahrenheit überwinden und Hindernisse beseitigen, die unsere ungeduldigen Freunde im Ausland nicht immer kennen. Die erste und schwierigste Aufgabe war, Strukturen für die Arbeit in der Illegalität aufzubauen, denn unsere Parteien waren immer frei organisiert und hatten nicht die geringste Erfahrung im Untergrundkampf. Die Kommunistische Partei hat zwar öfter längere Phasen der Illegalität erlebt, aber nichts kann mit den derzeitigen Formen der Repression verglichen werden.

Bis jetzt haben wir uns damit befasst, die Parteien und die Massen zusammenzuführen, um die Form des Widerstands der Massen konkret festzulegen und zu überlegen, wie verhindert werden kann, dass die Diktatur diese isoliert. Diese Etappe ist nun beendet.

Es gibt eine Untergrundpresse mit einer größeren Verbreitung als die offiziellen Blätter

Es ist uns gelungen, innerhalb der Massen eine propagandistische und agitatorische Aktivität zu entfalten. Die wichtigsten Parteien bringen regelmäßig Zeitungen heraus, die umfassend informieren und verschiedene Formen des Widerstands propagieren, und diese Zeitungen sind viel weiter verbreitet als die regimetreue Presse. Außerdem trägt die Verbreitung dieser Zeitungen dazu bei, die eigene politische Organisation weiterzuentwickeln.

Diese Zeitungen zirkulieren in den Armenvierteln, in den Industriezentren und in Studentenkreisen. Mit dieser Informationskampagne wollen wir in erster Linie die Mittelschicht erreichen, die früher nicht auf Seiten der Unidad Popular stand und der jetzt allmählich bewusst wird, dass sie einen Fehler gemacht hat.

Erst wird gefoltert, dann verurteilt:
bis zu dreißig Jahre Gefängnis für das Verteilen von
Flugblättern oder das Bemalen von Wänden

Ein anderer sehr wichtiger Aspekt unserer Untergrundarbeit ist die Agitation. Das ist eine gewichtige, eine spontane Arbeit, bei der es mehr darum geht, Losungen auszugeben, als Analysen zu verbreiten. Sie besteht vor allem darin, Flugblätter zu verteilen und Slogans auf Wände zu malen. Die Bedeutung dieser Arbeit lässt sich daran erkennen, wie sehr sie die Diktatur beunruhigt: Die Aktionen werden mit fünfzehn bis dreißig Jahren Gefängnis bestraft. Außerdem löst jede Wandmalaktion eine groß angelegte militärische Operation aus, die mit jedem Mal effizienter wird. Im vergangenen September gab es allein in den Straßen von Santiago fünfzehn Flugblattaktionen, und die Polizei brauchte eine Viertelstunde, um den Block zu umzingeln. Heute schafft sie das in drei Minuten, was beweist, dass die Diktatur diesen Aktionen eine ganze besondere Aufmerksamkeit widmet, weil sie so schnell und so tief ins Bewusstsein der Massen dringen.

Auch wenn Sie es nicht glauben,
in Santiago haben wir einmal bei einer Veranstaltung
über fünftausend Arbeiter versammelt

Dieses Jahr haben wir damit begonnen, einen offeneren Kampf der Massen zu propagieren, insbesondere auf gewerkschaftlichem Gebiet, und zwar nicht nur mit Hilfe des sich im Untergrund befindenden Gewerkschaftsbundes CUT, sondern auch mit anderen Arbeitnehmerorganisationen, die überlebt haben. In diesem Sinne ist von den nationalen Gewerkschaftsverbänden ein ganzes Programm aufgestellt worden, einschließlich einer Gewerkschaftsolympiade, die am 1. Mai in einer Sportveranstaltung im Stadion von Santiago ihren Höhepunkt finden sollte. Die Diktatur hat die Veranstaltung verboten, aber immerhin wurde das wichtigste Ziel erreicht: Die Arbeiter hatten wieder die Möglichkeit, sich zu versammeln.

Auf ähnliche Weise ist es uns gelungen, an die fünftausend Arbeiter in einem Theater in Santiago zusammenzubringen, und das ist bereits ein Sieg über die Diktatur, die um jeden Preis versucht, die Arbeiterklasse zu zerschlagen.

Diese Erfahrungen ermöglichen uns den Übergang in eine höhere Phase: Wir begannen den Kampf um wirtschaftliche Forderungen und gewerkschaftliche Freiheiten. Wir haben es geschafft, in den Armenvierteln Tausende von Arbeitslosen zu mobilisieren, die heute zwanzig Prozent der arbeitsfähigen Bevölkerung des Landes ausmachen, und es ist uns gelungen, für unsere Kampffront einige Kräfte des Zentrums und der Christdemokratie zu gewinnen, außerdem etliche Unschlüssige und sogar viele, die anfangs noch mit dem Militärregime zusammengearbeitet haben.

Die Militärjunta wird nicht von alleine stürzen:
Sie muss gestürzt werden. Aber wann?

Was den bewaffneten Kampf angeht, so haben wir sehr klare und realistische Vorstellungen. Wir glauben, dass die Militärjunta nicht von alleine stürzen wird, sondern dass sie gestürzt werden muss. Aber die Erfahrung zeigt uns, dass das faschistische Regime, bevor es stürzt, seinen militärischen Apparat bis zum Letzten aktivieren wird, und wir können seine Schlagkraft noch nicht realistisch einschätzen. Wir sind der Ansicht, dass der bewaffnete Widerstand unter den derzeitigen Bedingungen dem revolutionären Prozess nicht dienlich wäre, weil er uns auf ein Feld führen würde, auf dem der Feind stärker ist als wir. Deshalb führen wir den Kampf im Augenblick auf ideologischem Gebiet, dort ist der Feind schwächer als wir. Nein, das ist kein systematischer Pazifismus. Für uns ist das Ziel dieses Kampfes, ein Kräfteverhältnis zu schaffen, das dem des Feindes überlegen ist, auch auf militärischem Gebiet, und wir denken, dass der Faschismus nur besiegt werden kann, wenn sich der Widerstand nicht nur ideologisch, sondern auch materiell manifestiert. Doch im Augenblick sind die Voraussetzungen dafür nicht günstig.

Es gibt zwei entgegengesetzte Tendenzen innerhalb der Militärjunta. Welche wird sich durchsetzen?

Die Politik des Faschismus in Chile steckt objektiv in einer großen Krise. Die Junta ist nicht in der Lage, die Voraussetzungen für ihre eigene Stabilität zu schaffen. Sie verliert an Unterstützung, und sogar innerhalb der Streitkräfte entsteht allmählich eine tiefe Unzufriedenheit. Die Diktatur hat zwar nicht die Kontrolle über diese Kräfte und den dazugehörigen Repressionsapparat verloren, doch an der Spitze ist man sich dieser politischen Krise bewusst, die 1975 besonders ausgeprägt war. Es zeichnen sich verschiedene Tendenzen in höheren Rängen ab. Die dominierende Tendenz vertritt zweifellos Pinochet, der die gegenwärtige Richtung beibehalten will. Die Folge dieser Divergenzen ist, dass die Junta ihre eigenen Probleme vergrößert, weil sie keine konkreten Lösungen findet. In politischer und sozialer Hinsicht führen diese Probleme dazu, dass die Junta zu immer schärferen Methoden greift und dass die Kluft zwischen ihr und der Christdemokratie immer tiefer wird.

Eine andere Strömung innerhalb der Junta erstrebt eine gewisse Öffnung sowohl innerhalb als auch außerhalb des Landes, um die Isolierung zu überwinden, in der sich die Regierung befindet. Aber das Problem dieser Kräfte ist, dass jede Öffnung zumindest zwei Voraussetzungen erfordert: eine minimale politische Liberalisierung sowie eine konkrete Korrektur der Wirtschaftspolitik. Wir glauben, dass diese Strömung die Unterstützung wichtiger Teile des Imperialismus hat.

*Der Krieg gegen Peru ist ein weiteres extremes Mittel
der Militärjunta*

Die Junta propagiert systematisch, wenn auch nicht öffentlich, die Möglichkeit eines Konflikts mit Peru. Das Hauptziel dieser Kampagne ist, die Einheit der Streitkräfte zu wahren, indem man sie von der Krise, in die das Land von der Diktatur gestürzt wurde, ablenkt und das Augenmerk der Armee stattdessen auf eine eventuelle kriegerische Auseinandersetzung mit Peru richtet. Je lauter die Kritik der Streitkräfte an der Führung der Junta wird, desto stärker greift man auf das Gespenst eines eventuellen Krieges zurück. Unabhängig davon denken einige in der Diktatur auch, ein Angriff auf Peru könne ein aktiveres und direkteres Mittel sein, um die Vereinigten Staaten dazu zu bringen, der chilenischen Militärjunta Rückendeckung zu geben.

»WIR SIND EINE ARMEE, DIE FEST IM ALLTAGSLEBEN VERANKERT IST«
(Interview mit Alberto Camps)
1975/1976

Während des Regimes von General Alejandro Lanusse flohen am 15. August 1972 achtundzwanzig argentinische Revolutionäre aus einem Militärgefängnis in Patagonien. Neun von ihnen gelang es, ein Flugzeug zu entführen und nach Chile zu entkommen, wo sie Zuflucht bei der Regierung der Unidad Popular suchten.

Die neunzehn anderen wurden gefasst und zum Marinestützpunkt von Trelew überführt, wo ein internes Offizierskommando sie ohne Prozess an die Wand stellte. Nur drei überlebten das Massaker. Einer von ihnen war der damals erst vierundzwanzigjährige Alberto Camps, den Gabriel García Márquez »an irgendeinem Ort der Welt« interviewt hat. Camps war noch keine siebzehn Jahre alt, als er sich der Nationalen Befreiungsarmee (ELN) anschloss, die in Argentinien entstanden war, um die Aktionen von Che Guevara in Bolivien zu unterstützen. Nachdem dieser ermordet worden war, traten die Mitglieder der ELN den Revolutionären Streitkräften (FAR) bei, die sich 1973 mit den Montoneros vereinigten.

GABRIEL GARCÍA MÁRQUEZ: Ich weiß nicht, ob du im Lauf dieser Reise durch Lateinamerika gemerkt hast, dass das

Bild von den Montoneros etwas konfus ist, selbst bei einigen sehr gut informierten Leuten von der Linken. Das hängt vielleicht damit zusammen, dass wir nicht so viel über den Ursprung, den Charakter und die Ideologie einer Organisation wissen, die sich selbst für revolutionär hält, die jedoch innerhalb derselben Massenbewegung Seite an Seite mit den reaktionärsten Gruppen Argentiniens steht. Könntest du uns helfen, dieses Rätsel zu lösen?

ALBERTO CAMPS: Um zu begreifen, was wir Montoneros sind, muss man die politische Entwicklung Argentiniens seit 1935 verstehen, als die Industrialisierung des Landes eine breite und mächtige neue Klasse hervorbrachte: das Industrieproletariat. Nachdem General Juan Domingo Perón 1945 mit einer Gruppe fortschrittlicher Offiziere an die Regierung gekommen war, gelang es ihm, das Nationalgefühl dieser neuen Klasse zu wecken, die zum ersten Mal das Gefühl hatte, wirklich von einer Regierung vertreten zu werden. Eva Perón, der die Massen auf Grund ihrer Herkunft, ihrer Sensibilität und ihres Charismas ein bis dahin nie dagewesenes Wohlwollen entgegenbrachten, war eine wichtige Vermittlerin zwischen ihnen und Perón.

GGM: Es herrscht jedoch die weit verbreitete Ansicht, Peróns Regime sei faschistisch gewesen, und seine Beziehungen zu Hitler-Deutschland haben nicht dazu beigetragen, diesen Eindruck zu widerlegen.

AC: Während seiner ersten Regierungszeit war Perón im Rahmen der damaligen Gegebenheiten Argentiniens ein hundertprozentiger Nationalist. Sein Ansatz war richtig: eine Nationalisierung unter staatskapitalistischen Vorzeichen und die Organisierung der Arbeiterklasse. Innerhalb von zehn Jahren war die Zahl der Mitglieder des Gewerkschaftsbundes CGT von fünfhunderttausend auf fünf Millionen gestiegen.

»Wir sind eine Armee, die fest im Alltagsleben verankert ist«

GGM: Wieso konnte man ihn dann so leicht stürzen?

AC: So leicht war das gar nicht. Das war eine groß angelegte Verschwörung der Oligarchie, der reaktionärsten Teile der Streitkräfte und des nordamerikanischen Imperialismus, der nach dem Ende des Zweiten Weltkriegs 1945 vor Kraft strotzte und eine ungeheure Gefräßigkeit an den Tag legte. Diese teuflische Allianz schaffte es zwar, Perón zu stürzen, aber es ist ihr nicht gelungen, sich die Arbeiterklasse gefügig zu machen. Achtzehn Jahre lang hat diese sogenannte »freiheitbringende Revolution«, die in Wirklichkeit eine »freiheittötende Revolution« war, keine Mühe gescheut, dem Peronismus den Garaus zu machen, sei es nun durch Liquidation oder durch Integration. Es gab kein Mittel, weder rechtmäßiger noch unrechtmäßiger Art, das nicht eingesetzt worden wäre, um dieses Ziel zu erreichen. Und vor diesem Hintergrund entstanden 1970 die Montoneros als eine Bewegung des bewaffneten Widerstands gegen die Militärdiktatur.

GGM: Woher stammt dieser Name?

AC: So nannte man im vergangenen Jahrhundert die aufsässigen Gauchos, die im Innern des Landes gegen den britischen Imperialismus kämpften. Dieser Name war damals etwas negativ besetzt, aber wir sind sehr stolz darauf.

GGM: Welche Leute bildeten ursprünglich den Kern der Montoneros?

AC: Das waren Leute mit einer neuen Mentalität innerhalb der peronistischen Bewegung. Eine weitsichtigere Generation, die die materialistische und dialektische Analyse der Situation Argentiniens vertiefte und der klar war, dass die Arbeiter die Macht übernehmen mussten, wenn man konsequent gegen die Oligarchie und den Imperialismus kämpfen wollte.

GGM: Es ist freilich schwer zu verstehen, dass die Montoneros, die sich vom Peronismus abgespalten haben, dennoch

Teil der Bewegung bleiben und damit das Risiko auf sich nehmen, dass Verwirrung entsteht.

AC: Die Montoneros haben sich eigentlich seit ihrem Entstehen als den revolutionären und bewaffneten Sektor des Peronismus definiert und nie als eine abtrünnige Gruppe. Das war eine richtige Entscheidung: Eine Abspaltung hätte eine Entfernung von den Massen bedeutet, in deren Mitte wir entstanden und gewachsen sind und die der Dreh- und Angelpunkt unseres Kampfes sind. Wir haben uns klar gemacht, dass die nationale Befreiung ohne die Einbeziehung der Massen unmöglich ist und dass es nur eine richtige Strategie für die Wiedergewinnung der Macht gibt: den revolutionären Volkskrieg.

GGM: 1973 habt ihr euch dann allerdings auf das Spektakel der Wahl eingelassen. Ihr habt die Waffen niedergelegt und euch sogar an bewaffneten Aktionen der regulären Armee beteiligt. Und auch das findest du nicht absurd oder zumindest widersprüchlich?

AC: Natürlich nicht. Am 11. März 1973, als Héctor Cámpora zum Präsidenten der Republik gewählt wurde, hatte das argentinische Volk im Grunde für ein Programm der nationalen Befreiung gestimmt. Da wir immer auf die Empfindungen der Massen achten, traten wir der neuen Regierung bei, um in aller Offenheit am Wiederaufbau des politischen und gewerkschaftlichen Lebens teilzunehmen. Die Realität hat uns jedoch sehr bald gezeigt, dass das eine Illusion war. Die Gewerkschaftsbürokratie, die politischen Führer des orthodoxen Peronismus, alle reformunwilligen Kräfte, die anderen Interessen dienten, starteten eine Großoffensive gegen den laufenden Demokratisierungsprozess. Cámpora wurde abgesetzt, und an seine Stelle rückte General Perón, der alt und krank war und völlig unter dem Einfluss der Leute um López Rega stand. Von da an wurden alle revolutionären Peronisten von den führenden Posten entfernt; es bildete sich die Antikommunistische Argentinische Allianz (AAA), und die systematische Liquidierung der echten Peronisten begann. Bis heute hat die AAA, die eine paramilitärische Organisation faschistischer Prägung ist, ungestraft über zweitausend Morde begangen.

GGM: Die Chilenen, die im Widerstand sind, haben eine sehr klare Unterscheidung zwischen Untertauchen und Im-Untergrund-Sein gemacht. Wo sind die Montoneros?

AC: Wir sind Bestandteil der argentinischen Volksbewegung, also überall. Wir sind eine Armee, die fest im Alltagsleben verankert ist: Wir arbeiten in Banken, in Behörden, im Kino und im Theater, vor allem aber in den Fabriken. Die bekanntesten unter uns agieren natürlich im Untergrund, aber im Rahmen der argentinischen Massenbewegung, die die stärkste und am besten organisierte Lateinamerikas ist. Sie bildet unser natürliches Umfeld.

GGM: Es würde mich interessieren, inwieweit die Offiziere der Bewegung, die durch den bewaffneten Kampf hart geworden sind, auf Familienleben, persönliche Bindungen, auf gewisse unnütze, aber angenehme Momente des alltäglichen Lebens verzichtet haben.

AC: Wir versuchen, unsere Familienleben aufrechtzuerhalten, soweit die äußeren Bedingungen das zulassen, und jeder handhabt dies auf seine Weise. Im allgemeinen ist es wünschenswert, dass die Ehefrau eines Offiziers ebenfalls Offizier der Bewegung ist: Man geht mit so heiklen Informationen um und muss so viele Opfer bringen, dass dies allein schon aus Sicherheitsgründen das Beste ist. Aber man soll uns bitte nicht mit dem Revolutionär aus dem Kitschroman verwechseln: Wir sind Menschen, wir lieben die Liebe und gutes Essen, wir hängen an unseren Kindern. Denk an den Satz von Che Guevara: »Man muss hart werden und dabei innerlich weich bleiben.« Wie die Kokosnuss.

GGM: Ihr seid jedenfalls der Meinung, dass es keinen anderen Weg als den bewaffneten Kampf gibt.

AC: Wir glauben, dass das der einzige Weg in den Ländern der Dritten Welt ist. Da gibt es keine Alternative: Die Macht kann letztendlich nur mit Waffengewalt erreicht werden.

GGM: Mit Hilfe des Guerrillakriegs?

AC: Der Revolutionären Volksarmee (ERP) ist es zum ersten Mal in der Geschichte Argentiniens gelungen, eine Guerrillakerntruppe in den Bergen zu bilden, und die reguläre Armee hat sie nicht aufspüren können. Wir sind aber dennoch der Meinung, dass in Argentinien alles Entscheidende in den Städten geschieht. Deshalb führen wir den Krieg in der Stadt, wobei wir uns der Beschränkungen durchaus bewusst sind. Wir wissen, dass es in Buenos Aires, einer weiträumigen und unübersichtlichen Stadt mit fast zehn Millionen Einwohnern, nicht möglich ist, eine Armee wirklich fest zu verankern oder befreite Gebiete zu halten oder auch bestimmte Kampfzonen einzugrenzen. Wir gehen davon aus, dass unterschiedliche Taktiken für die Stadt und für das Land notwendig sind, je nach den entsprechenden Bedingungen.

GGM: Wenn es morgen wieder Wahlen gäbe, wie würden sich die Montoneros verhalten?

AC: Wir würden wieder daran teilnehmen. Wir setzen auf das Konzept des Krieges an allen Fronten, und der Wahlkampf ist ein Teil dieses Krieges. Es handelt sich hier natürlich um eine Teilnahme aus taktischen Gründen. Schließlich heißt die Alternative ja nicht Wahlen oder Krieg. Glücklicherweise, denn bei ihrem gegenwärtigen Bewusstseinsstand würden sich die Massen in Argentinien eher für Wahlen als für den Krieg entscheiden. Unser Vorschlag, einen

Krieg an allen Fronten zu führen, ist für den Befreiungskampf am umfassendsten, denn er bedeutet Kampf mit allen Mitteln und auf allen Ebenen.

GGM: Wie erkennt ihr, in welchem Ausmaß ein Vorschlag akzeptiert ist?

AC: Wir leben unter den Massen, und wir wissen, dass man ihnen nie einen Vorschlag machen darf, der nicht genau ihrem Bewusstseinsstand entspricht. Etwas vorzuschlagen, das zehn Schritte nach vorne führt oder zehn Schritte zurück, birgt die Gefahr in sich, nicht angenommen zu werden. Wir glauben, dass unser Vorschlag, einen Krieg an allen Fronten zu führen, dem derzeitigen Bewusstseinsstand der Massen genau entspricht.

GGM: Bei den argentinischen Streitkräften gibt es sicher wie bei allen anderen Armeen der Welt auch sehr ernste und sehr nützliche innere Widersprüche. Tragen die Montoneros dieser Tatsache Rechnung?

AC: Innerhalb der argentinischen Streitkräfte gibt es zwei Hauptströmungen: eine pinochetistische und eine konstitutionalistische. Bis jetzt haben die Konstitutionalisten die Oberhand, und die setzen darauf, die republikanische und demokratische Fassade bis zu den Wahlen von 1977 aufrechtzuerhalten. Wir glauben, dass das in Anbetracht des derzeitigen Radikalisierungsprozesses der Massen sehr schwer sein wird. Außerdem wird diese konstitutionalistische Gruppe es kaum schaffen, die Wirtschaftskrise unter Kontrolle zu halten, die in Argentinien zur Zeit ungeheure Ausmaße annimmt. Die Vereinigten Staaten wollen nur investieren, wenn soziale Ruhe herrscht, aber die gibt es nicht in Argentinien, und es wird sie noch lange Zeit nicht geben.

Da hier also kein Erfolg erzielt wurde, wäre das Einzige, was man den Pinochetisten entgegensetzen könnte, die

Stärkung einer revolutionären Strömung innerhalb der Streitkräfte. Unseres Wissens gibt es eine solche Strömung derzeit nicht, aber wir appellieren ständig an alle Offiziere, Unteroffiziere und Soldaten, sich auf die Seite des Volkes zu stellen.

GGM: Im Lauf dieses Gesprächs hast du immer wieder die einschlägigen Begriffe aus der marxistischen Terminologie benutzt. Den Montoneros wird jedoch von einigen Linksparteien besonders häufig vorgeworfen, dass sie ideologisch nicht klar definiert sind. Lass uns das einmal klarstellen: Wie steht ihr zum Marxismus?

AC: Wir erkennen den Marxismus als eine Methode an, die Realität zu analysieren: Er ist eine unverzichtbare Wissenschaft. Aber die Revolutionen werden von den Völkern gemacht, zunächst durch die Erlangung eines entsprechenden Bewusstseins, dann durch die Organisation der Arbeiterklasse und schließlich durch die revolutionäre Praxis.

GGM: Wenn das so ist, worin unterscheidet ihr euch dann angeblich so radikal von der Kommunistischen Partei?

AC: Die Kommunistische Partei Argentiniens hat ab 1945 ihren Rückhalt bei den Massen wegen einer falschen Analyse der argentinischen Realität völlig verloren: Die europäischen Verhältnisse waren automatisch übertragen worden. Das führte dazu, dass die Kommunistische Partei einen Streik der Gefrierfleischfabriken in dem von ihr kontrollierten Bereich sabotierte. Die Arbeiter fühlten sich verraten und liefen daraufhin zum Peronismus über.

Damals haben die Kommunisten nicht nur den Rückhalt, sondern auch das Vertrauen der Massen verloren. Die argentinischen Arbeiter haben bis heute sogar regelrecht Angst vor dem Wort »Kommunismus«, vor dem Wort »Marxismus« und insgesamt vor der ganzen verknöcherten Terminologie der Kommunistischen Partei.

»Wir sind eine Armee, die fest im Alltagsleben verankert ist«

GGM: Ich habe gehört, dass eure Beziehungen zur ERP dagegen erheblich besser geworden sind.

AC: Mit der ERP haben wir Schwierigkeiten gehabt, vor allem in analytischen Fragen, aber im Allgemeinen sind unsere Beziehungen gut.

GGM: Und wie ist es mit anderen revolutionären Bewegungen Lateinamerikas?

AC: Uns ist bewusst, dass dieser Kampf den ganzen Kontinent betrifft und dass all unsere Völker durch ein ähnliches Schicksal eng miteinander verbunden sind. Im Augenblick nehmen wir zu allen revolutionären Bewegungen Lateinamerikas Kontakt auf, weil wir versuchen wollen, die Grundlagen für eine Zusammenarbeit in gemeinsamen Fragen zu schaffen, und dabei lassen wir die Meinungsverschiedenheiten einmal ganz außer Acht. Wir wissen, dass diese Verschiedenheiten vorübergehend und überwindbar sind, denn wir haben alle das gleiche Ziel: die Revolution.

GGM: Ja, aber welche Revolution?

AC: Es gibt nur eine Revolution: die sozialistische.

GGM: Ja, aber welcher Sozialismus?

AC: Es gibt nur einen Sozialismus.

»Montoneros: Soldaten und Politiker«
(Interview mit Mario Eduardo Firmennich)
1977 [?]

Was mich als Erstes an ihm beeindruckt, ist seine Körperfülle, die so massiv wie Stahlbeton wirkt. Als Zweites die Tatsache, dass er noch so unglaublich jung ist: achtundzwanzig Jahre. Er hat einen intensiven Blick, er lacht gern und zeigt dabei seine harten und auseinanderstehenden Zähne, und er trägt Koteletten aus dichtem und struppigem rotem Haar und einen ebensolchen Schnurrbart, der genauso gut falsch sein könnte. Sowohl seine körperliche Erscheinung als auch sein Wesen machen verständlich, warum es so schwer ist, ihn zu finden. Er sieht aus wie eine riesige Katze.

»Hallo«, sagt er und gibt mir die Hand. »Ich bin Mario Firmennich.«

Das heißt: der Generalsekretär der Bewegung der Montoneros, der von den Schergen der argentinischen Diktatur am meisten gesuchte Mann und einer derjenigen, hinter dem auch die Journalisten am meisten her sind. Er verhält sich jedoch so natürlich, dass auch das falsch sein könnte. Ich versuche daher gleich zu Beginn unseres Gesprächs, ihn in die Defensive zu drängen.

»Die Militärjunta unter General Jorge Videla ist jetzt seit einem Jahr an der Macht«, sage ich. »Persönlich habe ich den Eindruck, dass sie es in dieser Zeit geschafft hat, den bewaffneten Widerstand gänzlich zu zerschlagen. Sie, die Montoneros, spielen auf militärischem Gebiet überhaupt keine Rolle. Sie sind verloren.«

Mario Firmennich bleibt gelassen. Seine Antwort kommt prompt: »Seit Oktober 1975, als Isabel Perón an der Regierung war, wussten wir, dass für den März des folgenden Jahres ein Militärputsch vorbereitet wurde. Wir haben nicht versucht, ihn zu verhindern, weil er letztendlich Teil des Kampfes innerhalb der peronistischen Bewegung war. Aber wir haben überschlagen, was uns dieser Krieg kosten würde, und sind davon ausgegangen, im ersten Jahr eintausendfünfhundert Leute zu verlieren. Wenn es nicht mehr würden, konnten wir sicher sein, gewonnen zu haben. Nun, es sind nicht mehr geworden. Die Diktatur dagegen ist am Ende, sie kommt nicht mehr weiter, während wir über ein großes Ansehen bei den Massen verfügen und eine sichere Option für die unmittelbare Zukunft sind.«

»Der Unterschied«, gebe ich ihm zu bedenken, »ist nur, dass unter den eintausendfünfhundert Toten Ihre besten Kader waren, während die Militärs nur zweitrangige Offiziere verloren.« Doch Mario Firmennich ist nicht einverstanden. Er gibt zwar zu, dass die Montoneros viele wichtige Leute verloren haben, weist aber darauf hin, dass auch der Feind empfindliche Verluste hinnehmen musste. »Selbst Videla ist mehr als zweimal nur um ein Haar entkommen«, fügt er noch hinzu.

Obwohl er so sicher antwortet und sich so präzise und so erstaunlich gewandt ausdrückt, scheint mir etwas an ihm nicht überzeugend zu sein. Er erweckt den Eindruck, als sei sein Optimismus Kalkül. Ich sage es ihm: »Ich bin ein Optimist, und ich mag auch optimistische Menschen, aber bei all zu großem Optimismus werde ich misstrauisch.« Ich argumentiere, dass sich die Militärs sicherlich auch auf einen gewissen Kraftaufwand eingestellt haben.»Wahrscheinlich denken sie auch, dass sie gewinnen.«

Firmennich weist das sofort zurück. »Die Militärs«, sagt er, »haben offensichtlich gedacht, dass sie von März bis Dezember 1976 jeglichen gegen sie gerichteten Widerstand zunichte machen könnten, um dann 1977 noch die letzten Versprengten zu verfolgen. Diese Überlegungen waren jedoch eher politische Theorie als von der Realität geprägt, und womöglich haben sie nicht einmal selbst daran geglaubt. Und wenn sie es dennoch taten, umso schlimmer, denn das zeigt nur, dass sie die Dialektik von dreißig Jahren peronistischer Bewegung nicht begriffen haben.«

Die Hinrichtung Aramburus

Obwohl Mario Firmennich einen besonderen politischen Scharfblick an den Tag legte, kann ich mich des Eindrucks nicht erwehren, in erster Linie mit einem Soldaten zu sprechen. Im Grunde hat er, der 1948 in Buenos Aires geboren wurde, auch sehr wenig Zeit für etwas anderes als den Krieg gehabt. Er ist der Sohn eines Landmessers, der im Erwachsenenalter Ingenieur wurde: ein typisches Produkt der in Lohnberufen stehenden Mittelschicht Argentiniens. Als Perón 1955 gestürzt wurde, war Mario Firmennich gerade sieben Jahre alt, aber er sah damals etwas, was einen unvergesslichen Eindruck auf ihn gemacht hat: einen Lastwagen voller Arbeiter, die nur mit Stöcken bewaffnet waren, um sich gegen die putschenden Militärs zu verteidigen. Bis zu jenem Zeitpunkt hatte es in Argentinien in zweiundzwanzig Jahren vierzehn Präsidenten gegeben, und keiner von ihnen hatte es bis zum Ende seiner Amtszeit geschafft.

General Pedro Eugenio Aramburu, der Perón damals gestürzt hatte, war drei Jahre lang an der Macht gewesen. Dann zog er sich in eine Wohnung im achten Stock in der Calle Montevideo in Buenos Aires zurück und hielt sich scheinbar von jeder politischen Aktivität fern. »In Wirklichkeit aber konspirierte er«, sagt Firmennich. Am 29. Mai 1970 holten zwei junge Männer in Militäruniform Aramburu um neun Uhr morgens unter dem Vorwand, sie seien zu seinem Schutz abkommandiert worden, aus seiner Wohnung. Er wurde zu einem ehemaligen Landgut in der Nähe von Buenos Aires gebracht, dort vor ein Revolutionstribunal gestellt, verurteilt und hingerichtet. Den Vollstreckern des Urteils war gesagt worden, sie sollten die Leiche mit fünfzig Kilo ungelöschtem Kalk begraben, dann würden keinerlei Spuren übrig bleiben. Es war aber umgekehrt: Die Leiche blieb völlig intakt, kam kurze Zeit später an die Oberfläche und wurde entdeckt. Die peronistische Bewegung, die die Verantwortung für die Tat übernahm, war zu jenem Zeitpunkt fast unbekannt: die Montoneros.

Mario Firmennich, der damals einundzwanzig Jahre alt war, gehörte zu dem Kommando, das die Operation durchführte, aber er war nicht mit zu Aramburus Wohnung gegangen. Er blieb, als Polizist verkleidet, auf dem gegenüberliegenden Bürgersteig stehen, um aufzupassen, dass niemand den Lieferwagen wegschaffte, in dem sie Aramburu abtransportieren wollten« und der falsch geparkt war. Zuvor hatte Mario Firmennich bereits an fünfzehn Operationen teilgenommen, aber niemand kannte seinen Namen. Die Bewegung bestand damals nur aus zehn Personen, und er war der Dritte in der Hierarchie.

Sein Werdegang und seine Erfahrung sind also im Wesentlichen die eines Soldaten, aber er widerspricht energisch, als ich ihm sage, dass die Montoneros in meinen Augen keine politischen Optionen haben. »Die einzige Front, an der Sie kämpfen, ist die militärische«, sage ich zu ihm. »Das ist Ihre letzte und überdies sehr heikle Alternative.« Ich sage das diesmal nicht, um ihn zu provozieren, sondern weil ich absolut überzeugt davon bin. »Das ist richtig«, erwidert Firmenich sofort. »Ein entscheidender Punkt unseres revolutionären Krieges ist die Tatsache, dass der bewaffnete Kampf nicht die Massenbewegung hervorgebracht hat, sondern dass diese bereits ein Vierteljahrhundert zuvor entstanden ist, und zwar 1945. Der bewaffnete Kampf begann aber erst 1970.« Sein Kerngedanke ist, dass die peronistische Massenbewegung von der Dynamik ihres eigenen Bewusstseins vorwärts getrieben wird und manchmal einen Schritt weiter ist als die eigene Avantgarde, ja diese sogar weit hinter sich lässt. Er sagt, das Ziel dieser Bewegung sei soziale Gerechtigkeit, wirtschaftliche Unabhängigkeit und die politische Souveränität Argentiniens. Sie sei antiimperialistisch und antioligarchisch, und in den fünfundzwanzig Jahren ohne Avantgarde sei sie auch antibürokratisch geworden, weil sie sich von den Gewerkschaftsbürokraten verraten fühlte. »Wir haben den bewaffneten Kampf erst aufgenommen, nachdem alle anderen Mittel ausgeschöpft waren«, sagt Firmenich. »Wir haben es mit Abstimmung versucht, mit dem Aufstellen von Listen mit nicht-peronistischen Kandidaten, mit leeren Stimmzetteln, mit einem Staatsstreich populistischer Prägung und mit drei verfrühten Versuchen, eine Landguerrilla aufzubauen. Sogar mit einer friedlichen Rückkehr Peróns haben wir es versucht. Das heißt also, dass der Prozess nicht mit den Montoneros begonnen hat, sondern in ihnen kulminierte. Aber die Art und Weise, wie der bewaffnete Kampf aufgenommen wurde, war in sich Ausdruck einer massenorientierten Politik.«

Ein Kampf, der menschlich macht

Am meisten aber scheint er sich während unseres Gesprächs für die überaus originellen Formen des Kampfes in der Stadt zu begeistern. Er ist der Meinung, die politische Führung der Massen werde dadurch erleichtert, dass es keine befreiten Zonen gebe.

Während sich die Streitkräfte in ihren Kasernen aufhielten, seien die Montoneros überall, immer unter den Massen, wo sie sich ganz in ihrem Element fühlten. »Wir sind eine Armee, die all ihre Kräfte mitten im feindlichen Territorium hat«, erklärt Firmennich. »Eine Armee, die sich jede Nacht auflöst, wenn ihre Mitglieder schlafen gehen, die aber ihre ganze Schlagkraft behält, während jeder bei sich zu Hause schläft.«

Er merkt vielleicht nicht, dass seine Analyse einen gewissen lyrischen Ton angenommen hat. Ich versuche, ihn weiter in diese Richtung zu lenken, und frage ihn, ob er nicht glaube, dass er durch einen so langen und harten Kampf irgendwann unmenschlich geworden sei. Er antwortet: »Niemand wird durch einen humanistischen Kampf unmenschlich.« Das ist zweifellos ein wahrer Satz, aber vor allem ist es ein literarischer Satz. Mario Firmennich, der nach dem Besuch einer höheren Schule eine Zeit lang Ingenieurwissenschaft studiert hatte, ist allerdings kein Literaturliebhaber. Er hat noch nie einen Roman gelesen. »Nicht einmal Ihre«, stellt er überaus taktvoll klar. Er liest nur politische Bücher und fast nie zu Ende. Er schaut im Inhaltsverzeichnis nach und wendet sich dann direkt dem Thema zu, das ihn interessiert.

Ich denke natürlich, dass diese seltsame Art des Lesens mit seinem riskanten Leben zusammenhängt. Aber damit ist er nicht einverstanden. »Versteckt zu leben, ist eine

Sache, im Untergrund zu leben, eine andere«, sagt Firmennich, der im Untergrund lebt, und das bedeutet, dass er zwar aufpasst, dass ihn seine Feinde nicht finden, ansonsten aber weiterhin ein normales Familienleben führt, Besuche von engen Freunden empfängt, an Festen in sehr privatem Kreis teilnimmt und sogar ein paar Stunden lang fernsieht. Problematisch wird es nur, wenn er auf die Straße will: Das kann er lediglich unter extremen Sicherheitsvorkehrungen tun. Am meisten bedauert er, nicht ins Kino gehen zu können. In den letzten sieben Jahren hat er nur vier Filme gesehen. Einen davon in dem Flugzeug, mit dem er vor kurzem vom Flughafen in Buenos Aires abgeflogen ist, mit falscher Identität zwar, aber ohne jegliche Verkleidung, während ihn die Sicherheitsdienste der Streitkräfte im ganzen Land suchten.

Man denkt natürlich sofort, dass ein Mann, der seine Wohnung nur verlässt, um bewaffnete Aktionen durchzuführen, sich sehr häufig dem Tod gegenüber gesehen hat. Aber er hatte nur ein einziges Mal dieses Gefühl, und das bei einer Operation, die, aus der Ferne betrachtet, das Risiko überhaupt nicht wert war. Das war im Dezember 1970, als Firmenich und ein als Kaffeeverkäufer verkleideter Kamerad einem Polizisten das Maschinengewehr wegnehmen wollten, der ausgerechnet auf dem Landgut des Präsidenten Wache stand. Das ist ihnen zwar gelungen, aber der Polizist konnte noch schießen und verletzte Firmenich an einem Finger. »Das war ein Wunder«, sagt er. »Wenn mein Finger nicht gewesen wäre, hätte mich die Kugel direkt ins Herz getroffen.«

Die Kinder sind unsere Nachhut

Plötzlich sagt Firmennich wie in Gedanken, es sei eine besondere Wonne für ihn, mit seinen Kindern zu spielen. Das überrascht mich nicht. Bei den Montoneros ist mir etwas aufgefallen, was neu ist: Selbst dann, wenn sie in schwierigen oder sogar gefährlichen Missionen durch die Welt reisen, haben sie immer ihre Kinder dabei. Ich habe gesehen, wie sie ihnen in ihren improvisierten Verstecken die Windeln wechseln und die Flasche geben, während sie gleichzeitig mit irgendeiner wichtigen politischen Angelegenheit beschäftigt sind. »Das ist normal«, sagte Firmennich und lacht herzlich. »Die Zeiten, in denen man glaubte, Revolutionäre dürften keine Kinder haben, sind vorbei.« Wenn die Vietnamesen vor dreißig Jahren so gedacht hätten, meint er, hätten sie später niemanden gehabt, um den Krieg zu gewinnen. »Die Kinder sind unsere Nachhut«, sagt er.

Dieses Thema führt ihn natürlich wieder zur Situation in Argentinien zurück, das die niedrigste Geburtenrate des Kontinents hat. Argentinien sei ein fast entvölkertes Land, das seine Bevölkerung verdoppeln müsse, um eine solide Grundlage für die Befreiung zu haben und um die Zukunft meistern zu können. »Unsere Standardfamilie besteht heute aus drei Kindern«, sagt Firmennich. »Sie muss aber aus fünf Kindern bestehen. Zwei, um die Bevölkerungsquote zu erfüllen, und die anderen, um die Bevölkerung zu verdoppeln.« Aber seine Erwägungen sind nicht nur technischer Art: Er weiß aus Erfahrung, dass ein Aktivist mit Kindern sich anders verhält als ein Aktivist ohne Kinder. »Unter anderem, weil er sorgsamer mit sich selbst umgeht«, fügt er hinzu. Die heute zum Standardrepertoire gehörende Frage, was er von Jimmy Carter für Lateinamerika erwarte, scheint ihn nicht sonderlich zu interessieren. Er beschränkt sich darauf, zu sagen – und zu Recht, wie ich meine –, die Befreiung könne nicht von außen kommen. Er wird jedoch ganz schwärmerisch, als ich ihn frage, ob er eine klare Prognose für die Zukunft seines Landes wagen würde.

»Selbstverständlich«, sagt er lebhaft. »In diesem Jahr endet das offensive Vorgehen der Diktatur und werden sich die notwendigen Bedingungen für die definitive Gegenoffensive entwickeln. Gleichzeitig entsteht als einzige Alternative die peronistische und Montonero-Bewegung, die dann zur Gründung der Montonero-Partei führt. Auf dieser Grundlage beginnen wir dann mit dem Aufbau einer nationalen Befreiungsfront, die den Kampf mit der Diktatur, der Oligarchie und dem Imperialismus aufnehmen wird.«

Firmenich ist überzeugt davon, dass sich die argentinische Bourgeoisie, deren Eigeninteressen durch die transnationalen Konzerne erheblich beeinträchtigt wurden und die durch die Verstaatlichung der Betriebe ihr Kapital verloren hat, einer breiten Front anschließen wird. Er glaubt, dass sie das gemeinsam mit den traditionellen Parteien, der Partido Radical und der Partido Intransigente, tun wird. »Und zusammen mit den Kommunisten«, betont er. Etwas verwundert, weil ich die Position der argentinischen Kommunisten den Montoneros gegenüber kenne und weil jeder weiß, wie versöhnlich sie sich gegenüber der Militärdiktatur verhalten, hake ich noch einmal nach: »Auch mit der Kommunistischen Partei?« Er nickt und ist seinerseits gar nicht verwundert. »Auch mit der Kommunistischen Partei.« Im Grunde scheint er der Überzeugung zu sein, dass sie alle den Übergang zum Sozialismus mit einem für alle brauchbaren Programm akzeptieren werden: entschädigungslose Enteignung ausländischer Monopole und Enteignung mit Entschädigung von nationalen Monopolen, Achtung des Privateigentums bei Kleinbetrieben und Einführung des Genossenschaftswesens in einigen Bereichen.

Er ist sich absolut sicher, dass diese Bündnisse möglich sind, und er führt das Scheitern der revolutionären Ansätze der sechziger Jahre in Lateinamerika sogar darauf zurück, dass man damals die nationalen Bourgeoisien bei dem Versuch, den militärischen Aspekt mit dem politischen zu verbinden, als wichtigen Verbündeten verschmäht habe. »Die argentinische Revolution«, fügt er mit einem tiefen Seufzer hinzu, »wird die Revolution ganz Lateinamerikas sein.«

Damit hat er vielleicht Recht, aber er soll doch nicht die Genugtuung haben, dass der triumphale Schlusssatz auf sein Konto geht, und ich mache deshalb einen liebevollen Scherz: »Vor Che Guevara haben sich die Argentinier nicht als Lateinamerikaner gefühlt. Heute meinen sie dagegen, sie seien die einzigen Lateinamerikaner.«

Firmenich quittiert diesen Scherz mit einem herrlichen lautstarken Lachen, das seine katzenhafte Vorsicht mit einem Schlag verschwinden lässt. Zum Schluss versuche ich noch zu klären, welchen Ort ich für unser Gespräch angeben soll. Firmenich, der jetzt vollkommen entspannt in seinem Sessel sitzt, erwidert: »Am besten ist immer die Wahrheit.«

Aber diesmal war die Wahrheit unglaublich. Wir waren uns in zehntausend Meter Höhe mitten über dem Atlantischen Ozean begegnet und hatten uns zufällig erkannt.

Mir fällt keine Überschrift ein
1977

Vor der Revolution bin ich niemals neugierig auf Kuba gewesen. Für die Lateinamerikaner meiner Generation war Havanna ein skandalöses Bordell für Yankees, in dem die Pornographie bereits, lange bevor sie im übrigen christlichen Abendland in Mode kam, die höchste Stufe öffentlicher Darbietung erklommen hatte: Zum Preis von einem Dollar konnte man im Theater einer Frau und einem Mann aus Fleisch und Blut dabei zusehen, wie sie auf der Bühne tatsächlich miteinander schliefen. Dieses Paradies der Ausschweifungen atmete eine teuflische Musik, eine Geheimsprache des süßen Lebens, eine bestimmte Art zu gehen und sich zu kleiden, einen völlig zügellosen Lebenswandel, der dem karibischen Alltag das Gepräge eines permanenten Freudentaumels gab. Wer besser informiert war, wusste allerdings, dass Kuba die kultivierteste Kolonie Spaniens gewesen war, die einzig wirklich kultivierte, und dass die Tradition der literarischen Zirkel und Dichterwettbewerbe unbeirrbar fortgesetzt wurde, während die nordamerikanischen Matrosen an die Heldenstandbilder pinkelten und die Handlanger der Präsidenten der Republik mit gezogenen Waffen die Gerichtsgebäude überfielen, um Akten zu stehlen. Neben *La Semana Cómica*, einer schlüpfrigen Zeitschrift, die verheiratete Männer verborgen vor dem Blick ihrer Ehefrauen auf dem Klo lasen, erschienen hier die anspruchsvollsten Kunst- und Literaturzeitschriften Lateinamerikas. Die Hörspielserien, deren Episoden sich über endlose Jahre hinzogen und den ganzen Kontinent zu Tränen rührten, waren hier ebenso beheimatet wie der Brand der rauschhaften Sonnenblumen von Amalia Peláez und José Lezama Limas Hexameter aus hermetischem Quecksilber. Diese brutalen Kontraste führten eher zu Verwirrung, als dass sie zum Verständnis eines beinahe mythischen Landes beigetragen hätten, dessen verhängnisvoller Unabhängigkeitskrieg noch immer nicht vorüber und dessen politische Lebenserwartung auch 1955 ein unvorhersehbares Rätsel war.

In diesem Jahr hörte ich in Paris zum ersten Mal den Namen Fidel Castro. Ich hörte ihn von dem Dichter Nicolás Guillén, der im Grand Hotel Saint Michel an einer hoffnungslosen Verbannung litt, es war die am wenigsten schäbige Absteige in einer Straße billiger Hotels, wo unsere Bruderschaft aus Lateinamerikanern und Algeriern sich von ranzigem Käse und gekochtem Blumenkohl ernährte und auf eine Rückfahrkarte wartete. Nicolás Guilléns Zimmer bestand, wie fast alle im lateinamerikanischen Viertel, aus vier Wänden mit verschossenen Tapeten, zwei Sesseln aus abgewetztem Plüsch, einem Waschbecken, einem beweglichen Bidet und einem schmalen zweischläfrigen Bett, in dem ein schwermütiges Pärchen aus dem Senegal einst glücklich gewesen war und sich das Leben genommen hatte. Aus dem Abstand von zwanzig Jahren gelingt es mir allerdings nicht mehr, das Bild des Dichters in diesem realen Zimmer heraufzubeschwören, und ich erinnere ihn statt dessen in einer Umgebung, in der ich ihn nie gesehen habe: Es ist die Stunde der Siesta, er sitzt in einem weidengeflochtenen Schaukelstuhl auf der Veranda eines dieser riesigen Häuser der Zuckermühlenbesitzer, wie man sie von Gemälden der prächtigen kubanischen Malerei des 19. Jahrhunderts kennt, und er fächelt sich Luft zu. Auf jeden Fall bewahrte sich Nicolás Guillén selbst im tiefsten Winter in Paris die sehr kubanische Sitte, beim ersten Hahnenschrei (ohne Hahn) aufzustehen und neben der Kochplatte mit dem Kaffee, umweht vom würzigen Wind aus den Zuckermühlen und den gezupften Gitarrenklängen der rauen Morgenstunden von Camagüey, die Zeitungen zu lesen. Danach öffnete er das Fenster zum Balkon, ebenfalls wie in Camagüey, und weckte die ganze Straße, indem er die neuesten, vom Französischen ins Kubanische übersetzten Nachrichten aus Lateinamerika brüllte.

Im Jahr zuvor hatte in Panama eine Konferenz der Regierungschefs stattgefunden, und die damalige Situation des Kontinents ist sehr treffend auf dem offiziellen Gruppenfoto dargestellt: Es ist kaum ein mickriger Zivilist inmitten der ganzen Pracht aus Uniformen und Kriegsabzeichen auszumachen. Sogar General Dwight Eisenhower, der sich als Präsident der Vereinigten Staaten für gewöhnlich darum bemühte, den Brandgeruch seines Herzens hinter den teuersten Anzügen aus der Bond Street zu verbergen, hatte sich für dieses historische Foto mit dem Zierrat des Krieges im Ruhestand geschmückt. So geschah es, dass Nicolás Guillén eines Morgens sein Fenster öffnete und eine einzige Meldung brüllte:

»Der Mann ist gestürzt!«

Das führte zu großer Aufregung in der verschlafenen Straße, weil jeder dachte, der gestürzte Mann sei seiner. Die Argentinier dachten, es sei Juan Domingo Perón, die Paraguayer dachten, es sei Alfredo Stroessner, die Peruaner dachten, es sei Manuel Odría, die Kolumbianer dachten, es sei Gustavo Rojas Pinilla, die Nicaraguaner dachten, es sei Anastasio Somoza, die Venezolaner dachten, es sei Marcos

Pérez Jiménez, die Guatemalteken dachten, es sei Castillo Armas, die Dominikaner dachten, es sei Rafael Leónidas Trujillo, und die Kubaner dachten, es sei Fulgencio Batista. Es war aber doch Perón. Als wir später darüber sprachen, zeichnete uns Nicolás Guillén ein trostloses Panorama der Situation in Kuba. »Die einzige Hoffnung, die ich habe«, meinte er, »ist ein junger Mann, der in Mexiko für einige Unruhe sorgt.« Er machte eine Pause wie ein fernöstlicher Prophet und schloss:

»Er heißt Fidel Castro.«

Drei Jahre später war es in Caracas kaum zu fassen, wie schnell und unaufhaltsam dieser Name die Aufmerksamkeit des ganzen Kontinents erobert hatte. Aber auch damals hätte noch niemand gedacht, dass in der Sierra Maestra gerade die erste sozialistische Revolution Lateinamerikas heranwuchs. Eigentlich waren wir davon überzeugt, ihre Geburt eben in Venezuela erlebt zu haben, wo eine gigantische Volksbeschwörung binnen vierundzwanzig Stunden den gewaltigen Repressionsapparat von General Marcos Pérez Jiménez vernichtet hatte.

Von außen betrachtet, hatte es sich um eine unbegreifliche Aktion gehandelt, denn ihre Vorbereitung war höchst simpel und ihre Wirkung schnell und von durchschlagender Effizienz gewesen. An die Bevölkerung war nur eine einzige Aufforderung ergangen, nämlich am 23. Januar 1958 um zwölf Uhr mittags auf die Autohupen zu drücken, die Arbeit zu unterbrechen und auf die Straße zu gehen, um die Diktatur zu stürzen. Selbst aus der Redaktion einer gut informierten Zeitung betrachtet, in der etliche Mitarbeiter an der Konspiration beteiligt waren, schien diese Aufforderung kindisch. Aber zur gewünschten Stunde brach ein ohrenbetäubendes, einstimmiges Hupen los, in einer Stadt, die schon damals für ihre Verkehrsstaus berüchtigt war, entstand ein außergewöhnlicher Stau, und zahlreiche Gruppen von Studenten und Arbeitern stürmten auf die Straße, um, mit Steinen und Flaschen bewaffnet, den Streitkräften des Regimes die Stirn zu bieten. Von den umliegenden Berghängen, mit bunten Hütten wie mit Weihnachtskrippen übersät, ergoss sich ein reißender Strom von Armen, der die ganze Stadt in ein Schlachtfeld verwandelte. Als es Abend wurde, kursierte zwischen verirrten Schüssen und dem Sirenengeheul der Krankenwagen ein erleichterndes Gerücht durch die Redaktionsstuben der Zeitungen: In Panzerwagen versteckt hatte sich die Familie von Pérez Jiménez in ein Botschaftsgebäude geflüchtet. Kurz vor Sonnenaufgang erfüllte eine plötzliche Stille die Luft, und dann brach ein Schrei der entfesselten Massen los, die Kirchenglocken, die Fabriksirenen und Autohupen ertönten, und aus allen Fenstern schollen kreolische Gesänge, die während der folgenden zwei Jahre falscher Illusionen nahezu pausenlos andauerten. Pérez Jiménez war mit seinen engsten Komplizen von seinem räuberischen Thron geflohen und befand sich in einem Militärflugzeug auf dem Weg in die Dominikanische Republik. Seit dem Mittag hatte das Flugzeug mit laufenden Triebwerken auf dem Flugplatz La Carlota gestanden, ganz in der Nähe des Präsidentenpalastes in Miraflores, aber bevor der flüchtende Diktator, verfolgt von einer Taxipatrouille, die ihn nur um wenige Minuten verpasste, dort eintraf, war niemand auf die Idee gekommen, für eine Gangway zu sorgen. Pérez Jiménez, der aussah wie ein Riesenbaby mit Hornbrille, wurde unter großen Mühen an einem Seil ins Flugzeug gehievt und vergaß bei diesem aufwendigen Manöver sein Handgepäck am Boden. Es war ein gewöhnlicher Aktenkoffer aus schwarzem Leder, in dem er sein Taschengeld versteckt hatte: dreizehn Millionen Dollar in Scheinen.

Von da an war Venezuela während des ganzen Jahres 1958 das freieste Land der Welt. Es schien eine richtige Revolution zu sein: Sobald die Regierung eine Gefahr witterte, wandte sie sich auf direktem Wege ans Volk, und das Volk ging gegen jede Rückschrittsbestrebung auf die Straße. Auch die heikelsten amtlichen Entscheidungen wurden öffentlich kontrolliert. Es gab keine staatliche Angelegenheit von Gewicht, die nicht unter Beteiligung der politischen Parteien, allen voran der kommunistischen, geregelt worden wäre, und zumindest in den ersten Monaten waren sich die Parteien darüber im Klaren, dass sie ihre Macht dem Druck der Straße verdankten. Wenn dies dennoch nicht die erste sozialistische Revolution in Lateinamerika war, dann auf Grund von üblen Taschenspielertricks und auf gar keinen Fall, weil die gesellschaftlichen Umstände nicht günstig gewesen wären.

Zwischen der Regierung von Venezuela und der Sierra Maestra entstand eine unverhohlene Komplizenschaft. Die Männer der Bewegung 26. Juli, die nach Caracas abkommandiert waren, nutzten alle Massenmedien für die öffentliche Propaganda, organisierten breit angelegte Geldsammlungen und sandten mit offiziellem Einverständnis Hilfsgüter an die Guerrilla. Die venezolanischen Studenten, die sich im Kampf gegen die Diktatur tapfer geschlagen hatten, schickten mit der Post Damenunterwäsche an die Studenten in Havanna. Die kubanischen Studenten ließen sich ob der Impertinenz dieser selbstgefälligen Lieferung nichts anmerken und schickten sie nach weniger als einem Jahr, als die Kubanische Revolution gesiegt hatte, kommentarlos an die Absender zurück. Die Presse Venezuelas war die legale Presse der Sierra Maestra, nicht weil ihre Besitzer das so gewollt hätten, sondern weil ihnen unter dem Druck der Belegschaft nichts anderes übrig blieb. Man konnte den Eindruck haben, dass Kuba kein anderes Land, sondern ein noch nicht befreiter Teil des freien Venezuela war.

Der Neujahrstag 1959 war einer der wenigen in der Geschichte des Landes, den Venezuela ohne Diktatur beging. Mercedes und ich, wir hatten in jenen Monaten des Freudentaumels geheiratet, kamen im ersten Licht der Morgendämmerung zu unserer Wohnung im Stadtviertel San Bernardino zurück und stellten fest, dass der Aufzug kaputt war. Wir stiegen die sechs Stockwerke hoch, verschnauften auf den Treppenabsätzen, und kaum waren wir in der Wohnung, wurden wir von dem absurden Gefühl heimgesucht, dass sich ein Augenblick wiederholte, den wir im Jahr zuvor schon einmal erlebt hatten: Ein Schrei der entfesselten Massen hatte sich plötzlich in den schlafenden Straßen erhoben, und Kirchenglocken, Fabriksirenen und Autohupen ertönten, und aus allen Fenstern ergoss sich ein Sturzbach von Harfenklängen, Gitarren und Stimmen, die sich in Freudentänzen der siegreichen Massen miteinander verwoben. Die Zeit schien zurückgedreht, und Marcos Pérez Jiménez zum zweiten Mal gestürzt. Weil wir weder ein Telefon noch ein Radio besaßen, stürmten wir in Riesenschritten die Treppe hinunter und fragten uns besorgt, welchen vernebelnden Alkohol man uns auf dem Fest eingeflößt hatte, bis schließlich jemand im Glanz der ersten Sonnenstrahlen an uns vorbeirannte und uns mit der letzten unglaublichen Übereinstimmung verblüffte: Fulgencio Batista war mit seinen engsten Komplizen von seinem räuberischen Thron geflohen und befand sich in einem Militärflugzeug auf dem Weg nach Santo Domingo.

Zwei Wochen später kam ich zum ersten Mal nach Havanna. Die Gelegenheit hatte sich mir früher als erwartet, allerdings unter völlig unerwarteten Umständen, geboten. Am 18. Januar, als ich gerade meinen Schreibtisch aufräumte und nach Hause gehen wollte, erschien ein atemloser Mann von der Bewegung 26. Juli in dem verlassenen Büro der Zeitschrift und suchte nach Journalisten, die noch in derselben Nacht nach Kuba reisen wollten. Zu diesem Zweck hatten die Kubaner ein Flugzeug geschickt. Als die entschlossensten Anhänger der kubanischen Revolution waren Plinio Apuleyo Mendoza und ich als Erste ausgewählt worden. Es blieb uns kaum Zeit, zu Hause vorbeizugehen und eine Reisetasche zu packen, und ich hatte mich so daran gewöhnt, Kuba und Venezuela für ein einziges Land zu halten, dass ich vergaß, den Pass herauszusuchen. Ich brauchte ihn nicht: Der Angestellte der venezolanischen Passkontrolle war kubanischer als die Kubaner, er bat mich um irgendein Dokument, das meine Identität bestätigte, und das Einzige, was ich in meinen Taschen fand, war eine Reinigungsquittung. Der Zöllner lachte sich kaputt, als er sie auf der Rückseite abstempelte und wünschte mir eine gute Reise.

Richtig dick kam es am Ende, als der Pilot feststellte, dass es im Flugzeug mehr Journalisten als Sitzplätze gab und das Gewicht von Ausrüstung und Gepäck den zulässigen Wert überschritt. Natürlich wollte niemand dableiben oder etwas von seinen Sachen opfern, und sogar der Verantwortliche des Flughafens war gewillt, das überladene Flugzeug auf die Reise zu schicken. Der Pilot war ein ernster älterer Mann mit grau meliertem Schnauzbart, der die blaue Uniform mit den Goldverzierungen der ehemaligen kubanischen Luftwaffe trug, und er widersetzte sich nahezu zwei Stunden lang ungerührt allen Überredungsversuchen. Endlich fand einer von uns ein Totschlagargument:

»Seien Sie nicht feige, Kapitän«, sagte er, »die *Granma* war auch überladen.«

Der Pilot sah zuerst ihn und dann mit unterdrücktem Zorn uns alle an.

»Der Unterschied ist bloß«, sagte er, »dass keiner von uns Fidel Castro ist.«

Aber er war tödlich getroffen. Er streckte die Hand über den Schaltertisch, riss den Zettel mit der Ladeinformation vom Block und zerknüllte ihn in der Hand.

»In Ordnung«, sagte er, »wir fliegen, aber ich hinterlasse keinen Beleg dafür, dass das Flugzeug überladen ist.«

Er steckte die Papierkugel in seine Jackentasche und bedeutete uns, ihm zu folgen.

Während wir zum Flugzeug gingen, war ich hin und her gerissen zwischen meiner angeborenen Flugangst und dem Wunsch, Kuba kennen zu lernen, und fragte den Piloten mit dünner Stimme:

»Kapitän, glauben Sie, dass wir es schaffen?«

»Schon möglich«, antwortete er, »mit Hilfe der Madonna de la Caridad del Cobre.«

Es war eine abgetakelte zweimotorige Maschine. Unter uns ging die Mär, sie sei von einem desertierten Piloten aus Batistas Luftwaffe entführt und in die Sierra Maestra gebracht worden, und dort habe sie dann verlassen in Mittagshitze und Nachtkälte ausgeharrt, bis sie in jener unglückseligen Nacht losgeschickt wurde, um in Venezuela lebensmüde Journalisten abzuholen. An Bord war es eng und stickig, die Sitze waren kaputt, und es roch unerträglich nach ranzigem Urin. Jeder setzte sich, so gut es eben ging, manche sogar in den schmalen Mittelgang zwischen die Gepäckstücke und die Film- und Fernsehausrüstungen. An eines der hinteren Fenster gezwängt, rang ich nach Atem, aber die Gelassenheit meiner Gefährten tröstete mich etwas. Plötzlich raunte mir einer der Unerschütterlichsten zwischen zusammengebissenen Zähnen ins Ohr: »Du hast es gut, du hast keine Angst vorm Fliegen.« Nun erreichte mein Entsetzen seinen

Höhepunkt, denn ich begriff, dass alle genauso verängstigt waren wie ich und es nur genauso überspielten wie ich, mit einer ebenso kaltblütigen Miene wie der meinen.

Im Zentrum der Flugangst gibt es eine Leere, eine Art Auge des Hurrikans, in dem man eine fatalistische Bewusstlosigkeit erreicht, und nur die erlaubt es einem, zu fliegen ohne zu sterben. In meinen endlosen, schlaflosen Flügen durch die Nacht erreiche ich diesen Zustand der Gnade nur, wenn ich im Fenster jenen verwaisten Stern aufgehen sehe, der die Flugzeuge auf ihrem Weg über die einsamen Ozeane begleitet. Vergeblich hielt ich in jener schlimmen karibischen Nacht nach dem Stern Ausschau, in dieser seelenlosen zweimotorigen Maschine, die gewittrige Geröllfelder, sich kreuzende Sturmböen und Abgründe aus Blitzen durchquerte und auf ihrem Blindflug nur durch unseren verängstigten Herzschlag angetrieben wurde. Im Morgengrauen wurden wir von einem fürchterlichen Wolkenbruch überrascht, das Flugzeug legte sich unter dem endlosen Knarren einer sturmgebeutelten Segeljolle auf die Seite und landete zitternd vor Schüttelfrost mit tränenüberströmten Triebwerken auf einem Behelfsflugplatz in Camagüey. Aber als der Regen aufhörte, gab er den Blick auf einen frühlingshaften Tag frei, die Luft war wieder glasklar, und wir flogen das letzte Stück über duftende Zuckerrohrfelder und Salzwasserseen mit gestreiften Fischen und verwunschenen Blumen am Grund. Noch vor Mittag landeten wir zwischen den babylonischen Häusern der Reichsten der Reichen von Havanna: Auf dem Flugplatz von Campo Columbia, der ehemaligen Bastion Batistas, die später auf den Namen Ciudad Libertad getauft werden sollte und wo erst vor einigen Tagen Camilo Cienfuegos mit seiner Kolonne verdutzter Bauern kampiert hatte. Der erste Eindruck war eher komisch, denn zur Begrüßung kamen die Mitglieder der ehemaligen Luftwaffe heraus, die in letzter Minute zur Revolution übergelaufen waren und nun gemeinsam in ihren Kasernen ausharrten, bis der Bart lang genug war, dass sie wie Revolutionäre aussahen.

Für jemanden, der das ganze Jahr zuvor in Caracas gelebt hatte, war die fiebrige Atmosphäre und kreative Unordnung in Havanna zu Beginn des Jahres 1959 nicht neu. Aber es gab einen Unterschied: In Venezuela hatte ein städtischer Aufstand, der von einer Allianz unterschiedlichster Parteien ausgelöst und von einem großen Teil der Streitkräfte unterstützt worden war, eine despotische Kamarilla gestürzt, während in Kuba die Lawine auf dem Land losgetreten worden war und in einem langen, schwierigen Krieg ein Söldnerheer besiegt wurde, das die Funktion einer Besatzungsarmee erfüllte. Das war ein grundsätzlicher Unterschied, der möglicherweise entscheidend für die unterschiedliche Entwicklung der beiden Länder war und den man an jenem strahlenden Mittag im Januar auf den ersten Blick wahrnehmen konnte.

Um seinen nordamerikanischen Kumpanen einen Beweis seiner Machtfülle und seines Vertrauens in die Zukunft zu liefern, hatte Batista Havanna in eine irreale Stadt verwandelt. Die Bauerntruppen patrouillierten, seit neuestem mit Schuhen an den Füßen, nach Jaguar riechend und mit archaischen Schießeisen und Uniformen, in die sie erst noch hineinwachsen mussten, traumwandlerisch zwischen den Schwindel erregenden Hochhäusern, den Wundermaschinen und den halb nackten Nordamerikanerinnen, die, angelockt von der Legende der Bärtigen, mit der Fähre aus New Orleans eintrafen. Vor dem Haupteingang des erst vor wenigen Tagen eröffneten Hotels Havanna Hilton stand ein blonder Riese, der eine bestickte Uniform und einen Phantasiehelm mit Feldmarschalls-Federbusch trug. Er sprach einen Mischmasch aus kubanischem Slang und dem Englisch von Miami und erledigte ohne einen Anflug von Skrupeln sein trübes Geschäft als Türsteher. Einen der Reporter unserer Delegation, einen Venezolaner, hob er am Kragen hoch und warf ihn mitten auf die Straße. Die kubanischen Journalisten mussten bei der Hotelleitung intervenieren, damit den Eingeladenen aus aller Welt ohne jeden Unterschied freier Zutritt gewährt wurde. An diesem ersten Abend stürzte eine Gruppe halb verdursteter Jungs der Rebellenarmee durch die erste sich ihnen bietende Tür, und das war die der Hotelbar vom Havanna Rivera. Sie wollten bloß ein Glas Wasser, aber der Oberkellner beförderte sie, so höflich er eben konnte, wieder auf die Straße. Wir Journalisten baten sie in einer damals demagogisch anmutenden Geste wieder herein und setzten sie an unseren Tisch. Als er später von dem Vorfall hörte, meinte der kubanische Reporter Mario Kuchilán voller Scham und Zorn:

»Das ist nur durch eine wirkliche Revolution aus der Welt zu schaffen. Und ich schwöre euch, die werden wir machen.«

Operation Carlota – Kuba in Angola
1977

Am 24. November 1975 haben die USA erstmals offiziell die Präsenz kubanischer Truppen in Angola bekanntgegeben. Dabei wurde das Kontingent auf 15.000 Mann geschätzt. Ein paar Wochen später, anlässlich eines kurzen Besuchs in Caracas, sagte Henry Kissinger in einem privaten Gespräch zu Präsident Carlos Andrés Pérez: »In welch kläglichem Zustand muss unser Geheimdienst sein, dass wir von der Aktion erst erfahren haben, als die Kubaner schon in Angola waren.« Bei dieser Gelegenheit korrigierte er allerdings die Zahlen, Kuba habe nur 12.000 Mann geschickt.

Welche Erkenntnisse dieser Korrektur zu Grunde lagen, hat Kissinger nicht erklärt, tatsächlich war weder die eine noch die andere Zahl richtig. Zu dem Zeitpunkt befanden sich jedenfalls eine Menge Kubaner in Angola, Soldaten, Militärspezialisten und zivile Techniker, und es waren mehr, als Henry Kissinger zu vermuten vorgab. In der Bucht von Luanda ankerten so viele kubanische Schiffe, dass Präsident Agostinho Neto, als er sie von seinem Fenster aus zählte, ergriffen und ein wenig beschämt reagierte: »Das ist nicht richtig«, sagte er zu einem befreundeten Funktionär, »wenn das so weiter geht, steuert Kuba in den Ruin.«

Wahrscheinlich hatten nicht einmal die Kubaner vorausgesehen, dass die Hilfe für das angolanische Volk derartige

Ausmaße annehmen würde. Von Anfang an aber war ihnen klar, dass entschlossen und schnell gehandelt werden musste und dass man auf keinen Fall verlieren durfte.

Erste Kontakte

Enge Kontakte zwischen der kubanischen Revolution und der MPLA (Volksbewegung zur Befreiung Angolas) bestanden seit August 1965, als Che Guevara bei der Guerrilla im Kongo kämpfte. Ein Jahr später besuchte Agostinho Neto Kuba, begleitet von Endo, dem befehlshabenden Kommandanten der MPLA, der später im Krieg gefallen ist. Beide führten Gespräche mit Fidel Castro. Danach gab es, auch wegen der besonderen Kampfbedingungen in Angola, nur noch sporadische Kontakte. Im Mai 1975, als die Portugiesen sich auf den Rückzug aus ihren afrikanischen Kolonien vorbereiteten, traf sich der kubanische Comandante Flavio Bravo in Brazzaville mit Agostinho Neto, der um Unterstützung bei einem Waffentransport bat und außerdem die Möglichkeit einer breiteren und gezielteren Hilfe sondieren wollte. Drei Monate später begab sich Comandante Raúl Díaz Argüelles mit einer zivilen kubanischen Delegation nach Luanda. Agostinho Neto wurde nun präziser, aber nicht unbescheidener: Er bat um die Entsendung von Ausbildern für den Aufbau und die Leitung von vier militärischen Trainingslagern.

Die feindlichen Kräfte

Schon eine oberflächliche Kenntnis der Lage in Angola genügte, um Netos Bitte auch als Ausdruck seiner Bescheidenheit zu verstehen. Obwohl die MPLA, 1956 gegründet, die älteste Befreiungsbewegung in Angola war und obwohl sie als einzige eine breite Basis im Volk und ein gesellschaftspolitisches und ökonomisches Programm hatte, das die besonderen Bedingungen des Landes berücksichtigte, befand sie sich dennoch militärisch in einer ungünstigen Lage. Die MPLA verfügte zwar über sowjetische Waffen, es fehlte aber an geschultem Personal, das sie bedienen konnte. Die regulären Truppen von Zaire waren am 25. August in Angola eingedrungen, gut ausgebildet und ausgerüstet, und hatten in Carmona eine de facto Regierung eingesetzt. An ihrer Spitze stand Holden Roberto, Führer der FNLA (Nationale Front für die Befreiung Angolas) und Schwager Mobutus, dessen Verbindungen zum CIA allgemein bekannt waren. Im Westen Angolas operierte unter dem Schutz von Sambia die UNITA (Nationale Einheit für die totale Unabhängigkeit Angolas). Sie wurde von Jonas Savimbi befehligt, einem prinzipienlosen Abenteurer, der immer wieder mit dem portugiesischen Militär und den ausländischen Unternehmen kollaboriert hatte. Schließlich hatten am 5. August reguläre südafrikanische Truppen vom besetzten Namibia aus die südliche Grenze Angolas mit dem Vorwand überschritten, die Staudämme des Kraftwerks von Raucana-Caluaqua zu schützen.

Das erste Kontingent

Diese gegnerischen Kräfte, die über große finanzielle und militärische Mittel verfügten, wollten Luanda einschließen und vor dem 11. November einen festen Belagerungsring bilden. An diesem Tag sollten die letzten Armeeinheiten Portugals dieses weite, reiche und schöne Land verlassen haben, in dem die Portugiesen fünfhundert Jahre lang glücklich gewesen waren. Als die kubanische Führung Netos Beistandsgesuch erhielt, beschloss sie, sofort ein Kontingent von 480 Spezialisten zu entsenden, die in sechs Monaten vier Ausbildungszentren aufbauen und 16 Infanteriebataillone aufstellen sollten. In Anbetracht der Lage schickten sie jedoch zusätzlich und unaufgefordert 25 Mörserbatterien und Luftabwehrgeschütze, sowie eine Ärzteeinheit, 115 Fahrzeuge und eine geeignete Funkausrüstung nach Angola.

Dieses erste Kontingent wurde auf drei für diesen Zweck schnell bereitgestellte Schiffe verladen. Die *Viet Nam heroíco*, ein Passagierschiff, war 1956 von dem Diktator Fulgencio Batista einer holländischen Gesellschaft abgekauft und in ein Schulschiff umgebaut worden. Die anderen beiden, die *Coral Island* und die *La Plata* waren Frachter, die man notdürftig umgerüstet hatte. Die Art und Weise aber, wie sie beladen wurden, zeigt deutlich, dass die Kubaner ihr Engagement in Angola umsichtig und dennoch kühn angingen.

Es erscheint zunächst abwegig, dass das Benzin für die Fahrzeuge aus Kuba mitgenommen wurde. Tatsächlich wird in Angola ja Erdöl gefördert, während Kuba sich das Öl quer durch die halbe Welt aus der Sowjetunion holen muss. Die Kubaner wollten jedoch auf Nummer sicher gehen und brachten schon bei dieser ersten Fahrt tausend Tonnen Benzin mit, das auf drei Schiffe verteilt war. Die *Viet Nam heroíco* hatte zweihundert Tonnen in Tanks von 55 Galonen geladen und fuhr mit offenen Ladeluken, damit die Gase abziehen konnten. Bei der *La Plata* wurde das Benzin auf Deck gelagert. Am gleichen Abend, an dem die Schiffe fertig beladen waren, wurde ein kubanisches Volksfest mit Böllern und einem prächtigen Feuerwerk gefeiert, auch an den Kais von El Mariel, in der Nähe Havannas. Ein verirrter Funke hätte diese drei schwimmenden Arsenale in die Luft jagen können.

Fidel Castro kam, um die Schiffe zu verabschieden, wie er es auch später bei jedem Kontingent tun sollte, das nach Angola aufbrach. Als er sah, welche Bedingungen auf den Schiffen herrschten, machte er eine seiner typischen beiläufigen Bemerkungen: »Immerhin«, sagte er, »sie haben es hier bequemer als auf der *Granma*.«

Es war dabei keineswegs gewiss, ob die portugiesischen Militärs den kubanischen Ausbildern überhaupt erlauben würden, das Land zu betreten. Am 26. Juli, als Kuba bereits das erste Hilfegesuch der MPLA vorlag, hatte Fidel Castro Oberst Otelo Saraiva de Carvalho in Havanna darum gebeten, bei der portugiesischen Regierung eine Erlaubnis für die Sendung von Hilfsgütern nach Angola zu erwirken. Saraiva de Carvalho hatte versprochen, sich darum zu kümmern, aber eine Antwort lag noch nicht vor. Die *Viet Nam heroíco* erreichte den Hafen von Amboim am 4. Oktober um halb sieben Uhr morgens, die *Coral Island* folgte am 7., und die *La Plata* steuerte am 11. Punta Negra an. Niemand hatte die Erlaubnis gegeben, aber es gab auch keine Proteste.

Wie vorgesehen, wurden die kubanischen Ausbilder von der MPLA empfangen und begannen sogleich mit dem Aufbau der vier Ausbildungszentren: eines in Delatando, das die Portugiesen Salazar nannten, dreihundert Kilometer östlich von Luanda; ein anderes in der Hafenstadt Benguela am Atlantik; ein weiteres in Saurino, ehemals Enrique de Carvalho, in der fernen und leeren Ostprovinz von Luanda, wo die Portugiesen die Militärbasis vor ihrem Abzug zerstört hatten, und das vierte Zentrum in der Enklave Cabinda. Zu diesem Zeitpunkt standen die Truppen von Holden Roberto so dicht vor Luanda, dass ein kubanischer Artillerieausbilder in Delatando, der seinen Schülern gerade die ersten Lektionen gab, die gepanzerten Fahrzeuge der Söldner auf dem Vormarsch beobachten konnte. Am 23. Oktober drangen von Namibia aus die regulären südafrikanischen Truppen mit einer motorisierten Brigade ins Land ein und hatten drei Tage später die Städte Sa da Bandeira und Moçamedes kampflos besetzt.

Ein Sonntagsspaziergang. Die Südafrikaner hatten auf ihre Panzer Kassettendecks montiert, aus denen Partymusik dröhnte. Im Norden dirigierte ein Söldnerchef die Operationen von einem Honda Sportwagen aus, neben ihm saß eine blonde Kinoschönheit. Er rückte in Ferienstimmung vor, ohne Spähtrupps, und hat wohl nicht einmal gemerkt, woher die Rakete kam, die sein Auto in die Luft jagte. In dem Köfferchen der Frau fand man lediglich ein Abendkleid, einen Bikini und die Einladungskarte für die Siegesfeier. Die hatte Holden Roberto bereits in Luanda organisiert.

Am Ende der Woche waren die Südafrikaner 600 Kilometer auf angolanisches Gebiet vorgedrungen und bewegten sich mit einer täglichen Marschgeschwindigkeit von 70 Kilometern auf Luanda zu. Am 3. November griffen sie die kleine Besatzung des Ausbildungszentrums in Benguela an. Die kubanischen Ausbilder mussten also mit ihren Rekruten die Schule verlassen, und sie stellten sich den Invasoren entgegen; die Instruktionen erhielten die Schüler in den Gefechtspausen. Sogar die Ärzte frischten ihre Milizerfahrungen auf und gingen in die Schützengräben. Die Führer der MPLA, die zwar auf den Guerrillakampf, nicht aber auf einen regulären Krieg vorbereitet waren, begriffen nun, dass diese Verschwörung der Nachbarn, die unterstützt wurde von einem äußerst aggressiven Imperialismus, einen dringenden Appell an die internationale Solidarität nötig machte.

Operation Carlota – Kuba in Angola 151

Kubanischer Internationalismus

Der internationalistische Geist ist bei den Kubanern eine historisch gewachsene Tugend. Die Revolution hat ihn dann zwar marxistisch definiert und gefördert, doch im Kern war er bereits durch das Werk und die Haltung von José Martí vorgegeben. Dieses internationalistische Selbstverständnis der Kubaner sollte sich in den Ländern Lateinamerikas, Afrikas und Asiens zeigen und entsprechenden Konfliktstoff liefern.

Noch bevor die kubanische Revolution sich zum Sozialismus bekannte, hatte Kuba in Algerien die FLN (Nationale Befreiungsfront) in ihrem Kampf gegen den französischen Kolonialismus tatkräftig unterstützt, woraufhin die Regierung General de Gaulles der Fluglinie Cubana de Aviación verbot, den französischen Luftraum zu benutzen. Später, als in Kuba der Zyklon Flora wütete, machte sich ein Bataillon kubanischer Kämpfer auf den Weg, um Algerien gegen Marokko zu verteidigen. Man kann sicherlich sagen, dass zu jener Zeit keine afrikanische Befreiungsbewegung ohne kubanischen Beistand gekämpft hat, ob nun durch die Lieferung von Material und Waffen geholfen wurde oder mit der Ausbildung von militärischem und technischem Personal. Das gilt für Mozambique ab 1963, für Guinea-Bissau ab 1965 sowie für Kamerun und Sierra Leone; alle diese Länder haben irgendwann und auf irgendeine Weise solidarische Hilfe von Kuba erbeten und erhalten.

Der Präsident der Republik Guinea, Sékou Touré, verhinderte mit Unterstützung einer kubanischen Einheit die Landung eines Söldnertrupps. Comandante Pedro Rodriguez Peralta, heute Mitglied des ZKs der Kommunistischen Partei Kubas, wurde in Guinea Bissau von den Portugiesen festgenommen und saß dort mehrere Jahre lang im Gefängnis. Als

Agostinho Neto die angolanischen Studenten in Portugal dazu aufrief, in sozialistischen Ländern zu studieren, nahm Kuba viele von ihnen auf. Heute sind sie alle mit dem Aufbau des Sozialismus in Angola beschäftigt, manche von ihnen in wichtigen Positionen.

Das gilt für den Ökonomen Mingas, den derzeitigen Finanzminister Angolas; für den Geologen Enrique Dos Santos, Kommandant und Mitglied des ZKs der MPLA, der mit einer Kubanerin verheiratet ist; für den Agraringenieur Mantos, jetzt Chef der Militärakademie, sowie für N'Dalo, der sich in seiner Studentenzeit als bester Fußballer Kubas auszeichnete und heute zweiter Chef der ersten Brigade Angolas ist (einige dieser Namen sind Pseudonyme aus der Zeit des Untergrunds und des Kriegs, die diese Männer auch jetzt, da sie an der Macht sind, beibehalten haben. Jacobo Caetano z.B. trägt noch heute seinen Decknamen »Unsterbliches Monster«).

Nichts aber steht so sehr für die Dauer und die Intensität der kubanischen Präsenz in Afrika wie die Tatsache, dass Che Guevara, auf der Höhe seines Ruhms und in der Blüte seiner Jahre, mit der Guerrilla im Kongo gekämpft hat. Er verließ Kuba am 25. April 1965, dies ist auch das Datum seines an Fidel Castro gerichteten Abschiedsbriefs, in dem er auf den Rang eines Comandante sowie auf alles verzichtete, was ihn formell an die Regierung von Kuba band. Er reiste allein, flog mit Passagierlinien unter einem anderen Namen und mit einem falschen Pass. Sein Gesicht war durch zwei kleine Veränderungen meisterhaft verfremdet. Er hatte einen Handkoffer mit Literatur bei sich und viele Fläschchen zum Inhalieren wegen seines hartnäckigen Asthmas, und er vertrieb sich die toten Stunden in den Hotelzimmern mit endlosen Schachpartien gegen sich selbst. Drei Monate später stießen im Kongo zweihundert Soldaten der kubanischen

Truppe zu ihm, sie waren mit einem Schiff voller Waffen aus Havanna gekommen. Che Guevaras Mission bestand darin, Guerrilleros für den Nationalrat der Revolution im Kongo auszubilden. Dieser kämpfte gegen Moïse Tshombé, den Strohmann der ehemaligen belgischen Kolonialherren und der internationalen Minenunternehmen. Lumumba war ermordet worden.

Nomineller Chef des Nationalrats der Revolution war Gaston Soumaliot, die Operationen wurden jedoch von Laurent Kabila geleitet, der sein Versteck in Kigoma, auf der anderen Seite des Tanganjikasees, hatte. Diese Aufteilung hat zweifellos dazu beigetragen, die Identität des Che geheim zu halten, er selbst wurde aus Sicherheitsgründen auch nicht als Verantwortlicher der Mission geführt. Er war unter dem Decknamen Tatu bekannt, was in Suaheli »zwei« bedeutet.

Rückkehr des Che

Che Guevara blieb von April bis Dezember 1965 im Kongo. Er bildete die Guerrilleros nicht nur aus, er führte sie auch an und kämpfte an ihrer Seite. Seine persönliche Beziehung zu Fidel Castro, über die so oft spekuliert worden ist, war in keinem Augenblick getrübt. Der Kontakt lief über ausgetüftelte und effiziente Kommunikationskanäle, und er war so beständig wie herzlich. Nach dem Sturz von Moïse Tshombé baten die Kongolesen um den Abzug der Kubaner, eine Maßnahme, die den Waffenstillstand erleichtern sollte. Che Guevara ging, wie er gekommen war: geräuschlos. Er bestieg in Daressalam, der Hauptstadt Tansanias, ein Linienflugzeug und versuchte während des sechsstündigen Fluges sein Gesicht hinter einem Buch über Schachprobleme zu verstecken. Auf dem Nebensitz bemühte sich indes sein kubanischer Adjutant, den politischen Kommissar des Heeres von Sansibar abzulenken, der ein alter Bewunderer des Che war und die ganze Reise über unermüdlich von ihm redete, Neuigkeiten erfahren wollte und immer wieder betonte, wie gern er ihn wiedersehen würde.

Dieser anonyme, flüchtige Aufenthalt des Che in Afrika war wie eine Saat, die aufgehen sollte. Einige seiner Männer gingen nach Brazzaville und bildeten dort Guerrillaeinheiten aus, und zwar für die von Amilcar Cabral geführte PAIGC (Afrikanische Unabhängigkeitspartei für Guinea und Cabo Verde), vor allem aber waren sie für die MPLA tätig. Eine der von ihnen trainierten Kampfgruppen wurde heimlich über Kinshasa nach Angola gebracht und nahm unter dem Namen »Camilo Cienfuegos« am Kampf gegen die Portugiesen teil. Eine andere wurde nach Cabinda eingeschleust, setzte später über den Kongo und operierte dann in der Region von Dembo, wo Agostinho Neto geboren wurde und wo es fünf Jahrhunderte lang immer wieder zu Aufständen gegen die Portugiesen gekommen war. Die Solidaritätsaktion Kubas in Angola war also nicht nur ein impulsiver, zufälliger Akt, sondern Teil einer kontinuierlichen Politik der kubanischen Revolution in Afrika. Ein neues dramatisches Moment kennzeichnete jedoch nun die diffizile Lage. Diesmal ging es nicht um Hilfleistungen, sondern darum, einen regulären Krieg großen Maßstabs zehntausend Kilometer vom eigenen Land entfernt zu führen; das wirtschaftliche und menschliche Risiko war unkalkulierbar, und die politischen Folgen waren unvorhersehbar.

Die Position der USA

Eine der beunruhigendsten Fragen war zweifellos, ob die Vereinigten Staaten offen und nicht nur wie bis dahin verdeckt durch Söldnertruppen und über Südafrika intervenieren würden. Eine rasche Analyse ergab jedoch, dass die US-Regierung sich eine offene Intervention dreimal überlegen würde, nachdem sie gerade erst den vietnamesischen Sumpf und den Watergate-Skandal hinter sich gelassen hatte; zudem war der amtierende Präsident nicht als solcher gewählt worden. Der CIA wurde im Kongress angegriffen und hatte in der Öffentlichkeit sein Ansehen verloren. Auch durfte man sich nicht als Bündnispartner des rassistischen Südafrikas zu erkennen geben, nicht nur gegenüber der Mehrheit der afrikanischen Staaten, sondern auch gegenüber der eigenen schwarzen Bevölkerung – und das alles mitten im Wahlkampf und im Jahr der Zweihundertjahrfeier.

Auf der anderen Seite konnten die Kubaner zwar mit dem Beistand und der Solidarität der Sowjetunion und der anderen sozialistischen Länder rechnen, sie waren sich aber auch bewusst, dass ihre Aktion womöglich die Politik der friedlichen Koexistenz und der internationalen Entspannung erschweren könnte. Es ging um eine irreversible, folgenschwere Entscheidung, ein Problem, das zu groß und zu komplex war, um es in 24 Stunden zu lösen. Die Führung der Kommunistischen Partei Kubas hatte jedoch nicht mehr als vierundzwanzig Stunden, um sich zu entscheiden, und am 5. November entschied sie ohne zu zögern in einer langen und ruhigen Versammlung. Anders als immer behauptet wird, handelte es sich um einen unabhängigen und souveränen Akt Kubas, und erst nach und nicht vor dem Beschluss wurde die Sowjetunion entsprechend informiert.

An einem anderen 5. November, im Jahr 1854, war es auf der Zuckerplantage Triunvirato im Gebiet Matanzas zu einem Aufstand gekommen. Eine Sklavin hatte mit der Machete in der Hand einen Trupp rebellischer Sklaven angeführt und war dabei umgekommen. Ihr zum Gedenken erhielt die Hilfsaktion in Angola ihren Namen: Operation Carlota.

Die Operation startet

Operation Carlota begann mit der Entsendung eines verstärkten Bataillons der Sondertruppen, das aus sechshundertfünfzig Mann bestand. Die Truppen wurden an dreizehn aufeinanderfolgenden Tagen mit Transportmaschinen vom militärischen Teil des José-Martí-Flughafens in Havanna zum Flugplatz von Luanda geflogen, der noch von portugiesischen Truppen besetzt war. Ihre Mission war, die Offensive zu stoppen, damit die Hauptstadt Angolas nicht in feindliche Hand fiel, bevor die Portugiesen endgültig abgezogen waren; sodann sollten sie die Stellung halten, bis auf dem Seeweg Verstärkung kam. Als die Männer mit den ersten beiden Flügen eintrafen, glaubten sie allerdings, sie kämen zu spät für ihren Auftrag, und hofften nur noch, Cabinda retten zu können.

Mit einem Sonderflug von Cubana de Aviación startete am 7. November um vier Uhr das erste Kontingent an Bord einer der legendären Bristol Britannia BB 218 Turbopropeller-Maschinen, die von ihren englischen Herstellern längst aus der Produktion genommen und in der ganzen Welt eingemottet worden waren. Die Passagiere – sie können sich genau daran erinnern, 82 gewesen zu sein, weil ebensoviele einst auf der *Granma* waren – sahen wie gut erholte, von der karibischen Sonne gebräunte Touristen aus.

Alle waren sommerlich gekleidet, ohne jedes militärische Abzeichen, hatten Aktenkoffer und gewöhnliche Pässe mit ihren richtigen Namen dabei. Die Männer des Bataillons der Spezialeinheit, die nicht den Revolutionären Streitkräften, sondern dem Innenministerium unterstellt ist, sind allesamt fähige Militärs, ideologisch und politisch bestens geschult, teilweise akademisch gebildet, belesen und um ihre intellektuelle Weiterbildung bemüht. Die Fiktion der aus dem Urlaub kommenden Zivilisten überforderte sie also keineswegs.

In Ihren Aktenkoffern hatten sie jedoch Maschinenpistolen, und im Laderaum des Flugzeugs befand sich statt des Gepäcks eine Ladung leichter Artillerie, Handfeuerwaffen, drei 75mm-Geschütze und drei Mörser vom Kaliber 82. In der Maschine, die von zwei gewöhnlichen Stewardessen betreut wurde, gab es nur eine Veränderung: Im Boden war eine Falltür eingebaut worden, sodass man im Notfall von der Passagierkabine aus an die Waffen herankommen konnte.

Riskante Flüge

Der Flug von Havanna nach Luanda wurde in Barbados unterbrochen, um die Maschine aufzutanken, und das inmitten eines tropischen Unwetters; einen zweiten fünfstündigen Aufenthalt gab es in Guinea-Bissau, um dort die Nacht abzuwarten und dann unbemerkt Brazzaville anfliegen zu können. Die Kubaner nutzten die fünf Stunden zum Schlafen. Es war für sie die grässlichste Schlafpause der Reise, denn in den Lagerräumen des Flughafens gab es so viele Moskitos, dass die Laken der Feldbetten blutbefleckt waren.

Mobutu mit seiner sprichwörtlichen Arroganz behauptet, Brazzaville werde lediglich vom Glanz Kinshasas, der modernen und strahlenden Hauptstadt Zaires, beleuchtet. Ganz unrecht hat er damit nicht. Die beiden Städte liegen, getrennt vom Kongo, einander gegenüber, und die jeweiligen Flugplätze sind in so geringer Entfernung erbaut, dass die kubanischen Piloten der ersten Staffel die Karten sehr genau studieren mussten, um nicht auf der feindlichen Piste zu landen. Sie schafften es ohne Zwischenfall, obwohl sie mit ausgeschalteten Lichtern fliegen mussten, um nicht vom anderen Ufer aus gesehen zu werden. In Brazzaville blieben sie nur so lange, bis sie sich im Radio über die Lage in Angola informiert hatten. Der angolanische Befehlshaber Xieto, der gute Beziehungen zu dem portugiesischen Kommissar hatte, erwirkte von diesem die Landeerlaubnis für die Kubaner in Luanda. Am 8. November um zehn Uhr nachts war es soweit, ohne Unterstützung des Towers und bei einem sintflutartigen Wolkenbruch landete die Maschine. Fünfzehn Minuten später kam das nächste Flugzeug.

Zu diesem Zeitpunkt legten in Kuba gerade die drei Schiffe ab. An Bord waren ein Artillerieregiment, ein motorisiertes Bataillon und die Bedienungsmannschaft der Abwehrgeschütze. Am 27. November konnte in Angola mit der Entladung begonnen werden. Die Einheiten von Holden Roberto aber waren bereits so nah, dass sie ein paar Stunden zuvor eine alte Afrikanerin erschossen hatten, die auf dem Weg zur Kaserne von Grand Farnie war, dem Quartier der Kubaner.

Die Neuankömmlinge konnten sich also nicht einmal ausruhen. Sie legten die olivgrüne Uniform an, gliederten sich in die Reihen der MPLA ein und gingen in den Kampf. Die kubanische Presse hatte aus Sicherheitsgründen nichts über die Aktion in Angola gemeldet. Doch, wie in Kuba üblich, selbst bei heiklen militärischen Angelegenheiten wie dieser, war die Operation bald ein von acht Millionen Menschen eifersüchtig gehütetes Geheimnis. Für alle bekam damit auch der erste Kongress der Kommunistischen Partei, der ein paar Wochen später stattfinden sollte und schon das ganze Jahr über so etwas wie eine nationale Obsession gewesen war, eine neue Bedeutung.

Wie die Rekrutierung funktionierte

Um die Freiwilligeneinheiten aufzustellen, ging man wie folgt vor: Wer zur ersten Reserve gehörte, also alle Männer zwischen 17 und 25 sowie all jene, die bei den revolutionären Streitkräften gewesen waren, wurde persönlich durch ein Telegramm zum zuständigen militärischen Komitee zitiert. Ein Grund wurde nicht mitgeteilt. Doch der war so offensichtlich, dass jeder, der sich militärisch tauglich fühlte, auch ohne vorheriges Telegramm zu seinem jeweiligen Komitee stürzte. Nur mit Mühe konnte verhindert werden, dass diese massenhafte Bereitschaft zum nationalen Chaos führte.

Trotz der Dringlichkeit der Lage waren die Auswahlkriterien relativ streng. Nicht nur die militärische Qualifikation und die physische und geistige Verfassung wurden beurteilt, sondern auch die Arbeitszeugnisse und die politische Bildung. Dennoch gab es unzählige Beispiele dafür, dass die Freiwilligen erfolgreich vermieden ausgesiebt zu werden. Da war ein qualifizierter Ingenieur, der sich als Lastwagenfahrer durchmogelte, ein hoher Funktionär, der sich überzeugend als Mechaniker ausgab, und eine Frau, die fast als einfacher Soldat angenommen worden wäre.

Man weiß von einem Jungen, der ohne väterliche Erlaubnis aufbrach und später in Angola auf den Vater stieß, weil dieser sich auch heimlich davongemacht hatte. Ein zwanzigjähriger Sergeant hingegen wurde trotz all seiner Versuche abgewiesen und musste dann noch in seinem verletzten Mannesstolz mit ansehen, wie seine Mutter, eine Journalistin, und seine Freundin, eine Ärztin, fahren durften. Einige gewöhnliche Kriminelle baten vom Gefängnis aus um Aufnahme, doch keiner dieser Fälle wurde berücksichtigt. Die erste Frau, die Anfang Dezember abfuhr, war mehrmals mit dem Argument abgewiesen worden, »es sei zu hart für eine Frau«. Sie war entschlossen, dann eben als blinder Passagier zu fahren und hatte schon mit Hilfe eines befreundeten Fotografen ihre Wäsche im Laderaum des Schiffes untergebracht, als sie erfuhr, dass sie doch ausgewählt worden war und legal und per Flugzeug reisen durfte. Sie heißt Esther Lilia Díaz Rodriguez, ist 23 Jahre alt und eine ehemalige Lehrerin, die 1969 in die Armee aufgenommen worden ist und sich in der Infanterie durch gute Leistungen beim Schießen ausgezeichnet hat. Wie sie, doch jeder für sich, zogen ihre drei Brüder nach Angola: César, Rubén und Erineldo.

Jeder für sich und ohne sich abzusprechen erzählten sie der Mutter die gleiche Geschichte: Sie müssten anlässlich des Parteikongresses zu Manövern nach Camagüey. Alle vier kamen gesund und heil zurück, und ihre Mutter ist stolz darauf, dass sie in Angola waren. Nicht verziehen hat sie ihnen aber die Lüge von den Manövern in Camagüey.

Der Triumph von Angola

Gespräche mit Rückkehrern lassen erkennen, dass die Kubaner aus sehr unterschiedlichen persönlichen Motiven nach Angola wollten. Einer zumindest hatte nur einfach die Absicht zu desertieren, entführte später ein portugiesisches

Flugzeug und bat in Lissabon um Asyl. Keiner ist zu dem Einsatz gezwungen worden: Vor der Abfahrt mussten sie alle ein Papier unterschreiben, dass sie sich freiwillig gemeldet hatten. Einige machten, nachdem sie angenommen worden waren, einen Rückzieher und mussten dann öffentlichen Spott und private Verachtung ertragen. Es gibt jedoch keinen Zweifel daran, dass die überwältigende Mehrheit der Freiwilligen Angola mit einem Akt politischer Solidarität zur Hilfe kommen wollte – genauso überzeugt und mutig wie fünfzehn Jahre zuvor die Landung in der Schweinebucht zurückgeschlagen worden war –, und deshalb war die Operation Carlota mehr als eine Expedition von professionellen Guerrilleros, sie war ein Volkskrieg.

Neun Monate lang war die Mobilisierung von Menschen und Material eine Epopöe des Wagemuts. Die drei hinfälligen Britannias, mit Bremsen der sowjetischen Iljushin ausgebessert, hielten auf fast unglaubliche Weise den Verkehr aufrecht. Obgleich ihr normales Startgewicht 185.000 Pfund beträgt, sind sie oft mit 194.000 gestartet, was alle Regeln sprengt. Die Piloten, die normalerweise nicht mehr als 75 Stunden im Monat absolvierten, flogen nun oft mehr als 200 Stunden. Im Allgemeinen hatten die Britannias zwei komplette Crews an Bord, die sich während des Fluges abwechselten. Doch ein Pilot erinnert sich daran, während eines Hin- und Rückflugs an die 50 Stunden im Cockpit gesessen zu haben, 43 davon waren effektive Flugstunden. »Es gibt Augenblicke, da ist man so müde, dass man gar nicht noch müder werden kann«, sagte er ohne jeden heroischen Anspruch. Wegen des Zeitunterschiedes verloren Piloten und Stewardessen jedes Zeitgefühl, und als einzige Orientierung diente ihnen, was der Körper forderte: Sie aßen nur, wenn sie Hunger hatten, und schliefen nur, wenn sie müde waren.

Die Route von Havanna nach Luanda ist kaum frequentiert und nicht überwacht. Für die Flughöhe der Britannias, die zwischen 18.000 und 20.000 Fuß liegt, gibt es in Zeiten der Jets keine Informationen über Wind und Wetter. Die Piloten starteten auf gut Glück, ohne über Flugbedingungen Bescheid zu wissen, sie flogen in unerlaubter Höhe, um Kraftstoff zu sparen, und hatten keine Ahnung, was sie beim Anflug erwartete. Zwischen Brazzaville und Luanda, und das ist die gefährlichste Strecke, hatten sie keinen Ausweichflughafen. Im Übrigen flogen die Soldaten mit geladenen Waffen, und das explosive Material im Frachtraum war nicht in Kisten verpackt, die Projektile nicht mit Thermoschutz versehen, um das Gewicht niedrig zu halten.

Die USA zielten auf die Schwachstelle der Britannias: ihre geringe Reichweite. Als sie durchsetzten, dass die Regierung von Barbados die Zwischenlandung zum Auftanken verbot, richteten die Kubaner eine transatlantische Route ein, von Holguín im äußersten Osten Kubas zur Insel Sal der Kapverden. Es war ein Kunststück am Hochtrapez ohne Netz, denn auf dem Hinflug hatten die Maschinen nur Benzin für zwei zusätzliche Flugstunden, auf dem Rückflug aber, wegen der Gegenwinde, höchstens für eine. Doch auch diese zirkusreife Route wurde unterbunden, um die hilflosen Kapverden vor Schaden zu bewahren. Daraufhin bauten die Kubaner in den Kabinen der Flugzeuge vier zusätzliche Benzintanks ein, die es erlaubten, ohne Zwischenlandung von Holguín nach Brazzaville zu fliegen, nun allerdings mit dreißig Passagieren weniger. Die Zwischenlösung, einen Stopp in Guayana zu machen, erwies sich als nicht durchführbar, vor allem weil die Texaco, die das Erdöl in Guayana fördert, sich weigerte, Treibstoff zu verkaufen.

Die Kubaner versuchten das Problem zu lösen, indem sie ein Schiff mit einer Ladung Benzin nach Guayana schickten, doch ein unerklärlicher Unfall führte dazu, dass der Kraftstoff mit Wasser und Erde verunreinigt wurde. Trotz aller Schwierigkeiten ließ sich die Regierung von Guayana nicht von ihrer zugesagten Solidarität abbringen, bis der US-Botschafter damit drohte, den Flughafen von Georgetown bombardieren zu lassen. Die Flugzeuge mussten in der Hälfte der üblichen Zeit aufgetankt und gewartet werden, und ein Pilot erinnert sich daran, mehrmals ohne Radar geflogen zu sein, doch berichtet keiner von einem Ausfall der Instrumente. Unter solchen unglaublichen Bedingungen haben die Piloten bis zum Ende des Kriegs 101 Flüge durchgeführt.

Der Transport auf dem Seeweg war nicht weniger dramatisch. Auf den einzigen beiden Passagierschiffen, zwei Viertausendtonnern, wurden an jedem freien Platz Kojen eingebaut und im Veranstaltungsraum, den Bars und den Gängen Latrinen installiert. Auf einigen Fahrten wurde die normale Kapazität von 226 Passagieren ums Dreifache überstiegen. Die Frachtschiffe, die Platz für höchstens 80 Mann Besatzung haben, transportierten bis zu tausend Passagiere und dazu Panzerfahrzeuge, Waffen und explosives Material. In den Laderäumen und den Salons mussten Feldküchen eingerichtet werden. Um Wasser zu sparen, benutzte man Pappteller und nahm statt Gläsern Joghurtbecher. Die Ballasttanks wurden als Bäder eingerichtet, und auf Deck stellte man etwa 50 Latrinen mit Außenbordabfluss auf. Die Maschinen der ältesten Schiffe begannen nach sechs Monaten außerordentlicher Belastung zu ermüden. Das war der einzige Grund zum Unmut für die ersten Rückkehrer, deren ersehnte Heimkehr sich um einige Tage verzögerte, weil bei der *Viet Nam heroico* die Filter verstopft waren. Die anderen Schiffe des Konvois mussten ebenfalls warten, und manch ein Passagier verstand bei dieser Gelegenheit Che

Guevara, der gesagt hatte, dass der Vormarsch einer Guerrilla vom langsamsten Mann bestimmt wird. Solche Pannen waren zu diesem Zeitpunkt besonders besorgniserregend, da die kubanischen Schiffe auf vielerlei Weise von nordamerikanischen Zerstörern provoziert wurden. Sie umkreisten die Schiffe tagelang, Militärmaschinen fotografierten den Konvoi und bedrängten ihn mit rasanten Tiefflügen.

Trotz der harten Bedingungen bei den fast zwanzigtägigen Überfahrten gab es kein ernsthaftes sanitäres Problem. Während der insgesamt 42 Fahrten in den sechs Kriegsmonaten mussten die Ärzte an Bord nicht mehr als eine Blinddarm- und eine Bruchoperation durchführen und hatten mit nur einer Diarrhöe-Welle wegen verdorbenen Büchsenfleischs zu kämpfen. Allerdings musste eine gefährlichere Epidemie unter Kontrolle gebracht werden, sie grassierte unter der Schiffsbesatzung, die um jeden Preis in Angola mitkämpfen wollte. So besorgte sich ein Reserveoffizier eine olivgrüne Uniform, ging mit der Truppe von Bord und schaffte es, sozusagen als blinder Soldat, an Land zu bleiben. Im Krieg zeichnete er sich dann als fähiger Nachrichtenoffizier aus.

Im übrigen erforderte die Unterstützung mit Material durch die Sowjetunion, das über unterschiedliche Kanäle eingeschleust wurde, die kontinuierliche Entsendung von qualifiziertem Personal, denn die Angolaner mussten an den neuen, ihnen noch unbekannten Waffen und komplizierten Gerätschaften ausgebildet werden. Der Chef des kubanischen Generalstabs begab sich Ende November persönlich nach Angola. Alles verdiente Bewunderung, solange man nicht den Krieg verlor.

Die aufscheinende Niederlage

Die historische Wahrheit aber war, dass sich eine Niederlage abzeichnete. In der ersten Dezemberwoche schien die Lage so verzweifelt, dass man die Möglichkeit erwog, sich in Cabinda zu verschanzen und einen Brückenkopf bei Luanda zu halten, um mit der Evakuierung zu beginnen. Eine düstere Perspektive und dazu noch im denkbar ungünstigsten Augenblick, sowohl für die Kubaner wie für die Angolaner.

Die Kubaner bereiteten sich auf den ersten Parteikongress vor, der vom 17. bis zum 24. Dezember stattfinden sollte, und die politische Führung war sich dessen bewusst, dass ein militärisches Debakel in Angola eine Katastrophe für sie gewesen wäre. Die Angolaner wiederum bereiteten sich auf die bevorstehende Konferenz der OAU (Organisation afrikanischer Einheit) vor und wollten sich dort in einer militärisch günstigen Position präsentieren, um die Mehrheit der afrikanischen Staaten auf ihre Seite zu ziehen.

Die Rückschläge im Dezember waren erstens der großen Schlagkraft des Feindes zuzuschreiben, der bis zu diesem Zeitpunkt bereits über 50 Millionen Dollar Militärhilfe von den USA erhalten hatte. Zweitens waren sie darauf zurückzuführen, dass Angola erst spät um kubanische Hilfe gebeten hatte und der Transport des Kriegsmaterials notgedrungen langsam vor sich ging. Und nicht zuletzt waren sie in den elenden Lebensbedingungen und dem kulturellen Rückstand begründet, den ein halbes Jahrtausend rücksichtslosen Kolonialismus' Angola beschert hatte. Vor allem dieser Umstand erschwerte die notwendige Integration der kubanischen Kämpfer in das bewaffnete angolanische Volk.

Die Kubaner trafen in Angola genau genommen auf das ihnen bekannte Klima, auf die gleiche Vegetation, die gleichen apokalyptischen Regengüsse und die gleichen dramatischen Abendstimmungen mit dem Geruch von Schlingpflanzen und Kaimanen. Manche Kubaner sahen den Angolanern so ähnlich, dass bald der Witz umging, man könne sie nur unterscheiden, wenn man ihnen an die Nase fasse; bei den Afrikanern sei nämlich der Knorpel weich, weil die Mütter die Babys auf dem Rücken trügen und dabei die Nasen quetschten.

Die portugiesischen Kolonisten, vielleicht die raubgierigsten und kleinlichsten der Geschichte, hatten moderne, schöne Städte erbaut, in denen sie ein ganzes Leben verbringen wollten, die Gebäude hatten gekühlte Scheiben, und das Angebot der Geschäfte mit den riesigen Leuchtreklamen war überbordend. Aber es waren Städte für die Weißen, so wie jene, die von den Gringos um das alte Havanna herum gebaut worden waren, und über die die Guajiros nur staunen konnten, als sie zum ersten Mal, das Gewehr über der Schulter, von der Sierra herabstiegen.

Unter dieser Kruste der Zivilisation war Angola ein weites und reiches Land im Elend. Der Lebensstandard der einheimischen Bevölkerung war einer der niedrigsten der Welt, es gab über 90 Prozent Analphabeten, und man war manchmal der Steinzeit noch sehr nah. Selbst in den Städten im Innern des Landes sprachen nur die Männer Portugiesisch, und sie lebten mit bis zu sieben Frauen in einem Haus. Atavistischer Aberglauben behinderte nicht nur das alltägliche Leben, sondern auch den Krieg. Die Angolaner waren seit jeher davon überzeugt gewesen, dass Weiße nicht von Kugeln getroffen werden könnten, sie hatten eine magische Angst vor Flugzeugen und weigerten sich, in Schützengräben zu steigen, weil, wie sie sagten, Gräber nur für Tote da seien. Schon Che Guevara hatte im Kongo erlebt, dass die Krieger sich mit einer Kette vor Raketenfeuer und mit einem Armband vor Maschinengewehren schützen wollten und dass sie sich das Gesicht mit glühenden Scheiten zeichneten, um den Kriegsgefahren zu begegnen. Er interessierte sich für diese kulturellen Merkwürdigkeiten und beschäftigte sich gründlich mit der afrikanischen Idiosynkrasie, lernte sogar Suaheli, um unvermittelt eine Veränderung bewirken zu können, denn er war sich bewusst, dass eine schändliche Kraft tief im Bewusstsein der Menschen verankert worden war, eine Kraft, die nicht mit Kugeln zu besiegen ist: die mentale Kolonisation.

Die Arbeit der Ärzte

Nicht nur die hygienischen Bedingungen waren unbeschreiblich. In San Pedro de Cota mussten die Kubaner fast gewaltsam einen Jungen zur Behandlung schleppen, der sich am ganzen Körper verbrüht hatte und dessen Familie die Totenwache bei ihm hielt, obwohl er noch lebte, weil sie glaubte, er sei nicht zu retten. Die kubanischen Ärzte sahen sich mit Krankheiten konfrontiert, die sie nicht kannten. Unter portugiesischer Herrschaft hatte es in Angola für sechs Millionen Einwohner nur 90 Ärzte gegeben, von denen die meisten in der Hauptstadt arbeiteten. Als die Portugiesen abzogen, blieben nur 30 Ärzte zurück. Am Tag seiner Ankunft in Amboim musste ein kubanischer Kinderarzt mit ansehen, wie fünf Kinder starben, ohne dass er ihnen helfen konnte, einfach weil es am Nötigsten fehlte. Für einen fündunddreißigjährigen Arzt, ausgebildet in einem Land mit einer der niedrigsten Kindersterblichkeitsraten der Welt, war das eine unerträgliche Erfahrung. Die MPLA hatte in den langen und stillen Jahren des Kampfs gegen die portugiesische Herrschaft große Fortschritte gegen die Rückständigkeit erzielt und damit letztlich die Voraussetzungen für den Sieg geschaffen. In den befreiten Gebieten stieg das soziale und kulturelle Niveau der Bevölkerung, man ging gegen Tribalismus und Rassismus vor, der kostenlose Schulunterricht und die Gesundheitsversorgung wurden eingeführt. Das war das Fundament für eine neue Gesellschaft.

Ein großer Krieg

Diese außerordentlichen und verdienstvollen Errungenschaften erschienen jedoch geringfügig, als der Guerrillakrieg sich zu einem großen, modernen Krieg ausweitete und es notwendig wurde, nicht nur die Männer mit militärischer und politischer Erfahrung, sondern das ganze angolanische Volk zum Kampf aufzurufen. Es war ein schrecklicher Krieg, in dem man sich ebenso sehr vor Söldnern und Geschützfeuer wie vor Schlangen und Kannibalen fürchten musste. Ein kubanischer Kommandeur stürzte mitten im Gefecht in eine Elefantenfalle. Die schwarzen Afrikaner, geprägt von einem atavistischen Hass gegen die Portugiesen, begegneten zudem anfangs auch den weißen Kubanern feindselig.

Vor allem in Cabinda glaubten sich die kubanischen Spähtrupps oft von dem primitiven Telegrafensystem der Trommeln verraten, deren Tamtam bis zu 35 Kilometer im Umkreis zu hören war. Die weißen südafrikanischen Militärs, die mit ihren 140er Geschützen auch Krankenwagen nicht verschonten, verschossen Nebelgranaten über dem Gefechtsfeld, um ihre weißen Toten zu bergen, die schwarzen überließen sie den Geiern. Im Haus eines Ministers der UNITA, das entsprechend komfortabel ausgestattet war, sollen die Männer der MPLA im Kühlschrank Teile von

Organen und mehrere Behälter mit Blut von geschlachteten Kriegsgefangenen gefunden haben.

Schlechte Nachrichten

In Kuba trafen nur schlechte Nachrichten ein. In Hengo, wo die FAPLA (Volksheer zur Befreiung Angolas) eine heftige Offensive gegen die Invasoren aus Südafrika gestartet hatte, wagte sich am 11. Dezember ein gepanzertes Fahrzeug mit vier Offizieren an Bord auf einen Pfad, auf dem die Pioniere zuvor einige Minen entdeckt hatten. Obwohl schon vier Fahrzeuge unbeschädigt durchgekommen waren, warnten die Pioniere davor, diese Route zu nehmen, auf der man nur ein paar Minuten Zeit gewinnen konnte, was nicht einmal nötig schien. Kaum war das Fahrzeug in den Pfad eingebogen, flog es durch eine Explosion in die Luft. Zwei Commandantes des Bataillons der Spezialtruppen wurden schwer verletzt. Der Befehlshaber der internationalen Operationen in Angola, Comandante Raúl Díaz Argüelles, einer der Helden im Kampf gegen Batista und in Kuba sehr beliebt, war sofort tot.

Das war eine besonders bittere Nachricht für die Kubaner. Es sollte nicht die Letzte sein. Am Tag darauf kam es zur Katastrophe von Catofe, die vielleicht der größte Rückschlag im ganzen Krieg war. Einer südafrikanischen Kolonne war es gelungen, unerwartet schnell eine Brücke über den Nhia zu reparieren. Vom Morgennebel geschützt setzten die Südafrikaner über den Fluss und überraschten die Nachhut der Kubaner.

Die Untersuchung dieses Zwischenfalls hat gezeigt, dass er auf einen Fehler der Kubaner zurückzuführen war. Ein europäischer Offizier, mit großer Erfahrung aus dem

Zweiten Weltkrieg, hielt dieses Urteil für zu streng und sagte später zu einem hohen kubanischen Funktionär: »Ihr wisst ja gar nicht, was ein echter militärischer Fehler ist.« Aber für die Kubaner war es ein Fehler, und ein schwerwiegender dazu, denn in fünf Tagen begann der Parteikongress.

Die Kriegsführung von Fidel

Fidel Castro war über den Krieg bis in die kleinsten Einzelheiten informiert. Er hatte alle auslaufenden Schiffe verabschiedet und zuvor im Theater La Cabaña zu den Kampfeinheiten gesprochen. Er hatte die Kommandeure der Spezialtruppen in seinem sowjetischen Jeep bis zur Gangway des ersten Flugzeuges dieser Mission gefahren. Womöglich hat er damals, wie bei jedem dieser Abschiede, ein stilles Neidgefühl denjenigen gegenüber unterdrücken müssen, die in einen Kampf zogen, an dem er nicht teilnehmen konnte.

Zu dieser Zeit gab es bereits keinen Punkt auf der Landkarte von Angola, den er nicht zuordnen konnte, keine Eigenheit des Geländes, die ihm nicht bekannt war. Er konzentrierte sich so intensiv und sorgfältig auf den Krieg, dass er alle Daten über Angola parat hatte, als handele es sich um Kuba, und er sprach von den Städten, den Menschen und den Sitten, als habe er sein Leben dort verbracht.

Zu Beginn des Krieges, als die Situation höchst brisant war, blieb Fidel Castro bis zu vierzehn Stunden täglich im Quartier des Generalstabs, oft ohne zu schlafen oder zu essen, als sei er im Feld. Auf den wandgroßen, genauen Karten verfolgt er das Kriegsgeschehen, auf einem Schlachtfeld, wo es sechs Stunden später war. Einige seiner Reaktionen aus jenen Tagen offenbaren seine Siegesgewissheit. Eine Kampfeinheit der MPLA hatte eine Brücke sprengen müssen, um die vorrückenden südafrikanischen Panzerkolonnen aufzuhalten. Fidel Castro schickte ihnen eine Botschaft mit dem Rat: »Sprengt keine Brücken mehr, sonst könnt ihr den Feind nicht verfolgen.« Er hatte recht. Kaum eine Woche später mussten die Pioniere der Angolaner und Kubaner in zwanzig Tagen dreizehn Brücken reparieren, um den flüchtenden Invasoren auf der Spur zu bleiben.

Offizielle Bekanntgabe

Am 22. Dezember, beim Schlussakt des Parteikongresses, gab Kuba zum ersten Mal offiziell bekannt, dass kubanische Truppen in Angola kämpften. Die Kriegslage war weiterhin ungewiss. Fidel Castro verkündete bei seiner Schlussrede, dass die Invasoren in Cabinda innerhalb von 72 Stunden geschlagen worden seien, dass an der Nordfront die Truppen von Holden Roberto, die am 19. November 25 Kilometer vor Luanda gestanden hatten, sich mehr als 100 Kilometer hatten zurückziehen müssen und dass man die Panzerkolonnen aus Südafrika, die in knapp 20 Tagen 700 Kilometer ins Land vorgedrungen waren, gut 200 Kilometer vor Luanda gestoppt hatte. Es handelte sich um eine beruhigende und genaue Information – der Sieg war jedoch noch fern.

Besseres hatten die Angolaner am 12. Januar bei der Konferenz der OAU in Addis Abeba zu melden. Die Truppen unter Befehl des Kubaners Víctor Schueg Colás, eines riesigen, herzlichen Schwarzen, der vor der Revolution Automechaniker gewesen war, hatten ein paar Tage zuvor Holden Roberto aus seiner illusorischen Hauptstadt Carmona vertrieben, die Stadt besetzt und ein paar Stunden später die Militärbasis von Negage eingenommen. Die kubanische

Hilfe war damals so intensiv, dass Anfang Januar fünfzehn kubanische Schiffe gleichzeitig auf der Fahrt nach Angola waren. Die unaufhaltbare Offensive der MPLA an allen Fronten wendete die Lage endgültig zu Gunsten der Angolaner. So konnte die MPLA bereits Mitte Januar an der Südfront mit der Offensive beginnen, die eigentlich erst für April geplant war. Südafrika setzte Canberras ein und Zaire operierte mit Mirages und Fiat-Jagdflugzeugen. Angola hatte keine Luftflotte, da die Portugiesen vor ihrem Rückzug die Basen zerstört hatten. Die Angolaner konnten gerade einmal ein paar alte DC-3 benutzen, die von den kubanischen Piloten in Stand gesetzt worden waren. Beladen mit Verwundeten mussten die Maschinen manchmal nachts auf Pisten landen, die nur unzureichend von Fackeln beleuchtet wurden, und wenn sie ans Ziel gerollt waren, hatten sich Lianen und wilde Blumen wie Girlanden um die Räder gewickelt.

Von einem bestimmten Zeitpunkt an verfügte Angola dann über eine Staffel von Migs 17 mit kubanischen Piloten, diese Einheit galt aber als Reserve des militärischen Oberkommandos und sollte nur für eine eventuelle Verteidigung Luandas eingesetzt werden. Anfang März erlitten die englischen und amerikanischen Söldner, die von dem CIA als letztes Aufgebot schnell noch rekrutiert worden waren, an der Nordfront eine Niederlage. Alle Truppen und Kommandostäbe wurden nun im Süden konzentriert. Die Eisenbahnlinie von Benguela war befreit worden, und die UNITA löste sich in einem solchen Chaos auf, dass eine Rakete der MPLA in Gago Cutinho das Haus traf, in dem Jonás Savimbi sich noch wenige Stunden zuvor aufgehalten hatte.

Die wilde Flucht der Rassisten

Mitte März begannen die südafrikanischen Truppen mit dem ungeordneten Rückzug. Es musste sich um einen allerhöchsten Befehl handeln, mit dem man der Gefahr begegnen wollte, dass die MPLA die südafrikanischen Truppen bis nach Namibia hinein verfolgen und den Krieg gar aufs Territorium Südafrikas bringen könnte. Ein solches Vorgehen wäre zweifellos von ganz Schwarzafrika und den meisten Ländern der Vereinten Nationen, die gegen die Rassendiskriminierung eintraten, unterstützt worden. Die kubanischen Soldaten zögerten nicht, als ihnen befohlen wurde, massiv in den Süden vorzustoßen. Doch als am 27. März die Südafrikaner in wilder Flucht die Grenze passierten und in Namibia Zuflucht suchten, gab die MPLA lediglich den Befehl, die aufgegebenen Talsperren zu besetzen und dort für die Sicherheit der Arbeiter, die aus allen Nationen kamen, zu sorgen. Am 1. April, morgens um 9.15 Uhr, erreichte die Vorhut der MPLA unter dem Kommando des Kubaners Leopoldo Cintras Frías die Talsperre von Raucana und den Maschendrahtzaun der Grenze. Eineinviertel Stunden später bat der südafrikanische Gouverneur von Namibia, General Ewefp, der in Begleitung von zwei Heeresoffizieren war, um die Erlaubnis, die Grenze zu passieren. Er wollte Gespräche mit der MPLA aufnehmen. Commandante Cintras Frías empfing die Südafrikaner in einer Holzbaracke auf dem zehn Meter breiten Streifen Niemandsland, der beide Länder trennt. Die Delegierten beider Seiten setzten sich mit ihren Dolmetschern an einen langen Esstisch. General Ewefp, ein rundlicher Glatzkopf um die fünfzig, spielte so gut er konnte den Part eines sympathischen Mannes von Welt und akzeptierte alle Bedingungen der MPLA. Die Verhandlungen dauerten zwei Stunden. Das Treffen aber dauerte länger, da General Ewefp ein köstliches Mahl servieren ließ, das auf namibischer Seite zubereitet worden war. Während des Essens brachte er zum Bier mehrere Toasts aus und erzählte seinen Gegnern, wie er bei einem Verkehrsunfall den kleinen Finger der rechten Hand verloren hatte.

Die Evakuierung der Kubaner

Ende Mai besuchte Henry Kissinger in Stockholm den schwedischen Ministerpräsidenten Olof Palme, und nach der Unterredung verkündete er der Weltpresse frohlockend, die kubanischen Truppen seien dabei, Angola zu verlassen. Die Nachricht stand, wie es hieß, in cinem persönlichen Brief Fidel Castros an Olof Palme. Kissingers Jubel war verständlich, denn der Rückzug der kubanischen Truppen entlastete ihn vor der US-Öffentlichkeit, die vom Wahlkampf angeheizt war.

Tatsächlich hatte Fidel Castro damals keinen Brief an Olof Palme geschickt. Dennoch war die Information korrekt, wenn auch unvollständig. In Wirklichkeit war der Zeitplan für den Rückzug der kubanischen Truppen zwischen Fidel Castro und Agostinho Neto am 14. März in Conakry vereinbart worden, als der Sieg bereits feststand. Sie hatten einen Rückzug in Etappen beschlossen, allerdings sollten so viele Kubaner wie nötig und so lange wie erforderlich, in Angola bleiben, um ein modernes und schlagkräftiges Heer aufzustellen, das in Zukunft die innere Sicherheit und die Unabhängigkeit des Landes auch ohne Beistand von außen garantieren würde.

Als also Henry Kissinger mit dieser Finte in Stockholm vor die Öffentlichkeit trat, waren bereits über 3.000 Angolakämpfer nach Kuba zurückgekehrt, und viele andere waren auf dem Weg. Auch die Rückkehr versuchte man aus Sicherheitsgründen geheimzuhalten. Doch die junge Esther Lilia Díaz Rodriguez, die als erste Frau Kuba verlassen hatte und eine der Ersten war, die im Flugzeug heimkehrten, erhielt einen weiteren Beweis für die Findigkeit, mit der die Kubaner alles in Erfahrung zu bringen wissen. Esther war in das Marinehospital von Havanna zur Pflichtuntersuchung gebracht worden, bevor sie ihre Familie von ihrer Heimkehr informieren konnte. Nach 48 Stunden bekam sie die Erlaubnis, das Hospital zu verlassen, und nahm an der Straßenecke ein Taxi. Der Chauffeur fuhr sie ohne Kommentar nach Hause, wollte dann aber keine Bezahlung, weil er wusste, dass sie aus Angola kam. »Woher weißt du das?« fragte Esther ihn überrascht. Der Chauffeur antwortete: »Weil ich dich gestern auf der Terrasse des Marinehospitals gesehen habe, und dort halten sich nur Angola-Heimkehrer auf.«

Siegesstimmung

Ich kam in jenen Tagen nach Havanna und hatte schon am Flughafen eindeutig den Eindruck, dass sich etwas Grundlegendes in Kuba ereignet hatte, seitdem ich zum letzten Mal vor einem Jahr dort gewesen war. Die Veränderung war offensichtlich, nicht nur die Stimmung der Leute, auch die Natur der Dinge, der Tiere und des Meeres sowie das kubanische Leben an sich schienen sich verändert zu haben. Es gab eine neue Mode für Männer, leichte Anzüge mit kurzärmeligen Jacken. Es gab neue portugiesische Worte in der Alltagssprache. In der Volksmusik gab es neue Nuancen in den alten afrikanischen Klangfarben. In Bussen gab es hitzigere Diskussionen als sonst: zwischen denen, die von vornherein entschiedene Anhänger der Aktion gewesen waren, und jenen, die erst jetzt anfingen, diese zu begreifen. Besonders aufschlussreich war aber, die Heimkehrer zu beobachten: Ihnen schien bewusst zu sein, dass sie dazu beigetragen hatten, die Geschichte der Welt zu verändern. Sie verhielten sich dabei aber so natürlich und zurückhaltend, als hätten sie einfach nur ihre Pflicht erfüllt.

Was die Heimkehrer selbst aber vielleicht nicht bemerkten, war eine andere Reaktion, die vielleicht nicht so großherzig, dafür aber umso menschlicher war: Auch die Kubaner, die sich nicht leidenschaftlich engagiert hatten, fühlten sich nach vielen Jahren ungerechter Rückschläge nun vom Leben entschädigt. 1970, als die Gran Zafra, die Zuckerernte, die zehn Millionen Tonnen Ertrag bringen sollte, fehlschlug, bat Fidel Castro das Volk, aus der Niederlage einen Sieg zu machen. Genaugenommen machten die Kubaner das aber schon allzu lange, mit zähem politischen Bewusstsein und hart geprüfter moralischer Stärke. Seit dem Sieg von der Schweinebucht vor mehr als fünfzehn Jahren hatten sie mit zusammengebissenen Zähnen die Ermordung von Che Guevara in Bolivien, die Katastrophe in Chile und den Mord an Präsident Salvador Allende verkraften, die Niederschlagung der Guerrillabewegungen in Lateinamerika hinnehmen müssen und die endlose Nacht der US-Blockade, und sie hatten mit dem verdrängten, doch umso quälenderen Wissen um so viele eigene Fehler leben müssen, die sie zeitweise an den Rand des Abgrunds gebracht hatten. All das, unabhängig von den unumkehrbaren, aber langsamen und mühseligen Fortschritten der Revolution, hatte bei den Kubanern das Gefühl erzeugt, dass sich die unverdienten Strafen häuften. Angola belohnte sie endlich mit dem großen Sieg, den sie so bitter nötig hatten.

ABER GENERAL TORRIJOS HAT JEMANDEN,
DER IHM SCHREIBT
1977

General Torrijos, Regierungschef von Panama, lieferte vor wenigen Tagen einen schlagenden Beweis für seinen persönlichen Mut. Ganz alleine empfing er zwanzig Journalistinnen aus Mexiko und führte achtundvierzig Stunden lang mit ihnen ein Gespräch, das nur von den unumgänglichen Schlafpausen unterbrochen wurde. Am dritten Tag erinnerte sich natürlich selbst er nicht mehr daran, was er nun eigentlich alles gesagt hatte. Deshalb entschied er sich für ein weises Prinzip: Er berichtigte einige Standpunkte, die zweifellos seine eigenen waren, deren Veröffentlichung allerdings unangebracht schien, er übernahm andere, die zwar nicht seine eigenen, aber von den Journalistinnen tadellos erfunden worden waren, und den Rest ließ er in der Schwebe.

Unter anderem enthüllte General Torrijos dabei auch, dass ich etwas mit den Gesprächen zu tun habe, die zwischen ihm und einigen exilierten Linken aus Panama in Gang gekommen sind. Da er – der schließlich das Urheberrecht auf diese Meldung hat – offensichtlich nichts gegen ihre Enthüllung hatte, sollte ich wohl auch nichts dagegen haben, noch einige Informationen beizusteuern, damit endlich Klarheit darüber herrscht, wie ich dazu komme, mich mit etwas zu befassen, das mit Literatur so wenig zu tun hat.

Vor etwas weniger als einem Jahr stattete ich Panama mit dem Wissen und Einverständnis des Russell-Tribunals, aber nicht als dessen offizieller Vertreter, einen Überraschungsbesuch ab. General Torrijos hatte die Güte, mich zum Mittagessen einzuladen, und wir begannen ein Gespräch, das wir dann zu Land, zu Wasser und in der Luft fortsetzten, die meiste Zeit im Hubschrauber, bis zum Ende meines Aufenthalts. Wir sprachen dieselbe Sprache, beide ohne Schlips und Kragen, mit der Offenheit der Küstenbewohner, die den feinen blaublütigen Leuten aus Bogotá immer so ungehobelt vorkommt, und ich glaube, nach achtundvierzig Stunden hatten wir alles ausgesprochen und leer getrunken. Er wirkte sehr aufrichtig, sehr menschlich, ein Mann mit einem hellsichtigen Gespür und einer angeborenen Abneigung gegen jegliche Grausamkeit, und als ich das Land verließ, war ich davon überzeugt, dass er das Beste tut, was derzeit unter den außergewöhnlichen und schwierigen Bedingungen in Panama möglich ist.

Ich war daran interessiert, mit ihm über die Situation der politischen Gefangenen und der Linken im Exil zu sprechen. Vor dem Russell-Tribunal war ausgesagt worden, dass es zahlreiche Gefangene gebe, die erbarmungslos gefoltert würden, und dass Exilierte, die es wagten, ohne Erlaubnis ins Land zurückzukehren, von der Nationalgarde ermordet würden. Der General lachte über diese Unterstellungen. In Wahrheit, sagte er mir, gebe es in Panama nur zwei Personen, die auf Grund politischer Angelegenheiten inhaftiert seien, sie kämen zweifellos nicht aus Panama und seien in bester Verfassung.

Der General war sehr besorgt über die Gruppen der extremen Linken, die im Land agierten. »Sie wollen schneller vorankommen als wir«, sagte er mir, »und zuweilen geht das nicht.« Aber noch mehr beunruhigte ihn, dass der CIA sie möglicherweise unterwanderte, um eine provozierende Aktion in der Kanalzone durchzuführen. Dennoch antwortete ich einem Journalisten, der mich fragte, was ich von diesen Gruppen hielte: »Ich finde sie sehr gut, solange sie einen Linksruck unterstützen.« Als ich das sagte, war der General dabei, und er hatte den Anstand, dies nicht in Frage zu stellen.

Das Problem der Exilierten war komplexer. Einige von ihnen hatten mir in Mexiko gesagt, sie seien bereit, nach Panama zurückzukehren, um für die Rückgabe des Kanals und andere populäre Forderungen zu kämpfen, deren Durchsetzung ihnen unter den aktuellen Bedingungen möglich schien, aber dass sie ablehnten, es zu tun, solange die Regierung keine allgemeine Amnestie erlasse. General Torrijos antwortete mir, ich solle den Exilierten mitteilen, dass die Forderung nach einer Amnestie unannehmbar sei, weil sie ein zu großes Schlupfloch für die konspirativen Gruppen der Rechten darstelle, die zahlreicher und besser bewaffnet seien als die Linke. Folglich blieb unser Gespräch – anders als das, mit dem die zwanzig Journalistinnen den General später heimsuchten – an diesem Punkt stecken.

Vor weniger als einem Monat war General Torrijos allerdings für einige Stunden in Mexiko und empfing auf meine Bitte hin einen Sprecher der Exilierten, der ihm seine Sicht der Dinge unterbreiten wollte. Beide sagten mir später, das Treffen sei sehr positiv und herzlich verlaufen, und es sei vereinbart worden, die Gespräche binnen dreißig Tagen in Panama fortzusetzen. Der General schlug vor, ich solle als Zeichen des guten Willens daran teilnehmen, womit der Sprecher der Exilierten einverstanden war.

Das ist zusammengefasst das, was General Torrijos den zwanzig Journalistinnen erzählte. »Was zum Teufel hast du mit all dem zu schaffen?« fragte mich Mercedes, als sie die

Meldung las. Wenigstens dieses eine Mal sagte ich ihr die Wahrheit: Es scheint mir eine Vergeudung der Kräfte, dass so viele Anhänger der Linken Argumente gegen General Torrijos vorbringen, die rein formaler Natur sind, wenn in vielen Punkten eine grundsätzliche Übereinstimmung besteht, die in diesen, für Lateinamerika schwierigen Zeiten, für alle sehr hilfreich sein könnte. Mercedes fand meine Meinung selbstverständlich richtig, war jedoch etwas besorgt, dass ich mit fortschreitendem Alter so seriös wie jemand aus Bogotá werden könnte. Oder doch fast.

Angola, ein Jahr danach.
Eine Nation in der Grundschule
1977

Letzte Woche gab es in Angola keine Streichhölzer. Man muss es erlebt haben, um ermessen zu können, was das heißt: Die gierigen Raucher bestürmten die Passanten und baten um die Barmherzigkeit von ein bisschen Feuer, sie hielten Autos an, um die Gnade eines automatischen Zigarettenanzünders zu erbetteln, und es hatte den Anschein, als seien sie imstande, wie in der Steinzeit Kiesel aneinander zu schlagen, um ihnen einen lebensrettenden Funken zu entreißen. Es gab auch keine Seife, keine Milch, kein Aspirin, keine Rasierklingen, genauso wenig wie viele andere einfache Dinge des täglichen Lebens, und in manchen Gegenden war das Salz schon vor über drei Monaten ausgegangen. Sogar angolanische Ärzte rieten dem Besucher, kein rohes Gemüse und keine ungeschälten Früchte zu essen, aber das war eine rein akademische Empfehlung, denn man bekam schlicht und einfach nirgends Gemüse, und die einzigen Früchte, die wir in drei Wochen zu sehen kriegten, waren einige runzelige Äpfel im Speisesaal eines Hotels. Die Ärzte rieten uns auch, das Wasser immer abzukochen, außer, wenn es Mineralwasser sei, aber die Mineralwasserquellen waren versiegt, weil es keine Deckel für die Flaschen gab.

Dieser Mangel stand in krassem Widerspruch zu der modernen, strahlenden Schönheit, mit der mich Luanda, die Hauptstadt Angolas, aus der Luft überrascht hatte. Sie hatte nichts mit dem herkömmlichen Bild von Schwarzafrika gemeinsam. Auch erinnerte nichts an das verschlafene, katholische Portugal der portugiesischen Lieder, denn die Stadt sah eher aus wie ein schicker Badeort an der italienischen Riviera mit einer endlosen Strandpromenade, gesäumt von ebenmäßigen Palmen und Wolkenkratzern aus blauem Glas mit Blick auf ein unberührtes Meer. Vielleicht verblüffte mich dieser Anblick auch deshalb so sehr, weil ich vier Stunden zuvor die Wirklichkeit Schwarzafrikas bei einem Zwischenstopp in Conakry, der Hauptstadt Guineas, kennen gelernt und mich von dieser Trostlosigkeit noch nicht erholt hatte. Neben den internationalen Flugzeugen der großen europäischen Gesellschaften gab es auf dem Flughafen eine Mülllhalde mit dem Schrott und den Überresten ausgebrannter Maschinen. Auf der einzigen größeren Straße der Stadt, die den unzeitgemäßen und abwegigen Namen Fidel Castros trägt, fand sich ein Lebenszeichen für politischen Idealismus: drei knallbunte gemalte Porträts von heroischen Ausmaßen, das Konterfrei des Präsidenten Sékou Touré eingerahmt von Leonid Breschnew und Mao Tse-Tung. Die Straße war breit und unheilbar kaputt und wurde von einem irrealen, staubigen Wind blank gefegt, auf ihr bewegten sich wie im Traum einige trübsinnige, in weiße Lumpen gehüllte Männer und viele traurige Frauen mit lautlosem Gang, die größten, grazilsten und darunter vielleicht die schönsten Frauen der Welt in verstaubten Turbanen und Tuniken aus bunten Flicken. Am stärksten aber war ich, seit sich die Tür des Flugzeuges geöffnet hatte, von dem Geruch beeindruckt. Wenige Jahre zuvor hatte der Schriftsteller Alberto Moravia mir in Rom von diesem afrikanischen

Angola, ein Jahr danach. Eine Nation in der Grundschule

Geruch erzählt, und ich glaube, von ihm hörte ich auch zum ersten Mal, dass wir für die Afrikaner ebenfalls einen unverwechselbaren Geruch haben. Jedenfalls hätte ich mir das niemals vorstellen können. Es war ein durchdringender Geruch, dem etwas Übernatürliches anhaftete, denn er schien weder von den Dingen noch von den Tieren oder Menschen auszugehen, sondern der unentrinnbare Geruch des Lebens auf der anderen Seite der Erde zu sein.

Nach der Bestürzung von Conakry wirkte die Ankunft in Luanda an einem südlich strahlenden Herbsttag wie eine unnütze Rückkehr in die europäische Zivilisation. Die Leute, die Jugendlichen vor allem, trugen nicht wie in Guinea die lokale Kleidung, sondern waren wie für einen kapitalistischen Sommerstrand angezogen: sehr weit geschnittene bunte Hosen, Tropenhemden und Schuhe mit festen Sohlen und hohen Absätzen. Von innen betrachtet war die Stadt allerdings nicht mehr als eine blendende, leere Hülle. Der Handel, unter der Herrschaft der Portugiesen einer der florierendsten Afrikas, war zusammengebrochen. Die ehemaligen Geschäfte trugen noch die Leuchtreklamen der großen Marken der Konsumgesellschaft, aber die Schaufensterscheiben waren kaputt und die Auslagen leer geräumt. An der Strandpromenade gab es Terrassencafés mit Sonnenschirmen, es gab exquisit wirkende Restaurants, es gab Kabaretts, in denen nackte Frauen angekündigt wurden, und Filialen europäischer Banken in bester Lage, aber alles war geschlossen. In der klaren, tiefen, fischreichen Bucht, wo sich Möwen kreischend an Schwärmen von Makrelen labten, lagen etliche Boote vor Anker, die darauf warten mussten, entladen zu werden, weil es auf den Molen an Personal mangelte und die Hafenanlagen zerstört waren. In den Straßen erregten die Massen der Armen die Aufmerksamkeit der Besucher, denn ihr Strom riss nicht ab, und sie schienen kein bestimmtes Ziel zu haben. Man fand sie nicht nur in Luanda, sondern auch in Huambo, in Lubango und in anderen Städten im Landesinneren, es waren die städtischen Arbeiter, die von den Elendsquartieren zu Fuß auf dem Weg zu ihren Arbeitsstätten waren. Seit Ende 1975 hat die Regierung sehr niedrige Tarife für den Pendlerverkehr festgesetzt, aber diese Maßnahme steht nur auf dem Papier: Es gibt keine Busse, es gibt keine Lastwagen, es gibt keine Taxis und auch sonst keine städtischen Verkehrsmittel.

Im luxuriösesten Hotel Luandas, exzellent auf Grund seiner modernen Ausstattung und seiner Lage direkt am Meer, gab es zwei Wochen lang nur Huhn und Stockfisch, aber zuweilen wurden bereits eine Stunde vor dem Schließen des Speisesaales keine neuen Gäste mehr bedient, weil nichts mehr zu essen da war. Ein Reisegefährte berichtete mir eines Morgens aufgeregt, er habe ein Ei auf der Anrichte in der Küche gesehen, aber er schaffte es nicht, dass man es ihm zum Frühstück servierte. Zudem fiel eines Dienstags die Klimaanlage aus, und der einzige Techniker befand sich in Schweden, eines Mittwochs versiegte das heiße Wasser, und niemand schien davon Notiz zu nehmen, am Donnerstag wurde der Zimmerservice eingestellt, und als ich einen Angestellten des Hotels fragte, wann er wieder aufgenommen würde, bekam ich die biblische Antwort: »Niemals wieder.« Er sagte das eigentlich nicht bekümmert oder unhöflich, sondern klang eher erleichtert. Eine Woche zuvor hatte der Herausgeber des *Nouvel Observateur*, Jean Daniel, in seinem Leitartikel geschrieben: »En Angola, rien, vraiment rien, ne fonctionne.« Das war zwar übertrieben, aber die Übertreibung kam der Wirklichkeit doch sehr nahe. Ungesagt blieb, wie Angola in eine so extreme Notlage geraten konnte und was die MPLA in ihrem ersten Jahr an der Regierung tat, um sie zu beheben.

Eine skandalöse Flucht

Der Mangel begann am 11. November 1975, dem Tag der nationalen Unabhängigkeit, als die portugiesische Armee das Land verließ und die Volksrepublik Angola ausgerufen wurde. Im Schatten der kolonialen Waffen verließen vierhunderttausend Portugiesen das Land, die letzte der vielen Generationen, die bereits hundert Jahre vor der Gründung New Yorks dieses weitläufige, reiche und fremdartige Land in vollen Zügen ausgekostet hatten. Mit dem Einverständnis der MPLA konnten die Kolonialherren ihr lebensnotwendiges Hab und Gut mitnehmen. In Wahrheit nahmen sie in einem verheerenden Exodus, für den es kaum historische Vorbilder gibt, alles mit.

Das war nicht schwer. Versunken in der uralten Lethargie einer Diktatur mit göttlichem Anspruch, wirkte Portugal nicht eigentlich wie das europäische Mutterland, eher wie das genaue Gegenteil davon: wie die bedürftige, erbärmliche Kolonie seiner eigenen afrikanischen Kolonien. Eine Million Arbeitslose, das entsprach fast der gesamten proletarischen Bevölkerung Portugals, befand sich im Ausland und verrichtete die niedrigsten Arbeiten in den entwickelten europäischen Ländern. Viele waren nach Afrika gegangen, vor allem nach Angola, wo die Kolonialherren wundervolle, trügerische Städte gebaut hatten, um darin alleine unter sich bis ans Ende aller Tage zu leben. Von ihrem Standpunkt aus betrachtet hatten sie Recht behalten: Angola war ein Land mit riesigen Bodenschätzen, im Gegensatz zu Sansibar, das nur eine poetisch anmutende Gewürznelkenproduktion unterhält, und im Gegensatz zu Tansania, dessen wichtigstes Basisprodukt Cashewkerne sind, von denen es einhundertsechzig Millionen Tonnen im Jahr exportieren muss – einhundertsechzig Millionen Tonnen Cashewkerne! –, nur um das Öl zu kaufen, das es verbraucht.

Die portugiesischen Kolonialherren waren sich ihrer Macht so sicher und von ihrer Ewigkeit so felsenfest überzeugt, dass sie noch immer dreißigstöckige, klimatisierte Hotels bauten und Schneisen für Autobahnen durch die Elefantenreviere schlugen, als die Tage der kolonialen Herrlichkeit im übrigen Afrika bereits gezählt waren. Bloß um über die Berghänge direkt ans Meer zu gelangen, bauten sie zwischen Lubango und Namibe eine Straße mit alptraumhaften Kurven, eine Meisterleistung der Ingenieurskunst. Sie schienen zu glauben, diese Wunder der Zivilisation seien magische Mittel, um den Befreiungskrieg des Volkes zu bannen, den die MPLA 1961 ausgerufen hatte und den zu gewinnen die Armee der Diktatur nicht in der Lage war. Unter dem Druck der Kriegsnotwendigkeiten griffen sie später auf die Hilfe ausländischen Kapitals zurück, und den transnationalen Unternehmen wurde Tür und Tor geöffnet. Aber die Portugiesen behielten sich die Herrschaft über die lebensnotwendigen Dinge vor. Als sie schließlich in einem langen aber stetigen Prozess, den zu verstehen sie sich niemals die Mühe gemacht hatten, besiegt worden waren und Hals über Kopf das Land verlassen mussten, brauchten sie nur alles mitzunehmen, was ihrer Meinung nach ihnen gehörte, und für das freie Angola blieb nichts mehr übrig.

Zunächst einmal nahmen sie die portugiesischen Techniker mit, die Mehrzahl der Industriearbeiter und zusätzlich die sechzigtausend Angolaner, die etwas konnten: Fahrer, Elektriker, Mechaniker, Klempner, Lehrer und sogar einfache Hausangestellte. Die National Cash Register, die vielfältige Interessen im Land verfolgte, hatte ein Schiff gechartert, auf dem sie dreitausend private Fahrzeuge mitnahm. Achtundzwanzigtausend Lastwagen wurden mitgenommen, einige auf Schiffen, andere wurden in Nachbarländer gefahren, und die restlichen, die nicht mitgenommen werden konnten, wurden verbrannt. Viele Kraftfahrzeuge öffentlicher Einrichtungen, Linienbusse, Landmaschinen und wertvolle Industrieanlagen versenkte man auf dem Meeresgrund. Weil sie wussten, dass ihnen das angolanische Geld nirgends nützen würde, gaben die Portugiesen vor ihrer Flucht so viel wie möglich aus, und es war nur eine Frage von Stunden, bis der lokale Handel abgrast war. Schließlich zertrümmerten sie in einem letzten Anfall geistiger Umnachtung die Waschbecken und Kloschüsseln der Häuser, die sie verließen, demolierten die Aufzüge der Gebäude, die Sicherungskästen und Telefone, machten die Glühbirnen kaputt, die elektrischen Leitungen, die Türschlösser und die Wasserleitungen. Die Produktionsstätten, die in staatlichen Besitz übergingen, waren genau wie die Krankenhäuser und öffentlichen Labors auf den ersten Blick unversehrt geblieben, aber in jeder wichtigen Abteilung fehlte etwas Entscheidendes, und ein Jahr reichte nicht aus, um die Anlagen wieder in Gang zu setzen. Auch die Armee hinterließ bei ihrem Rückzug eine Spur der Verwüstung: Sie sprengte die Flugplätze, die sie für den Krieg gebaut hatte, riss Eisenbahnschienen heraus, zerstörte die Hafenanlagen und erschoss das Vieh auf den Weiden. In der Bucht von Luanda befinden sich noch immer die Skelette zweier gesunkener Fregatten als traurige Erinnerung an diese skandalöse Flucht. Am unbegreiflichsten ist, dass diese blindwütige Armee dieselbe war, die in Portugal die Diktatur gestürzt und in diesem hoffnungsvollen Frühjahr 1974 die Nelkenrevolution gemacht hatte.

Das Wenige, das die Portugiesen verschont hatten, wurde durch die militärische Invasion Südafrikas zerstört, dessen Regime der weißen Wilden die Kosten des Krieges mit der Plünderung Angolas deckte. Von den frühlingshaften Hochebenen von Huambo, den fruchtbarsten und bevölkerungsreichsten des Landes, nahmen die Südafrikaner nicht weniger als einhundertfünfzigtausend Stück Vieh für die Fleischfabriken hinter der Grenze mit. Sie nahmen die Kaffeeernte mit, das Fischmehl, die historischen Reliquien und die erlesensten Stücke der Volkskunst. Am Ende eines fünfmonatigen Kampfes, den die Angolaner den »zweiten Befreiungskrieg« nennen, waren einhundertvierundvierzig Brücken über die mythologischen Flüsse in den Regenwäldern im Süden des Landes unpassierbar. Schon eine einzige von ihnen war drei Kilometer lang, und nach Schätzungen wird es etwa zehn Jahre dauern, sie alle wiederherzustellen.

Die Überlebenschance von Nashörnern

Dieses Land in Trümmern fand die Regierung der MPLA vor. Lediglich zwei Prozent der Bevölkerung konnte Portugiesisch lesen und schreiben, und ein sehr großer Teil, vor allem Frauen vom Land, konnte es nicht einmal sprechen. Es gab zweihunderttausend Tuberkulosefälle, sechshunderttausend Malariakranke und zwanzigtausend Leprakranke, und fast alle waren ihrem Schicksal überlassen. Darüber hinaus kam es zu einem tödlichen Zusammentreffen von Polio, Ruhr und unausrottbaren Geschlechtskrankheiten. Die Polygamie, die wir im Westen immer nur schwer begreifen können, scheint in Wahrheit eine soziale Verteidigung gegen die Unerbittlichkeit der Statistik zu sein. Sie gründet in der permanenten Notwendigkeit zu gebären, um die Toten zu ersetzen. Aber in Angola war es ein ungleicher Kampf: Von tausend Neugeborenen starben dreihundert im ersten Jahr. Am Ende so vieler Jahrhunderte leben nur sechs Millionen Menschen, fast ausnahmslos reinrassige Schwarze, auf einem Gebiet, das dreizehn Mal so groß ist wie Portugal.

Angola, ein Jahr danach. Eine Nation in der Grundschule 189

In Wahrheit räumten die Portugiesen den Eingeborenen keine größere Überlebenschance ein als den Nashörnern. Sie förderten bewusst das Stammeswesen, um die Herausbildung eines nationalen Selbstbewusstseins zu unterbinden: Die elf ethnischen Gruppen, die sie 1575 vorgefunden hatten, blieben nicht nur intakt, sondern sie wurden durch künstlich erzeugte Gegensätze noch mehr zersplittert. Den Bewohnern der Diamantenregionen wurde verboten, Ackerbau zu betreiben, wodurch sich fünfundzwanzigtausend Landarbeiter gezwungen sahen, in den Minen zu arbeiten. Die Bewohner des Südens waren Hirten, sie mussten eine besondere Steuer für das Halten von Hunden entrichten, massenhaft wurden Menschen vom Süden in den Norden umgesiedelt und umgekehrt, um historische Verwurzelungen zu verhindern und kulturelle oder politische Kräfte, die das Land hätten einen können, zu zersplittern. Als Ergebnis dieser beispiellosen Perversität gibt es, von der kleinen Führungsschicht abgesehen, nur sehr wenige Angolaner, die etwas können, und vielfach wäre es besser, wenn sie gar nichts könnten. Tatsächlich bilden diese Wenigen eine rückständige und sehr korrupte intellektuelle Oberschicht, die um jeden Preis versucht, die sozialen Reformen zu vereiteln, weil sie um ihre Privilegien fürchtet, und sie verfügt über die Mittel und die Kraft, das zu tun: Sie ist völlig mit dem bürokratischen Verwaltungsapparat zusammengewachsen und vorerst unantastbar, weil nur sie seine verworrenen Geheimnisse kennt. Hingegen mussten sich zahlreiche junge Bauern, die zum ersten Mal in ihrem Leben elektrisches Licht sahen, um die Arbeit in den Städten kümmern. So wusste etwa ein sympathischer Junge, der im Hotel arbeitet, nicht, wie man eine Glühbirne wechselt, eine Telefonistin für Auslandsgespräche fragte nach, in welchem Land New York liegt, und die Briefe stapeln sich auf den Postämtern, während neue Briefträger geschult werden, damit sie zumindest die Adressen lesen können. Diese Intensivkurse in Lebenspraxis finden gleichzeitig mit einer Alphabetisierungskampagne statt, die ein dreifaches Ziel verfolgt: denjenigen, die es nicht können, Portugiesisch sprechen beizubringen, sie lesen und schreiben zu lehren und mit Hilfe der Beispiele in den Fibeln die Fundamente des Sozialismus zu pauken. Der erste Schritt besteht natürlich darin, die Alphabetisierer zu alphabetisieren. Die gesamte Nation ist in der Grundschule.

Ärzte: »paarweise«

Angesichts des unerhörten Ausmaßes ihrer Probleme wirken die Angolaner dennoch unerschütterlich. Sie besitzen ein anderes Zeitempfinden und sind geduldig, bescheiden, umsichtig und aufgeschlossen, und das alles verbinden sie mit einem erschreckenden Sinn für die Realität. Das einzig sichtbare Zeugnis ihrer Wut auf vierhundert Jahre Kolonisierung sind die zerstörten portugiesischen Heldendenkmäler, auf deren Sockel sie Kriegstrophäen gestellt haben: Panzer, Geschütze und ein Panzerfahrzeug, das sich bei einem Verkehrsunfall an einem Bürgersteig festgefahren hatte. Es heißt, dass die Angolaner große Schmerzen aushalten können, dass sie sehr standhaft sind, wenn es darauf ankommt, ein Geheimnis zu bewahren, und dass sie in langen Phasen unergründlichen Schweigens leben. Alles ist machbar, aber es muss im richtigen Moment und im Rhythmus geschehen, der den Angolanern eigen ist. Andere Vorgehensweisen bringen sie aus der Fassung. Ein hoher Regierungsvertreter, dem ich die Möglichkeit eröffnete, ihm sofort viele freiwillige Ärzte zu schicken, bremste mit einer beschwichtigenden Geste meinen lateinamerikanischen Überschwang: »Einverstanden«, sagte er. »Aber sie sollen paarweise kommen.« Ein Minister, von dem ich zum Essen eingeladen worden war, hatte vorausschauend den Tisch einen Tag zuvor reserviert, aber als wir pünktlich im Restaurant eintrafen, wusste niemand etwas von einer Reservierung. Der Minister regte sich nicht auf und versuchte nicht einmal, sich zu erkennen zu geben. Sie baten uns, eine halbe Stunde im angrenzenden Salon zu warten, und der Minister wartete ungerührt zwei Stunden, ohne auf die Uhr zu sehen, zog dabei an seiner erloschenen Pfeife und sah fern. Der Präsident Agostinho Neto versicherte mir allerdings, dass diese Tugenden seiner Landsleute nicht endlos belastbar seien. »Ein Angolaner, der an seine Grenzen getrieben wird«, sagte er mir, »kann ein furchtbarer Mensch sein.«

Keine allzu menschlichen Irrtümer mehr

All diesen Hindernissen zum Trotz ein neues und freies Land aufzubauen, kann Arbeit für Jahrhunderte bedeuten. Umso überraschender ist es, wie viele untrügliche Anzeichen des Fortschritts sich schon im ersten Jahr des Friedens bemerkbar machen. Viele Fabrikanlagen wurden in Betrieb genommen, in vier Anbaugebieten brachte man die Zuckerernte ein, achtzigtausend Tonnen Kaffee wurden geerntet, der Außenhandel und die Fischerei organisiert, binnen achtundvierzig Stunden führte man eine Impfkampagne gegen Polio durch, für die ursprünglich vier Tage angesetzt waren, dank der kostenlosen medizinischen Versorgung und einer Steigerung der Präventivmedizin sank die Kindersterblichkeit auf hundert pro tausend im ersten Jahr, außerdem konnte die Ausbildung von Technikern beschleunigt werden. All das selbstverständlich mit der Unterstützung vieler befreundeter Länder, darunter Kuba. Am langwierigsten und schwierigsten ist offensichtlich der Wiederaufbau des Transportwesens. Wenn es in der vergangenen Woche keine Streichhölzer in Luanda gab – obwohl dort eine Fabrik steht, die in der Lage ist, neunzig Millionen Schachteln im Jahr herzustellen –, so hat das eigentlich daran gelegen, dass sich das nötige Holz sechshundert Kilometer nördlich in Cabinda befand und nicht genug Schiffe für den Transport vorhanden waren. Das erklärt auch den Mangel an Nahrungsmitteln in Luanda. Während man hier bis zu drei Tage Schlange steht, um zu guter Letzt festzustellen, dass es nichts zu kaufen gibt, ist es in Huambo und Lubango einfach, Lebensmittel im Überfluss zu bekommen, und deshalb hat man dort auch keine Probleme mit der Spekulation. Für die kommenden Monate wurden dreitausend neue Lastwagen erwartet, aber die Regierung war sich darüber im Klaren, dass damit immer noch etwas Entscheidendes fehlte: Fahrer. In ganz Angola stehen lediglich zweiunddreißig zur Verfügung.

Bis jetzt sind nur die von den Portugiesen verlassenen Unternehmen enteignet worden, und der Banksektor wurde verstaatlicht, um die Kreditflüsse für den nationalen Wiederaufbau zu beschleunigen. Mit anderen ausländischen Firmen versucht man im Rahmen der Möglichkeiten des Landes Folgeabkommen zu schließen. Das ist beim Erdöl der Fall. Seit Dezember 1975 hatte die nordamerikanische Firma Gulf Oil, die die Vorkommen in Cabinda ausbeutet, ihre Förderung auf Grund politischer Intrigen der Vereinigten Staaten ausgesetzt. Über ein Jahr lang verlor Angola täglich Einnahmen von etwa anderthalb Millionen Dollar, aber das Unternehmen wurde nicht beschlagnahmt. Jetzt hat man die Produktion wieder aufgenommen. »Das bedeutet«, bemerkte Präsident Agostinho Neto mit beispielhaftem Realismus, »dass die Gulf Oil weiterhin durch den Schweiß unserer Arbeiter und die Ausbeutung unserer Reichtümer gemästet wird, weil wir nicht in der Lage sind, diese Zukunftsperspektive abzulehnen, sie ist zwar mit wenig erfreulichen Konsequenzen für das angolanische Volk verbunden, aber die könnten wir nur vermeiden, indem wir noch schlimmere Konsequenzen ertragen.« Mehr noch: Die angolanischen Streitkräfte schützen die Anlagen und das Leben der ausbeuterischen Yankees in Cabinda.

Mit dem gleichen Realismus behandelt man die Diamantenminen, die zu den reichsten der Welt zählen und von einem Konsortium aus belgischen, nordamerikanischen und portugiesischen Firmen betrieben werden. Für die Zukunft hat Angola unterdessen eine eigene Erdölgesellschaft gegründet und sich ohne falsche politische Vorbehalte dem Diamantenkonsortium angeschlossen. Gleichzeitig werden aber ohne viel Aufsehen eigene Techniker ausgebildet. Während dieses ganzen Prozesses hat sich die zivile Unterstützung durch die Kubaner, die am längsten und zahlreichsten im Land sind, als außergewöhnlich nützlich erwiesen: Sie verhindert, dass sich die allzu menschlichen Irrtümer, die in den Kindertagen der kubanischen Revolution begangen worden sind, wiederholen.»Das hat uns hier geholfen«, sagte mir ein angolanischer Regierungsvertreter,»in einem Jahr viele Dinge zu schaffen, für die Kuba zehn Jahre brauchte.« Die Kubaner wiederum geben zu, von der Geduld und dem Realitätssinn der Angolaner viel gelernt zu haben.

Agostinho Neto: stählerne Sanftmut

Inmitten der vielen Widrigkeiten ist es ein Glück, dass die führende Gruppe in Angola über eine erstaunliche intellektuelle Bildung verfügt sowie über ein hohes moralisches und politisches Niveau, das durch fünfzehn Jahre Krieg und die Härten von Gefängnis und Exil gefestigt wurde. Mit einer überraschenden historischen Weitsicht schickte Agostinho Neto die Intelligentesten und Aufgewecktesten direkt aus den Schützengräben zum Studieren ins Ausland. Andere lernten in den Gefängnissen. Auch Agostinho Neto, der es schaffte, sein gefährdetes Medizinstudium an der Universität von Lissabon zu beenden, und der von Amnesty International als »Politischer Gefangener« des Jahres 1957 hervorgehoben wurde, war sieben Jahre inhaftiert. Der Premierminister, Lopo do Nascimento, sechs Jahre. Der Kultursekretär im Nationalrat, António Jacinto, vierzehn Jahre. Der Justizminister, Diógenes Boavida, dreizehn Jahre. Der Arbeitsminister, Noe da Silva Saúde, ebenfalls dreizehn Jahre. Der Minister für Binnenhandel, David Aires Machado, neun Jahre. Agostinho Méndez de Carvalho, hoher Funktionär der MPLA, dreizehn Jahre. Herminio Joaquín Escorcio, Protokollchef des Präsidenten und Mitglied des Zentralkomitees der MPLA, zehn Jahre. Der stellvertretende Außenminister, Roberto Victor de Almeida, sieben Jahre. Der Informationsminister der ersten MPLA-Regierung, João Filipe Martins, sechs Jahre. Lucio Lara, der aufgeklärte Ideologe der MPLA, kämpfte die Hälfte seines Lebens im Exil. Der Fall des Transportministers, Manuel Pacavira, ist selbst unter diesen Umständen außergewöhnlich. Als er 1960 verhaftet wurde, war er gerade siebzehn Jahre alt und nahezu Analphabet, er blieb vierzehn Jahre lang inhaftiert, bis kurz vor der Unabhängigkeit. Im Gefängnis lernte er António Jacinto kennen, der ein angesehener Schriftsteller, ein hellsichtiger Politiker und ein einzigartiger Mensch ist, und dieser brachte ihm Lesen und Schreiben bei und unterrichtete ihn in Marxismus und Literatur. Heute ist Pacavira, obwohl erst vierunddreißig Jahre alt, ebenfalls ein hervorragender

Schriftsteller, der zudem packend über die Geschichte seines Landes zu sprechen versteht. Diese Mischung aus politischen Schriftstellern, alten Kämpfern und Gefangenen scheint für Angola typisch zu sein: ein Dichter, Fernando Costa Andrade, gibt das *Jornal de Angola* heraus; Henrique Abranches leitet die Museen und ein Romancier, Luandino Vieira, das Fernsehen.

Allerdings sind sie angesichts der vielen dringend zu lösenden Fragen zu wenige. Als wir darüber sprachen, erklärte mir Präsident Agostinho Neto scherzend, warum Angola keinen diplomatischen Dienst hat. »Wenn wir Botschafter ernennen«, sagte er mir, »haben wir keine Minister mehr.« Deshalb müssen sie alles selbst machen, auch einige Dinge, von denen sie nichts verstehen, und obwohl ihre Arbeitspläne katastrophal voll gepackt sind, schaffen sie das mit unfassbarer Umsicht und Hartnäckigkeit. So führten sie ihren Krieg, lange und lautlos: Zuweilen vergingen Monate ohne eine einzige Schlacht, aber sie legten es nicht darauf an, sondern blieben in den befreiten Gebieten und bauten dort nach und nach eine alternative Macht auf, die schließlich die Grundfesten der Kolonialherrschaft zersetzte.

Präsident Agostinho Neto verkörpert nicht etwa eine Ausnahme von dieser Mentalität, sondern ist vielmehr ein Musterbeispiel dafür. Ich hatte das Glück, mich davon zu überzeugen, als er mich eines Nachmittags zu einem kurzen Abschiedsbesuch im ehemaligen Palast des portugiesischen Gouverneurs empfing, in dem sich jetzt die Büros des Präsidenten befinden. Es ist ein schlichtes, weißes Gebäude mit drei Stockwerken, von dessen Fenstern man über die ganze Stadt blicken kann und bis zum Horizont über das Meer. Von außen, wo eine einfache Wache steht, wirkt das Gebäude wie ein Armenkrankenhaus, aber innen besitzt es einen wunderschönen römischen Garten unter einem dämmrig blauen Himmel und am hinteren Ende des Gartens eine riesige Bibliothek. An diesem Nachmittag hatte der französische Präsident, Valéry Giscard d'Estaing, die Entscheidung verkündet, der Regierung von Zaire Unterstützung aus Frankreich zu schicken. Präsident Neto schien über diese Entscheidung sehr verärgert zu sein, weil er darin den Auftakt zu einem imperialistischen Manöver gegen Angola vermutete, aber keinen Moment verlor er seine sprichwörtliche Ruhe oder seinen feinen Sinn für Ironie. Er wechselte fast sofort das Thema, als fürchte er, den Besucher mit einer persönlichen Angelegenheit zu belästigen. Vielleicht verbot ihm seine Bescheidenheit, sich darüber im Klaren zu sein, dass die ganze Welt mit Spannung seine Reaktion auf das französische Vorgehen erwartete, während er sich in einer nahezu irrealen Bibliothek mit einem unbedeutenden Schriftsteller über Poesie unterhielt, in behaglichen Sesseln umgeben von unzähligen verglasten Schränken aus ungebeiztem Holz voller unbeweglicher, in gelbes Leder gebundener Bücher. Eine wunderschöne, aschgraue Katze, die während unseres Gesprächs um uns herum scharwenzelt war, entschloss sich irgendwann dazu, eine Krabbe von dem Teller zu stibitzen, der unberührt vor mir stand, und der Präsident schien es nicht zu merken. Aber als ich eine Krabbe nehmen wollte, tauschte er eilig meinen Teller mit dem seinen, ohne das Gespräch zu unterbrechen. Gleichzeitig beide Seiten eines Problems wahrnehmen zu können, schien mir seine größte Gabe zu sein. Er wirkte integer, ein Mann mit eingefleischten Prinzipien, immer optimistisch und auf etwas altertümliche Art würdevoll. Zuweilen sah man ihm die Erschöpfung von den vielen Jahren im Gefängnis an, den vielen Jahren Krieg und den vielen Stunden eines langen, harten Tages in der Regierung, dessen Ende noch in weiter Ferne lag, aber er ertrug das mit seinem be-

Angola, ein Jahr danach. Eine Nation in der Grundschule 197

sonderen, feinsinnigen Humor ohne den geringsten Anflug von Selbstmitleid.

Als man ihm im Gefängnis das Schreiben verboten hatte, notierte er seine Gedichte in winzigen Buchstaben auf kleine Papierschnipsel und versteckte sie in selbstgedrehten Zigaretten. Manchmal verbargen sich nur zwei Verszeilen in einer Zigarette. Wenn seine Frau María Eugenia ihn besuchte, bot er ihr eine an, und sie nahm die Zigarette mit, ohne sie anzuzünden, weil sie wusste, dass es die mit den Versen war. Während der sieben Jahre im Gefängnis schrieb er *Sagrada Esperança*, sein Buch mit neunundvierzig Gedichten. Ich glaube nicht, dass Präsident Neto mir das als eine Parabel erzählte, aber bis in die trivialsten Einzelheiten erzählte er es mit einer gewissen Genugtuung und sagte am Ende mit einem etwas traurigen Lächeln: »So machen wir das.« Mit etwas allerdings überraschte er mich wirklich, weil ich niemals damit gerechnet hätte: mit der stählernen Bestimmtheit, die sich hinter seiner Bescheidenheit und Sanftmut verbirgt.

Rodolfo Walsh, der Schriftsteller,
der den CIA überflügelte
1974

Rodolfo Walsh, Schriftsteller und Journalist aus Argentinien, wurde am vergangenen 25. März durch ein Strafkommando der Militärdiktatur aus seinem Haus in Buenos Aires verschleppt, und niemand zweifelt daran, dass er tot ist. Rodolfo Walsh war für die Leser der fünfziger Jahre, als die Welt noch jung war und weniger dringlich, der Autor einiger glänzender Kriminalromane, die ich an den träge verkaterten Sonntagen in einem Studentenwohnheim in Cartagena las. Später wurde er zum Autor hervorragender und schonungsloser Reportagen, in denen er die nächtlichen Massaker und die skandalöse Korruption der argentinischen Streitkräfte anprangerte. In all seinen Arbeiten, selbst wenn sie rein fiktiv schienen, erkannte man ihn an seinem Realismus, an seinem unglaublichen analytischen Talent, an seinem persönlichen Mut und seiner politischen Leidenschaft. Für mich war er außerdem ein heiterer Freund, dessen friedfertiges Wesen kaum zu seiner kämpferischen Entschlossenheit passte. Vor allem jedoch wird er auf ewig der Mann bleiben, der den CIA überflügelte.

Tatsächlich war es Rodolfo Walsh, der – bereits viele Monate zuvor – aufgedeckt hatte, dass die Vereinigten Staaten in Guatemala Exilkubaner für die Invasion in der

Schweinebucht im April 1961 ausbildeten. Walsh war zu dieser Zeit Chef der Sonderabteilung von Prensa Latina in deren Zentrale in Havanna. Sein Landsmann, Jorge Ricardo Masetti, Gründer und Leiter der Agentur, hatte einen besonderen Fernschreiberraum eingerichtet, um das Informationsmaterial rivalisierender Agenturen abzufangen und später in Redaktionsrunden zu analysieren. Eines Nachts fand Masetti wegen eines technischen Defekts in seinem Büro eine Tickermeldung vor, die nicht von einer Nachrichtenagentur stammte, sondern eine lange, sehr kompliziert verschlüsselte Botschaft enthielt. Eigentlich handelte es sich um eine Depesche aus dem Geschäftsverkehr der Tropical Cable in Guatemala. Rodolfo Walsh, der seine alten Kriminalgeschichten bestimmt im Stillen verachtete, kaufte sich in einem Antiquariat in Havanna einige Handbücher für Hobby-Dechiffrierer und versuchte mit deren Hilfe, die Botschaft zu entschlüsseln. Nach vielen schlaflosen Nächten hatte er es geschafft, obwohl er das zum allerersten Mal machte und über keinerlei Ausbildung in diesem Bereich verfügte, und was er entdeckte, war nicht nur eine sensationelle Meldung für einen politisch engagierten Journalisten, sondern eine schicksalhafte Information für Kubas Revolutionsregierung. Das Telegramm sollte nach Washington gehen, es stammte vom Chef des CIA in Guatemala, war an die guatemaltekische Botschaft adressiert und enthielt minutiöse Informationen über die Vorbereitungen einer Landung auf Kuba, die von der nordamerikanischen Regierung getroffen wurden. Es verriet sogar den Ort, an dem sich die Rekruten schon bereit machten: die Hazienda Retalhuleu, eine ehemalige Kaffeeplantage im Norden Guatemalas.

Ein Mann vom Temperament Masettis konnte nicht ruhig schlafen, ohne über diese Enthüllung hinaus etwas zu unternehmen, und hatte sich sofort in den Kopf gesetzt, einen Sonderkorrespondenten der Prensa Latina in das Ausbildungslager zu entsenden. Während vieler durchwachter Nächte, die wir gemeinsam in seinem Büro verbrachten, gewann ich den Eindruck, dass er an nichts anderes mehr denken könne. Plötzlich kam ihm eine geniale Idee. Sie kam ihm in der Tür seines Büros, als er Rodolfo Walsh mit seinem etwas steifen Gang und den kurzen, schnellen Schritten durch den engen Flur auf sich zukommen sah. Rodolfos helle, kurzsichtige Augen blickten fröhlich durch eine dicke Hornbrille, zwischen wallenden, bleichen Haarsträhnen begann er kahl zu werden, und seine gegerbte Haut mit einigen alten Schrunden glich der eines Jägers nach getaner Arbeit. In jener Nacht trug er, wie fast immer in Havanna, eine Hose aus dunklem Tuch und ein weißes Hemd ohne Krawatte, dessen Ärmel bis zu den Ellenbogen aufgekrempelt waren. Als Masetti ihn kommen sah, fragte er mich, wem Rodolfo Walsh ähnlich sähe, und ich antwortete, er habe ein Gesicht wie ein protestantischer Geistlicher.

»Genau«, bestätigte Masetti freudestrahlend und fügte hinzu: »Aber wie ein protestantischer Geistlicher, der in Guatemala Bibeln verkauft.«

Außerdem war er als direkter Nachkomme einer irischen Familie auch noch perfekt zweisprachig. So hätte Masettis Plan eigentlich nicht scheitern können: Rodolfo Walsh würde in einem schwarzen Rock mit steifem Collar nach Guatemala gehen, die Schrecken der Apokalypse predigen, die er auswendig kannte, und von Tür zu Tür Bibeln verkaufen, bis es ihm gelänge, sich in das Trainingslager einzuschleichen. Begeistert dachten wir, das würde die große, epochemachende Reportage werden. Nur hatte die kubanische Regierung bereits eigene Pläne, ihre Agenten nach Retalhuleu einzuschleusen, wodurch Masettis Idee hinfällig wurde.

Keine Minute des Waffenstillstands hatte seinen täglichen Krieg unterbrochen, als Rodolfo Walsh fünfzehn Jahre nach jenem beruflichen und politischen Volltreffer einen offenen Brief der Anklage gegen die argentinische Militärjunta richtete, der als ein Meisterwerk des universellen Journalismus auf ewig Bestand haben wird. Dieser Brief kostete ihn das Leben. Er schrieb ihn im Untergrund in Buenos Aires, in der schönen und unglücklichen Stadt, in der sein Landsmann und Kollege Jorge Luis Borges, Anwärter auf den Nobelpreis, sehr erfreut eine infame Ehrung durch Pinochet entgegennahm und die argentinischen Schergen als die Retter seines Vaterlandes feierte.

Torrijos, Kreuzung aus Maultier und Jaguar
1977

Als der Präsident Venezuelas vor einem Monat das Weiße Haus betrat, sagte Präsident Jimmy Carter zu ihm: »Erinnern Sie mich daran, dass ich Ihnen am Ende noch kurz von der Panama-Frage berichte.«

Obwohl das Thema nicht auf der offiziellen Tagesordnung stand, war Carlos Andrés Pérez auf diese Eventualität vorbereitet.

»General Torrijos war der letzte, den ich traf, bevor ich nach Washington kam«, erwiderte er. »Außerdem habe ich gestern bis spät in die Nacht mit den nordamerikanischen Unterhändlern diniert.«

Präsident Carter freute sich über diese Häufung kalkulierter Zufälle.

»Wenn das so ist«, grinste er, »sollten wohl eher Sie mir erzählen, wie die Sache steht.«

So wurde dieses Thema, wenngleich im Programm nicht vorgesehen, zum Ausgangspunkt der Gespräche und sollte überdies die meiste Beachtung finden. Am darauffolgenden Tag erklärte Carter in einer Pressekonferenz, die Intervention von Carlos Andrés Pérez habe die Verhandlungen über das neue Panamakanal-Abkommen entscheidend vorangetrieben, und hielt nebenbei eine herzliche Lobrede auf

General Omar Torrijos, in der er den Wunsch äußerte, diesen kennen zu lernen.

General Omar Torrijos sah Carters Pressekonferenz im Fernsehen in seinem Strandhaus in Farallón, seinem Ruheplatz etwa hundertfünfzig Kilometer westlich der Hauptstadt, wo er für gewöhnlich die halbe Woche ruhelos verbringt. Er saß unbeweglich im Liegestuhl und lauschte Carters Worten, nuckelte dabei an seiner erloschenen Zigarre, ließ aber keinerlei Gefühlsregung erkennen. Als wir später mit zweien seiner Minister und einigen Beratern um den runden Tisch zum Abendessen saßen, kam er jedoch überraschend noch einmal darauf zu sprechen.

»Als ich diese Lobrede Carters auf mich hörte«, sagte er, »hatte ich das Gefühl, dass eine Hitzewallung meine Brust anschwellen ließ, aber dann sagte ich mir sofort: ›Verdammt, das muss Eitelkeit sein‹ und schickte diese Anwandlung zur Hölle.«

Ich habe sehr gute und angenehme Erinnerungen an General Torrijos, aber diese hier ist besonders bezeichnend für ihn. Zudem ist es die Erinnerung an einen historischen Moment, denn in jener Nacht wurden die Schritte festgelegt, die am kommenden Wochenende zum Treffen der Präsidenten in Bogotá führen sollten. Es war ein reger Arbeitstag gewesen, anregend und aufregend, zusätzlich dramatisiert durch einen Sturm über dem Pazifik, der sich in heftigen Explosionen über den Balkonen des Hauses entlud und eine Spur fauliger Fische am Strand zurückließ. Torrijos, der fähig ist, ganze Tage mit blank liegenden Nerven zu verbringen, ohne seine gute Laune einzubüßen und ohne die Geduld oder die Fassung zu verlieren, hatte viele quälende Stunden zwischen Hoffen und Bangen verbracht, während wir auf die Meldungen aus Washington warteten. »Das Volk von Panama«, meinte er, »hat mir einen Blankoscheck ausgestellt, und wir dürfen es nicht enttäuschen.« Damals setzte er sich in den Kopf, fünf befreundete Präsidenten zusammenzubringen, um ihr Urteil über den endgültigen Entwurf für den neuen Vertrag einzuholen. Dieser politische und moralische Rückhalt war ihm so wichtig, dass er sich dafür, ohne zu zögern, dem aussetzte, was er am meisten auf dieser Welt verabscheut: der Feierlichkeit öffentlicher Anlässe.

Wofür zum Teufel braucht man Geld?

Aber auch in jener Nacht in Farallón blieb die einfache Frage des Geldes ungelöst. Seit der Unterzeichnung des Bunau-Varilla-Vertrages im Jahre 1903, haben die Vereinigten Staaten lediglich zwei Millionen dreihunderttausend Dollar im Jahr an Panama gezahlt. Das ist eine lächerliche Entlohnung. Jetzt verlangte Panama auf der Stelle eine Milliarde Dollar als Entschädigung für die ausstehenden Summen sowie hundertfünfzig Millionen pro Jahr bis zur endgültigen Rückgabe des Kanals am 31. Dezember 1999. Die Vereinigten Staaten weigerten sich nicht nur, die Summen zu akzeptieren, sondern störten sich auch an der Wortwahl. Sie führten an, das Zahlen einer Entschädigung sei das Eingeständnis, einen Schaden verursacht zu haben. Schließlich akzeptierten sie das Wort »Kompensation«, was in diesem Fall auf dasselbe hinauslief, feilschten aber hartnäckig um den Betrag. Torrijos bewertete das zunächst als einen wichtigen Schritt, durch den eine prinzipielle Frage geklärt wurde, gab seiner Delegation in Washington aber die Anweisung, weiterhin um die Höhe der Zahlung zu ringen.

Die Beharrlichkeit der Vereinigten Staaten in diesem Punkt basierte offensichtlich auf folgender Überlegung: Da Panama bis dahin alles bekommen hatte, was es wollte, würde es sich nicht zu sehr über ein einfaches Geldproblem aufregen. Aber Torrijos sah das anders. Einer seiner Berater hatte ihm empfohlen nachzugeben und großzügig argumentiert, dass »schließlich und endlich das Geld zweitrangig ist.« Torrijos antwortete ihm mit seinem niederschmetternden Mutterwitz:

»Genau, das Geld ist zweitrangig, aber nur für den, der es hat.«

Auf jeden Fall lohnte es sich, noch nicht nachzugeben. In sechs Monaten waren die Verhandlungen mit Carter weiter vorangekommen als mit allen früheren Präsidenten, was zu der Vermutung Anlass gab, die Vereinigten Staaten könnten es erstmals eiliger haben als Panama. Erstens würde Carter den Vertrag als Zeichen des guten Willens für eine neue Politik gegenüber Lateinamerika benötigen. Zweitens würde er ihn dem Kongress seines Landes zur Zustimmung vorlegen müssen, und dafür stand der September als spätester Termin fest.

Aber im Grunde waren wohl die Überlegungen beider Seiten falsch. Die Diskussionen über das Geld führten in eine Sackgasse, und bis Anfang dieser Woche ist es noch niemandem gelungen, sie dort wieder herauszumanövrieren. Deshalb ist es sehr wahrscheinlich, dass General Torrijos vor allen Dingen die Meinung seiner Amtskollegen aus fünf verschiedenen Staaten zu diesem entscheidenden Punkt hören möchte: Was zum Teufel machen wir mit dem Geldproblem?

Sein größter Fehler: die Natürlichkeit

Man muss General Torrijos kennen, und sei es nur ein bisschen, um zu wissen, dass ihn diese Sackgassen verrückt machen, sie machen ihn völlig verrückt, aber sie werden ihn dennoch niemals dazu bringen, von dem abzulassen, was er sich einmal vorgenommen hat. Zu Beginn der Verhandlungen, als es völlig aussichtslos erschien, dass die Vereinigten Staaten jemals nachgeben würden, sagte er zu einem hohen nordamerikanischen Beamten: »Es wird das Beste für Sie sein, wenn Sie uns den Kanal im Guten zurückgeben. Denn wenn Sie das nicht tun, werden wir Ihnen über Jahre und Jahre und Jahre so sehr auf die Nerven fallen, dass Sie selbst schließlich sagen werden: ›Da habt Ihr Euren verdammten Kanal, aber hört auf, uns auf den Wecker zu gehen.‹« Auch wenn die Motive für die Rückgabe andere sind, so beweist die geschichtliche Entwicklung gerade, dass an dieser Drohung etwas daran war.

Sollte ich General Torrijos mit den Prototypen des Tierreichs vergleichen, würde sich anbieten, ihn als eine Kreuzung aus Maultier und Jaguar zu bezeichnen. Von jenem hat er den übernatürlichen Instinkt und die präzise Schläue. Vom Maultier hat er die grenzenlose Sturheit. Das sind seine größten Tugenden, und ich meine, beide könnten im Guten wie im Schlechten gleich dienlich sein. Sein größter Fehler ist dagegen, was fast alle fälschlich für sein größte Tugend halten: seine vollkommene Natürlichkeit. Sie ist der Grund für das Bild des ungezogenen Jungen, das seine Feinde in einer perversen Propagandaschlacht gegen ihn zu nutzen gewusst haben. Sogar Präsident López Michelsen, den seine Menschenkenntnis selten trügt, hat über General Torrijos einmal geäußert, er sei ein folkloristischer Regierungschef. Um genauer zu sein, hätte er auch sagen können, dass er von unangebrachter Natürlichkeit ist.

Bei einer Gelegenheit ärgerte sich ein europäischer Botschafter darüber, dass Torrijos ihn in einer Hängematte sitzend empfing, in die, um die Natürlichkeit auf die Spitze zu treiben, auch noch mit bunten Bändern sein Name gewebt war. Ein anderes Mal musste jemand missbilligend mit ansehen, wie seine Sekretärin ihm dabei half, die Strümpfe anzuziehen. Samstags ergeht sich ein Fischer, der sich in der Nähe von Torrijos Haus in Farallón betrinkt, regelmäßig in Schmähungen gegen ihn, die er zu wüsten Beschimpfungen steigert. General Torrijos hat seine Wachen angewiesen, den Besoffenen in Ruhe zu lassen, und nur, wenn der es in seiner Aggressivität zu bunt treibt, geht er selbst hinaus auf die Terrasse und antwortet mit den gleichen immer wüster werdenden Beschimpfungen.

Torrijos hätte diesem schlechten Eindruck entgegenwirken können, wäre es ihm gelungen, bei der einen oder anderen Gelegenheit etwas weniger natürlich zu sein. Aber nicht genug damit, dass er es nicht ist, er bemüht sich nicht einmal darum, weil ihm klar ist, dass er es nicht kann. Wer ihn deshalb kritisiert, dem antwortet er mit erbarmungsloser Logik:

»Vergessen Sie nicht, dass ich nicht der Regierungschef irgendeines europäischen Landes bin, sondern der von Panama.«

Nur bei den Bauern steht er mit dem Rücken zur Wand

Wenngleich seine Eltern beide Lehrer und folglich von der ländlichen Mittelschicht geprägt waren, wird Torrijos' wahre Persönlichkeit nur unter den Bauern richtig deutlich. Er spricht gerne mit ihnen in einer gemeinsamen Sprache, die für den Rest der Sterblichen kaum verständlich ist, und man gewinnt überdies den Eindruck, dass er sich mit ihrer Klasse besonders verbunden fühlt.

Die Stadt dagegen bleibt ihm fremd. Dort besitzt er ein eigenes Haus, das einzige, das ihm wirklich gehört, er hat es vor fünfzehn Jahren über die Sozialversicherung gekauft, es ist groß, ruhig, der Innenhof mit vielen Bäumen bewachsen, aber man trifft ihn dort nur selten an. Damit nicht genug: Einmal kam ich unangemeldet nach Panama und, um ihn zu finden, erkundigte ich mich beim nationalen Sicherheitsdienst. Als ich ihn am darauffolgenden Tag endlich traf, fragte ich scherzhaft, was das denn für ein nationaler Sicherheitsdienst sei, der ihn in zwölf Stunden nicht hatte auftreiben können.

»Weil ich zu Hause war«, sagte er halbtot vor Lachen, »und selbst dem nationalen Sicherheitsdienst würde es nicht einfallen, mich dort zu suchen.«

Ich habe ihn nur ein einziges Mal in diesem Haus gesehen, und da wirkte er wie ausgewechselt. Er saß in einem sehr kleinen, tadellosen Büro, das gut klimatisiert und mit Familienfotos sowie dem einen oder anderen Andenken an seine Militärlaufbahn ausgestattet war. Im Gegensatz zu sonst trug er eine Ausgehuniform, und es war augenfällig, dass er sich weder in dieser offiziellen Uniform noch in seiner Haut wohl fühlte. Mir war auch unbehaglich zumute, denn zum ersten Mal hatte ich den Eindruck, nicht wie ein Freund empfangen zu werden, sondern wie ein ausländischer Besucher in einer speziellen Audienz.

Womöglich macht sich Torrijos deshalb immer wenn er kann in seinem Privathubschrauber aus dem Staub und versteckt sich unter den Bauern. Er tut das nicht, wie man vielleicht denken könnte, um vor den Problemen zu fliehen. Im Gegenteil: Seine großen Probleme sind dort noch größer. Vor kurzem begleitete ich ihn beim Besuch einer der bäuerlichen Genossenschaften, die zurzeit im ganzen Land aufgebaut werden. Die Bauern gaben ihm detailliert und offen Rechenschaft über ihre Arbeit, aber am Ende forderten sie Rechenschaft über die seine. Auch sie, fernab in den Bergen, wollten wissen, wie es um die Gespräche über den Kanal stand. Das war das einzige Mal, dass ich Torrijos mit dem Rücken zur Wand gesehen habe, als er eine ausführliche und geradezu vertrauliche Erklärung über den wirklichen Stand der Verhandlungen abgab, wie er es niemals vor seinen zahlreichen städtischen Gesprächspartnern getan hätte.

Das Problem, Torrijos zu heißen

Als ich ihn vor den Bauern sprechen hörte, verstand ich, wie klar sich Torrijos darüber ist, dass die Unterzeichnung des Vertrages alles andere als das Ende seiner Probleme bedeutet. Dann erst beginnen die größeren. Bis jetzt übermächtig und beherrschend, wird das Kanalthema im Leben der Menschen von Panama eine nahezu grenzenlose Leere hinterlassen, die nicht mehr mit Hoffnungen, sondern nur noch mit konkreten Taten zu füllen sein wird.

Der Pakt zwischen den Klassen, der die Nation geeint hat, diente dem Erfolg der Verhandlungen und wird nicht von Dauer sein. Panamas Oligarchie, die zwar nicht sehr stark ist, aber über vorzügliche Kontakte in den Vereinigten Staaten verfügt, hat unter Aufbietung ihrer besten Führungsriege der Sache gute Dienste erwiesen und bereitet sich nun darauf vor, die Rechnung zu präsentieren. Aber auch das Volk von Panama, das Torrijos bedingungslosen Rückhalt und nahezu grenzenlose Opferbereitschaft angeboten hat, erwartet das Seine: Es gibt viele aufgeschobene Forderungen, viele um der nationalen Einheit willen nicht eingelöste Versprechen. Inmitten dieser beiden widerstreitenden Kräfte wirkt General Torrijos mehr denn je wie einer dieser Helden Hemingways, verdrossen vom Gewicht des Sieges.

Etwas aber wird man vielleicht nie erfahren, und ich würde es niemals wagen, General Torrijos danach zu fragen, was nämlich er selbst über den Vertrag denkt. Wie würde er sich bei der Volksabstimmung, die in den nächsten vierzig Tagen stattfinden soll, entscheiden, wenn er nicht General Torrijos, sondern ein gewöhnlicher Bürger Panamas wäre. Meine schriftstellerische Intuition lässt mich vermuten, er würde dafür stimmen, obwohl ich davon überzeugt bin, dass ihm der Vertrag im Grunde seines Herzens missfällt. Er denkt vielleicht, dass es unter den aktuellen Gegebenheiten der bestmögliche Vertrag ist, dass es der Mühe wert war, jeden Zollbreit zu erstreiten, und dass der Vertrag auf jeden Fall eine Errungenschaft des Volkes von Panama darstellt. Aber er wollte noch mehr, wie zweifellos die meisten Menschen in Panama, und er wusste, es war sein gutes Recht, das zu wollen. Ich denke das, weil ich in Panama mit den unterschiedlichsten Menschen aller Klassen und Schattierungen gesprochen habe und weiß, im tiefsten Innern ist General Torrijos einer der Radikalsten. Nur ist er auch der Einzige, auf dessen Schultern die ganze Macht lastet, und die Macht lastet schwer.

Die Monate der Finsternis – Che im Kongo
1977

Der achtmonatige Aufenthalt Che Guevaras im Kongo – von April bis Dezember 1965 – war die rätselhafteste Zeit seines Lebens. Auch zehn Jahre nach seinem Tod sind nur wenige Einzelheiten über diese kurze Unternehmung bekannt, obwohl mehr als tausend Menschen in dieses Geheimnis eingeweiht gewesen sein müssen. Dennoch sind die persönlichen und politischen Beweggründe, die ihn zu einem Kreuzzug veranlassten, der seinem Herzen so fern und seinem Charakter und kulturellen Hintergrund so fremd schien, weiterhin kaum zu durchschauen.

Che war am 14. März 1965 von einer triumphalen Rundreise, die ihn bis in die Außenbezirke der Welt geführt und seinem Bild des fahrenden Ritters der Revolution eine nahezu mythische Dimension verliehen hatte, nach Havanna zurückgekehrt. Offensichtlich war er schon bei seiner Rückkehr entschlossen, sich dem Kampf im Kongo anzuschließen, denn bereits zwei Tage nach seiner Ankunft schrieb er einen langen und sonderbaren Brief an seine Mutter, der alle Merkmale eines chiffrierten Abschieds trug. Er teilte ihr mit, er wolle eine Zeit lang bei der Zuckerrohrernte helfen und danach für fünf Jahre eine der verstaatlichten Industrien leiten. Dieser Brief war die letzte Spur, die er hinterließ, bevor er fast zwei Jahre später im bolivianischen

Urwald wieder auftauchte. Es existieren unterschiedliche Versionen über diese Jahre der Finsternis. Die dichterisch anspruchsvollste geht davon aus, der CIA sei über die Aufenthaltsorte Che Guevaras immer unterrichtet gewesen und habe ihn nicht nur streng überwacht, sondern ihm auch geholfen, einige Hindernisse zu überwinden – selbstverständlich ohne sein Wissen –, um seine Absichten bis ins letzte Detail kennen zu lernen. Allerdings gibt es deutliche Hinweise, dass der CIA schlicht die lächerliche Behauptung akzeptierte, Che sei nach einer Auseinandersetzung mit Fidel Castro heimlich exekutiert worden. Tatsächlich wurde ein hoher Beamter des CIA damals gefragt: »Do you think that Che Guevara is under ground?« Und der Mann antwortete trocken: »Yes, seven feet under ground.« *

Die lange Reise

Che Guevara verließ Havanna am 25. April 1965. Es stimmt, dass er an eben jenem Tag den berühmten Abschiedsbrief an Fidel Castro schrieb, in dem er auf seinen Rang als Kommandant und auf alles, was ihn offiziell mit der kubanischen Regierung in Verbindung brachte, verzichtete. Aber es ist eine ziemlich weit verbreitete Dummheit, diesen Brief als einen Bruch zu interpretieren. Die tiefe Freundschaft und die politische Übereinstimmung zwischen Fidel Castro und Che Guevara wurden durch die dramatischen Schwierigkeiten, die die kubanische Revolution in jener Zeit zu bewälti-

---

* Wortspiel mit der doppelten Bedeutung des englischen *under ground*, das sowohl »im Untergrund« als auch »unter der Erde« bedeuten kann. Die Übersetzung würde demnach lauten: »Glauben Sie, dass Che Guevara im Untergrund ist?« (oder auch »unter der Erde ist«). »Ja, sieben Fuß unter der Erde.« (Anm. d. Autors)

gen versuchte, nicht erschüttert. Mehr noch: Che Guevaras Aufenthalt in Afrika ist ohne Fidel Castros Einverständnis undenkbar. Mit diesem unvergesslichen Brief traf Che Guevara einfach Sicherheitsvorkehrungen, um Kuba nicht in eine internationalistische Aktion hineinzuziehen, die aus verständlichen Gründen persönlich aussehen sollte.

Die Reise war vom kubanischen Geheimdienst vorbereitet worden. Es war ziemlich schwierig, einen Mann, dessen Porträt die Wände der halben Welt schmückte, bis zur Unkenntlichkeit zu verkleiden. Außerdem war die mächtige Wölbung seiner Augenbrauenbogen ein unveränderbares Kennzeichen. Später, für seine Reise nach Bolivien, sollte seine Maskerade aus einer vorzeitigen Kahlköpfigkeit und einer dicken Hornbrille bestehen, die ihm das vorteilhafte Aussehen eines spanischen Priesters verlieh. Wie es scheint, war die Verkleidung für die Reise nach Afrika weniger aufwendig: ein sehr konservativer Haarschnitt, ein dicker schwarzer Schnäuzer und ein Anzug aus dunklem Tuch, sehr britisch, mit einem steifen Bankierskragen und einer Krawatte in gedeckten Farben, sodass niemand auf die Idee gekommen wäre, hier Che Guevara in Zivil zu vermuten. Eine weitere Vorkehrung für die Reise: Er rauchte niemals in der Öffentlichkeit jene langen Havannazigarren, die fast schon ein Teil seines Gesichts waren.

Die Route, die Che von Havanna nach Brazzaville einschlug, ist schwer zu rekonstruieren, aber man weiß, dass sie sehr lang und verschlungen war. Man weiß, dass er immer mit falschem Pass in Linienflügen für Geschäftsleute reiste und dass es bei keiner der zahlreichen Passkontrollen brenzlig wurde. Er nahm nirgends Kontakt zur kubanischen Botschaft oder zu Vertretern der kubanischen Regierung auf und wohnte nie in Hotels oder bei Bekannten, sondern in einsamen Wohnungen, die im Voraus angemietet worden waren. Er reiste mit nur einem Begleiter, einem großen, gut gebauten Schwarzen, der zugleich sein Adjutant und sein Sicherheitsberater war. Ein so blendend aussehender Mann, dass er überall Aufmerksamkeit erregte und Che Guevara ihm schließlich im Scherz befahl, sich weiß anzumalen, damit er den neugierigen Blicken entgehe, die er ständig auf sich zog.

Offensichtlich kam es bei der Hin- und Rückreise nur zu einem einzigen Zwischenfall, als in einer europäischen Hauptstadt die Verbindung abriss. Während sein Adjutant versuchte, die Sache zu regeln, blieb Che fast eine Woche in seiner kargen Wohnung, in der außer den Betten nur noch ein Esstisch in der Küche stand. Irgendwann war sein Büchervorrat, hauptsächlich schöne Literatur, und zwar vor allem Gedichte, erschöpft, und er vertiefte sich mit dem Brett und den Figuren, die er immer bei sich trug, und den Schachbüchern, die er kaufte, sobald er Gelegenheit dazu hatte, in verzwickte Schachrätsel. Er war nicht immer so vorsichtig. In einer anderen Stadt, wo er zwischen zwei Flügen übernachten sollte, sah er an einem Kino eine Ankündigung von *Tokio 1964*, einem Dokumentarfilm, den er unbedingt sehen wollte.

Sein Sicherheitbeauftragter hielt es für Irrsinn, an diesem Abend ins Kino zu gehen, und Che gab vor, seine Argumente zu verstehen, und legte sich schlafen, aber kaum hörte er seinen Begleiter schnarchen, stahl er sich aus dem Schlafzimmer und ging ins Kino. Er sah den Film in einer einsamen Ecke eines halb leeren Kinosaals. Als das Licht anging, wachte sein hünenhafter Schutzengel, der sein Verschwinden frühzeitig bemerkt hatte und in seiner Nähe saß, allerdings über ihn.

Die Nummer Zwei

Ches Auftrag bestand darin, Guerrillaeinheiten für das Komitee zur Nationalen Befreiung des Kongo auszubilden, das gegen Moïse Tshombé kämpfte. Er begnügte sich nicht damit, diese Aufgabe sorgfältig zu erfüllen, sondern nahm selbst an Aktionen gegen die Söldner teil, die im Dienst der alten belgischen Kolonialherren und internationaler Bergbauunternehmen standen. Es heißt, sehr wenige Leute hätten seine wahre Identität gekannt, aber es ist wohl eher anzunehmen, dass dieses Geheimnis aus Loyalität gehütet wurde, denn es ist ausgeschlossen, dass die zweihundertköpfige kubanische Truppe, die sich ihm in Afrika anschloss und die in den acht Monaten seiner Mission in ständigem Kontakt mit ihm stand, ihn nicht erkannte. Jedenfalls verbarg sich Che hinter dem Pseudonym Tatu, dem Wort für Zwei auf Suaheli. Man hat geglaubt, er habe mit dem Titel eines Untergebenen seinen hohen Rang verdecken wollen, und der Titel entsprach ja auch tatsächlich seiner Stellung innerhalb der Guerrilla, denn der wahre Anführer der Bewegung war Gaston Soumaliot, und die Operationen wurden von Laurent Kabila geleitet. Aber das Pseudonym »Nummer Zwei« war nicht neu in Che Guevaras Mythologie. Ein anderer Kommandant Segundo, Argentinier wie er, war im Jahr zuvor in den Bergen gefallen. Das war Jorge Ricardo Masetti, Begründer der Prensa Latina, ein enger Freund Che Guevaras, der es sich offensichtlich vorgenommen hatte, Che den Weg für die Befreiung seines Heimatlandes zu ebnen. Das Pseudonym »Der Zweite« schien hier das unmittelbar bevorstehende Auftauchen eines Ersten Kommandanten anzukündigen. Am wahrscheinlichsten ist allerdings, dass sowohl Masetti in Argentinien als auch Che Guevara im Kongo das gleiche Pseudonym als Huldigung an einen

Nationalhelden benutzten, den beide verehrten: Don Segundo Sombra.

Ebenfalls rätselhaft sind Che Guevaras Motive, den Kongo auf eine Art zu verlassen, die zumindest überstürzt wirkt. Nach der gängigsten Lesart übte die Sowjetunion Druck auf Kuba aus, um ihn zum Verlassen des Landes zu bewegen, weil seine Anwesenheit inmitten dieses Brandherds die UdSSR auf Grund ihrer Verbindungen zur kubanischen Revolution hätte kompromittieren können. Die Erklärung, die kongolesischen Kriegsherren hätten selbst den Rückzug Che Guevaras beschlossen, nachdem Moïse Tshombé besiegt war, und Che sei ebenso stillschweigend verschwunden, wie er gekommen war, kommt der Wahrheit aber wohl näher. Bevor er ging, kümmerte er sich noch darum, dass der kongolesische Junge, der sechs Monate sein Lehrer für Suaheli gewesen war, in Kuba studieren konnte.

Einer der am häufigsten angewandten Tricks auf Che Guevaras geheimen Reisen bestand darin, erst in allerletzter Minute am Flughafen einzutreffen, wenn die Gangway schon zurückgefahren wurde, sodass den Zollbeamten keine Zeit blieb, in Ruhe die Papiere zu überprüfen. Am Flughafen von Daressalam, der Hauptstadt von Tansania, hatte er sich verschätzt, und als er mit seinem Adjutanten am Flughafen eintraf, war das Flugzeug schon auf dem Weg zur Startbahn.

Doch dann meinte es die Vorsehung gut mit ihnen: Der politische Kommissar des Heeres von Sansibar, noch mehr verspätet als die beiden, gab den Befehl, die Maschine anzuhalten, damit er an Bord gehen konnte. Es waren nur noch drei Sitzplätze frei. Che Guevara setzte sich ans Fenster, sein Adjutant in die Mitte, und der politische Kommissar des Heeres von Sansibar setzte sich an den Gang. Sie waren erst wenige Minuten in der Luft, da hatte letzterer bereits festgestellt, dass sein Sitznachbar Kubaner war, und begann ein Gespräch, das sich während des ganzen Fluges ununterbrochen hinzog und sich nur um ein einziges Thema drehte: Che Guevara.

Tatsächlich war der hohe Militär aus Sansibar etliche Male in Kuba gewesen, hatte Che Guevara näher kennen gelernt und bewunderte ihn so sehr, dass er nicht müde wurde, während des ganzen sechsstündigen Fluges von ihm zu sprechen. In die Ecke ans Fenster gepresst, gab Che vor zu lesen, stellte sich mit dem Buch über dem Gesicht schlafend, unterdrückte stoisch jeden Wunsch zu trinken, zu essen, zu pinkeln und hörte über sich reden, nur über sich in dieser vollbesetzten Maschine, die ihn zu anderen Flügen bringen sollte, bis er schließlich die halbe Welt in umgekehrter Richtung durchreist hatte, um endlich in Kuba zu landen. Es heißt, aber ist nicht bestätigt, Fidel Castro habe ihn am Flugplatz abgeholt. Es heißt, ist aber wiederum nicht bestätigt, die beiden Männer hätten sich alleine und ohne Zeugen drei Tage lang eingeschlossen, um zu reden. Es gab keine Tonbandgeräte im Raum, und niemand machte Notizen. Aber es steht außer Zweifel, dass bei diesem Gespräch, wenn es denn wirklich stattgefunden hat, die Entscheidung fiel, den Kampf in Lateinamerika fortzusetzen, der in Afrika unterbrochen worden war. Denn sechs Monate später war Che Guevara in Bolivien.

»Die Revolution steht nicht auf dem Sockel«
(Interview mit Régis Debray)
1977/1978

GABRIEL GARCÍA MÁRQUEZ: Viele Leute sind der Meinung, für die Revolution in Lateinamerika wärst du tot nützlicher gewesen als lebendig. Wie denkst du darüber?
RÉGIS DEBRAY: Ich denke, vom christlichen Standpunkt aus betrachtet ist das zweifellos richtig. Das Blut der Märtyrer als Saat für die Helden von Morgen, das Opfer als höchster Wert, die Erlösung durch den Tod, das alles sind sehr nützliche Hirngespinste, vor allem, wenn es darum geht, eine Revolution in einem katholischen Land zu machen. Und sie sind nicht nur nützlich, sondern bis zu einem gewissen Grad auch richtig: Es liegt in der Natur des Menschen, dass er Vorbilder braucht, um sich zu bewegen, und ein Toter ist immer ein besseres Vorbild als ein Lebender. Ich weiß nicht mehr, wer es war, aber jemand hat einmal gesagt: Die Toten gehen einem weniger auf die Nerven.

Es ist mir natürlich nicht entgangen, dass mein Überleben ein bisschen unmoralisch ist. Aber es war nicht meine Schuld. Schuld daran war das Aufeinandertreffen verschiedener Zufälle, die ich bis heute nicht ganz entwirren konnte. Ich hatte immer gedacht, ein Fotograf aus Sucre habe mir in Bolivien das Leben gerettet, weil er mich eine halbe Stunde nach meiner Festnahme in Moyopampa auf dem Hof der

Polizeistation, wo ich bloß einer unter mehreren Verdächtigen war, fotografiert hat. Das Foto wurde irgendwann veröffentlicht, nachdem das Militär bereits mitgeteilt hatte, ich sei »im Kampf gefallen«. Erst vor wenigen Monaten stellte ich dann fest, dass das Negativ auch nur durch Zufall zu der Zeitung gelangt ist, die das Foto schließlich veröffentlichte. Derjenige nämlich, der es völlig ahnungslos hinbrachte, hätte es fast zusammen mit anderen Päckchen im Bus liegen lassen.

Für die damalige Revolution wäre ein Toter zweifellos nützlicher gewesen. Aber noch ist nicht ausgemacht, ob das auch für die kommende Revolution gilt. Es hängt alles davon ab, was ich mit dem Rest meines Lebens anfange, denn während die Toten auf der Strecke bleiben, geht die Revolution weiter. Ich vertraue jedenfalls darauf, dass mein Tod für die zukünftige Revolution nützlicher sein wird, als er es für die Revolution in der Vergangenheit gewesen wäre. Lohnender im eigenen Land als im fremden, denn ich glaube, es gibt so eine Art vorherbestimmte Eintracht zwischen dem Blut und dem Ort, woher man kommt. Eben Frankreich. In meinem Fall. Also kein Grund, den Kopf hängen zu lassen. Nur Geduld. Ihr werdet mich noch ein bisschen ertragen müssen.

GGM: Wann in etwa meinst du, kann man wirklich sicher sein, auch der zukünftigen Revolution tot mehr zu nützen als lebendig?

RD: Das plant man doch nicht, es ist nicht berechenbar, man muss auf den Zufall vertrauen, der ist immer sehr weise. Es stimmt schon, nichts auf der Welt ist schwieriger, als zum richtigen Zeitpunkt zu sterben. Man darf sich nicht irren: darf nicht zu früh und nicht zu spät abtreten. Man darf den Moment nicht verpassen, aber man sollte auch nichts überstürzen. Wenn es ums Sterben geht, melden sich eigentlich nur die Faschisten freiwillig. Ein wirklicher Revolutionär vertraut eher auf das Leben. Durch seinen Tod bestätigt er das Leben, im Gegensatz zum Faschisten, der sich vom Leben nichts als die stumpfsinnige Wiederholung des Todes erwartet. Ich finde mich zurzeit damit ab, am Leben zu sein und mich gut auf das Kommende vorzubereiten.

GGM: Und was ist das Kommende?

RD: Ein so mächtiger Groll auf die politische Führung der Linken, dass er sich unvermeidlich Luft machen wird. Ich spreche von Frankreich. Vor allem vom Monat Mai, der uns nun bevorsteht und wo es sehr ernst werden wird. Jedenfalls werden wir versuchen, dass es das wird.

GGM: Wir sprechen über Politik, obwohl du heute in erster Linie als Romancier auftrittst und außerdem den Prix Fémina 1977 bekommen hast. Ist dieser Schritt vom politischen Essay zur Literatur nicht auch ein Zeichen politischer Desillusionierung?

RD: Wenn dem so wäre, hätte die Desillusionierung sehr bald ein Ende, denn ich bin schon wieder auf dem Weg zum Essay: Sehr bald wird meine *Lettre aux communistes français* im Buchhandel erhältlich sein wird, da wirst du dann sehen, dass ich für meinen Ausflug in die Literatur eine Rückfahrkarte gelöst habe.

GGM: Also dann frage ich dich, und zwar nicht zuletzt auch, um deine Einschätzung mit der meinen zu vergleichen: Wie fühlst du dich bei diesem Hin und Her?

RD: Dieses Hin und Her zwischen dem Zeitgebundenen und der zeitlosen Kunst, zwischen den vergänglichen und den unvergänglichen Worten, zwischen der unmittelbaren, nützlichen Politik und der sehr notwendigen Nutzlosigkeit des Romans ist für viele ebenso selbstverständlich wie das Atmen. Ich bin vom journalistischen Essay zum Roman gewechselt, während es bei dir umgekehrt war. Ich möchte selbstverständlich nicht behaupten, dass du der politischen

Illusion aufgesessen bist und ich der Desillusionierung. So einfach ist das nicht.

GGM: Mir geht es um eine Antwort auf die Frage, ob du noch an die Revolution glaubst. Viele unserer Freunde und Feinde stellen sich heute diese Frage, vor allem in Lateinamerika, und sie würden es mir nicht verzeihen, wenn ich die Gelegenheit nicht nutzte, sie dir persönlich zu stellen.

RD: Ich glaube genauso an die Revolution wie früher – vor allem an die kubanische Revolution –, und heute glaube ich sogar fester daran als früher, weil ich weiß, warum ich daran glaube. Ich glaube an die Notwendigkeit, dem Imperialismus ein Ende zu machen und an den praktischen Nutzen vieler Theoreme und Schlussfolgerungen von Karl Marx. Aber ich meine, dass man zu irgendeinem Zeitpunkt im Leben die Revolution von ihrem hässlichen Sockel holen sollte, um ihr die Größe des Alltäglichen zurückzugeben, des Realen, der winzigen Individuen, die wir alle mit unserem Körper, unseren Träumen und Empfindungen sind. Wir haben doch die Schnauze schon gestrichen voll von all diesen ach so moralischen Akteuren wie Vaterland, Revolution, Partei, Geschichte – alle hoch oben auf dem Sockel –, und alle haben sich in der Praxis zur Genüge als unmoralisch erwiesen. Es ist notwendig, hinzugehen und aus der Nähe zu sehen, wie die wirklichen Menschen, die sich hinter diesen aufgeplusterten Worten verbergen, leben, wovon sie träumen und wie sie sich lieben und miteinander schlafen.

Man muss die Revolutionäre aus der Nähe betrachten, Männer wie Frauen, die anonymen Kämpfer, die jeden Tag Geschichte schreiben, ohne es zu wissen.

GGM: Versuchst du nicht gerade, die Geschichte ein bisschen zu entmystifizieren?

RD: Es geht nicht ums Entmystifizieren, sondern um revolutionäre Moral: darum, nicht nur das »Warum« aufzudecken, sondern auch das »Wie« zu sagen, was ist, und nicht bloß, was sein soll. Genau dazu dienen Romane. Die politische Rhetorik konjugiert alle Verben in der Zukunft, während sich der Roman nur um die Gegenwart kümmert, und da gibt es viel zu tun, denn über die Realität wird im Allgemeinen am allerwenigsten geredet. Ich glaube, es war Fidel Castro, der einmal gesagt hat, dass die Arbeit für die Massen darin besteht, sich der Individuen anzunehmen, der Personen. Eben das ist die Arbeit des Schriftstellers, und deshalb sehe ich nicht, was sie mit Desillusionierung zu tun hat. Der Schriftsteller kümmert sich um die Einzelheiten, weil das Leben eine Ansammlung von Einzelheiten ist, von Farben und Formen. Auch der wahre Revolutionär kann es nicht bei Verallgemeinerungen belassen.

GGM: Wenn du das so sagst, habe ich das dumpfe Gefühl, dass du dich in erster Linie auf die lateinamerikanische Linke beziehst. Ich würde gerne wissen, wie du sie im Moment siehst.

RD: Ich sehe sie an einem zweifellos schwierigen Wendepunkt, aber solange es Kuba gibt – und das kann niemand mehr kaputt machen –, wird die lateinamerikanische Linke niemals zur Bedeutungslosigkeit verdammt sein. Diese Linke hat, wie die anderen auf der Welt, in ihrer Geschichte einige Fehler gemacht und einige Erfolge zu verzeichnen. Die größten Fehler wurden von der Guerrillabewegung gemacht, als sie die Losung ausgab »die Waffen ohne das Volk«, und von gewaltfreien Reformisten, als sie die Losung ausgaben »das Volk ohne die Waffen.« Man muss über diese Fehlschläge nachdenken, und zwar nicht nur über ihre Auswirkungen, sondern auch über ihre Gründe. Schlimmer als eine Niederlage zu erfahren ist es, die Augen zu verschließen und sich über die ihr zu Grunde liegenden Fehler auszuschweigen. Ich bin wahrlich kein Lehrmeister und erteile deshalb auch niemandem Ratschläge, aber zuweilen beunruhigen mich die Gedächtnislücken, die lückenhafte Beschäftigung mit der eigenen nationalen Geschichte, manche Genossen leiden an dieser Mischung aus Gedächtnisverlust, wenn es um das Eigene geht, und aus enzyklopädischer Wissensanhäufung, wenn die Anderen betroffen sind. Ich glaube, die lateinamerikanische Linke könnte überzeugender links sein, wenn sie weniger global wäre.

GGM: Wie siehst du in diesem Zusammenhang Che Guevara zehn Jahre nach seinem Tod?

RD: Ich sehe ihn oft vor mir, einfach so, aus heiterem Himmel. Ich sehe ihn vor mir, als würde er hinter der nächsten Ecke auf uns warten, mit seinem zurückhaltenden aber schalkhaften Grinsen, als würde er denken: »Was bilden diese Europäer sich nur ein mit ihren Parlamenten, ihren Wahlen und ihren gewaltfreien Wegen.« Che erinnert mich immer an die Unausweichlichkeit des Krieges, an die Konfrontation, an den Preis von Blut und Schweiß, den man für den geringsten sozialen Fortschritt bezahlen muss. Noch heute, und das wird wohl auch immer so bleiben, hält mich allein Che davon ab, vollkommen und unwiderruflich »Eurokommunist« zu sein, denn ansonsten denke ich, man muss das sein, wenn man mit beiden Beinen auf der Erde steht und in Europa lebt. Aber Che ist da, um uns an die Gültigkeit der Prinzipien zu erinnern. Viele Wege wurden von Che erforscht, die auch wir früher oder später entdecken werden. Er hat zum Beispiel als Erster erkannt, dass Afrika zu einem Gebiet strategischer Auseinandersetzung wird. Wir sollten nicht vergessen, dass er die Verbindung zu Angola hergestellt hat. Außerdem erinnert uns Che daran, dass nichts und niemand, ganz gleich wo auf der Welt, eine Hand voll entschlossener Männer davon abhalten kann, den Lauf der Dinge zu verändern. Seit zehn Jahren herrscht in

Europa die Kritik an seinem Avantgardismus vor – an seiner gefährlichen Neigung, im Namen der Massen zu reden und zu handeln. Aber diese Kritik sollte uns nicht vergessen lassen, dass der vollkommene Verzicht auf die Rolle der Avantgarde und des Bewusstseins früher oder später in die generelle Abdankung mündet. In diesem Sinne ist Che auch Teil unseres Bewusstseins.

GGM: Die Franzosen sind weniger berühmt für ihre Weine und ihren Käse als für ihre schier enzyklopädische Ignoranz in Geographie. Weißt du, als guter Franzose, etwas über Kolumbien?

RD: Es ist nicht mehr viel von dem übrig, was ich vor vielen Jahren einmal wusste. Was bleibt, ist ein Bild, ein Spuk. Wenn mir jemand von Kolumbien erzählt, denke ich an eine fünfzigjährige Baronesse, eine alte Jungfer, provinziell, aber von altem Adel, nicht sehr reich, mit ehernen Grundsätzen bewehrt, die jeden Morgen zur Beichte geht. Alles in allem eine anachronistische Dame, devot und grausam zugleich. Neben Venezuela, das ich als eine Mademoiselle mit vanillefarbener Haut sehe, plebejisch und munter, lebenslustig, aber doch etwas vulgär, zeigen sich die Vorzüge Kolumbiens eher geistig als körperlich, weniger augenfällig, dafür vielleicht vertrauenerweckender. *In the long run,* wie die Yankees sagen. Mit diesem schiefen und haltlosen Bild Kolumbiens wäre mein überzeugter Einsatz für die Pflichtvergessenheit bewiesen und überdies, dass ich mein Recht auf den geistigen Unfug zur Gänze ausnutze, das zu den Menschenrechten gehört, für die wir uns alle nach Kräften stark machen.

GGM: Soweit so gut, und was kommt jetzt?

RD: Jetzt, das heißt in den nächsten Tagen, fahre ich nach Kuba. Das ist alle Jahre wieder meine beste Therapie gegen den Irrsinn, die Hirngespinste und die kapitalistische Scheinheiligkeit.

DER COUP DER SANDINISTEN
CHRONIK DES STURMS AUF DAS »HAUS DER SCHWEINE«
1978

Der Plan wirkte wie ein zu einfältiger Scherz. Es ging darum, am helllichten Tag mit nur fünfundzwanzig Mann den Nationalpalast in Managua zu besetzen, die Mitglieder des Abgeordnetenhauses als Geiseln zu nehmen und im Austausch die Freilassung aller politischen Gefangenen zu erreichen. Der Nationalpalast, ein altes, geschmackloses Gebäude mit zwei Stockwerken von monumentaler Hochnäsigkeit, nimmt einen ganzen Häuserblock ein, besitzt zu allen Seiten jede Menge Fenster und zum trostlosen Platz der Republik hin eine Fassade mit Säulen im Stil eines bananenrepublikanischen Parthenon. Neben dem Senat im Erdgeschoss und dem Abgeordnetenhaus im ersten Stock beherbergt der Palast das Ministerium für Finanzen, das Innenministerium und die oberste Steuerbehörde, sodass er das bekannteste und bevölkertste aller öffentlichen Gebäude Managuas ist. Deshalb stehen dort immer ein gut bewaffneter Polizist neben jeder Tür und zwei neben der Treppe zum ersten Stock, außerdem wimmelt es von Schießeisen-Trägern der Minister und Parlamentarier. Während der Dienstzeit befinden sich, Angestellte und Publikum zusammengerechnet, nicht weniger als dreitausend Personen in den Kellerräumen, den Büros und Fluren. Dennoch hielt die Führung der

Frente Sandinista de Liberación Nacional (FSLN) den Sturm auf diesen Marktplatz der Bürokratie eigentlich nicht für einen zu einfältigen Scherz, sondern ganz im Gegenteil für einen Irrsinn der Meisterklasse. Tatsächlich war der Plan bereits 1970 von dem erfahrenen Aktivisten Edén Pastora ausgearbeitet und vorgeschlagen worden, aber er wurde erst in diesem brütend heißen August umgesetzt, nachdem allzu offensichtlich geworden war, dass die Vereinigten Staaten sich dazu entschlossen hatten, Somoza zu helfen, seinen blutigen Thron bis 1981 zu behalten.

»Wer auf meinen schlechten Gesundheitszustand spekuliert, wird sich täuschen«, hatte der Diktator nach seinem jüngsten Besuch in Washington gesagt und mit der seinem Charakter ureigenen Arroganz hinzugefügt: »Anderen geht es noch schlechter.« Kurz darauf wurden drei Staatsanleihen in Höhe von vierzig, fünfzig und sechzig Millionen Dollar angekündigt. Und zu guter Letzt brachte Präsident Carter das Fass eigenhändig zum Überlaufen, als er Somoza in einem Glückwunschschreiben zu einer angeblichen Verbesserung der Menschenrechtslage in Nicaragua gratulierte. Die nationale Führung der FSLN hielt endlich, angespornt durch eine spürbar wachsende Unruhe im Volk, einen entschlossenen Gegenschlag für dringend geboten und entschied, dass der Plan, der acht Jahre lang immer wieder verschoben und auf Eis gelegt worden war, umgesetzt werden sollte. Da es darum ging, die Parlamentarier des Regimes als Geiseln zu nehmen, bekam die Aktion den Decknamen Operation Schweinehüter. Will sagen: der Sturm auf das *Haus der Schweine*.

Null, Eins und Zwei

Die Verantwortung für die Operation lag bei drei sehr erprobten Kämpfern. Der Erste war der Mann, von dem die Idee stammte, der das Kommando führen sollte und dessen wirklicher Name nicht nur in der Heimat Ruben Daríos wie das Pseudonym eines Dichters klingt: Edén Pastora. Er ist ein Mann von zweiundvierzig Jahren, besitzt zwanzig Jahre intensiver Kampferfahrung und Führungsqualitäten, die er auch hinter seiner glänzenden Laune nicht zu verbergen vermag. Als Sohn aus konservativem Haus machte er sein Abitur bei den Jesuiten und studierte danach drei Jahre Medizin an der Universität von Guadalajara in Mexiko. Drei Jahre Studium, für die er fünf Jahre benötigte, weil er die Ausbildung etliche Male unterbrach, um zu den Guerrillas seines Landes zurückzukehren, und erst wieder in der medizinischen Fakultät erschien, wenn er besiegt worden war. Seine früheste Erinnerung, damals war er sieben, ist der Tod seines Vaters, der von Anastasio Somoza Garcías Nationalgarde ermordet wurde. Als Kommandant der Operation erhielt Edén Pastora, einer Tradition der FSLN folgend, den Namen Null.

Als nächster wurde Hugo Torres Jiménez ausgewählt, ein erfahrener Guerrillero von dreißig Jahren, dessen politische Ausbildung seiner militärischen in nichts nachsteht. Er hatte an der berühmten Geiselnahme auf einem Familienfest Somozas im Jahr 1974 teilgenommen, war in Abwesenheit zu dreißig Jahren Gefängnis verurteilt worden und lebte seither unerkannt in Managua im Untergrund. Sein Name lautete wie bei der vorangegangenen Operation Nummer Eins.

Die Nummer Zwei, die einzige Frau des Kommandos, ist die zweiundzwanzigjährige Dora María Téllez, eine sehr hübsche junge Frau, schüchtern und in sich gekehrt, die mit ihrer Intelligenz und ihrem Urteilsvermögen jedwedes große Vorhaben im Leben hätte meistern können. In León hatte sie ebenfalls drei Jahre Medizin studiert. »Aber ich habe es aufgegeben, weil es zu frustrierend war«, sagt sie. »Es war sehr traurig, unterernährte Kinder mühsam aufzupäppeln, nur damit sie nach drei Monaten noch schlimmer unterernährt wieder ins Krankenhaus kamen.« Als Mitglied der Guerrilla-Einheit »Carlos Fonseca Amador« im Norden, lebte sie seit Januar 1976 im Untergrund.

Ohne Mähne und Bart

Das Kommando wird durch weitere dreiundzwanzig Jungen vervollständigt. Die Führung der FLSN hat sie sehr streng unter den entschlossensten und kampferprobtesten Guerrilleros aller Regionalkomitees in Nicaragua ausgewählt, daher erstaunt es umso mehr, wie jung sie sind. Pastora nicht eingerechnet, liegt das Durchschnittsalter des Kommandos bei zwanzig Jahren. Drei seiner Mitglieder sind achtzehn.

Als sich die sechsundzwanzig Mitglieder des Kommandos zum ersten Mal in einem konspirativen Haus in Managua trafen, waren es nur noch drei Tage bis zu dem Termin, der für die Aktion festgesetzt worden war. Abgesehen von den drei ersten Nummern kannten sie einander nicht und hatten nicht die geringste Vorstellung, worum es sich bei der Operation handelte. Es war ihnen lediglich mitgeteilt worden, dass es ein waghalsiges Unternehmen mit einem beträchtlichen Risiko für ihr Leben sei, und alle hatten eingewilligt.

Nur der Kommandant Nummer Null war einmal im Nationalpalast gewesen, er war damals ein kleiner Junge und begleitete seine Mutter, als sie ihre Steuern bezahlte. Dora María, die Nummer Zwei, hatte eine vage Vorstellung vom

Blauen Salon, in dem die Abgeordneten tagen, denn sie hatte ihn einmal im Fernsehen gesehen. Nicht genug damit, dass der Rest der Gruppe den Nationalpalast noch nicht einmal von außen kannte, die meisten von ihnen waren nie zuvor in Managua gewesen. Allerdings besaßen die drei Anführer einen exakten Gebäudeplan, den ein Arzt der FSLN mit geradezu wissenschaftlicher Akribie angefertigt hatte, und kannten bereits mehrere Wochen vor der Aktion jeden Winkel des Gebäudes, als hätten sie ihr halbes Leben darin gewohnt.

Die Aktion war für Dienstag, den 22. August, vorgesehen, an dem wegen der Debatte über den Staatshaushalt garantiert zahlreiche Abgeordnete anwesend sein würden. Als die Späher an diesem Tag morgens um halb zehn bestätigten, dass die Sitzung des Abgeordnetenhauses stattfinden würde, weihte man die dreiundzwanzig Jungen in alle Geheimnisse des Vorhabens ein, und jedem wurde eine genaue Aufgabe zugewiesen. Aufgeteilt in sechs Trupps à vier Personen, bekam jeder in einem komplexen, aber effizienten Verfahren eine Nummer, durch die sein Trupp und seine Stellung darin gekennzeichnet waren.

Der Witz der Aktion bestand darin, als eine Rekruteneinheit der Infanterieschule der Nationalgarde aufzutreten. Daher zogen alle olivgrüne Uniformen an, die heimlich in verschiedenen Größen von Näherinnen angefertigt worden waren, und Militärstiefel, die man am Samstag zuvor in unterschiedlichen Geschäften gekauft hatte. Jeder bekam einen Tornister mit einem schwarz-roten Tuch der FSLN, zwei Taschentüchern für den Fall, dass jemand verwundet würde, einer Taschenlampe, einer Gasmaske und Brille, Plastiktüten, um im Notfall Trinkwasser zu sammeln, und einer Tüte mit Bikarbonat, um sich vor Tränengasangriffen zu schützen. Zur allgemeinen Ausstattung des Kommandos gehörten außerdem zehn Nylonstricke von je anderthalb Metern Länge, um Geiseln zu fesseln, und drei Ketten mit Vorhängeschlössern, um sämtliche Türen des Nationalpalastes von innen zu verriegeln. Auf medizinische Ausrüstung wurde verzichtet, weil bekannt war, dass der Blaue Salon über einen Sanitätsdienst und die nötigsten Medikamente verfügte. Schließlich bekamen sie die Waffen zugeteilt, die man nicht von denen der Nationalgarde unterscheiden konnte, denn fast alle waren bei Kämpfen erbeutet worden. Insgesamt bestand das Arsenal aus zwei Uzi Maschinenpistolen, einem G3, einem M3, einem M2, zwanzig Garand Gewehren, einer Browning Pistole und fünfzig Granaten. Jeder verfügte über dreihundert Schuss Munition.

Allgemeiner Protest wurde erst laut, als es darum ging, sich die Haare zu schneiden und die Bärte abzunehmen, die an der Front mit so viel Hingabe gezüchtet worden waren. Aber schließlich kann ein Mitglied der Nationalgarde weder lange Haare noch einen Bart haben, und nur den Offizieren ist es erlaubt, einen Schnäuzer zu tragen. Es blieb den Jungen nichts anderes übrig, als sich, so gut es eben ging, zu scheren, denn so kurzfristig fand die FSLN keinen Friseur, dem sie vertraute. Sie schnitten sich gegenseitig die Haare. Dora Marías schöne kriegerische Mähne wurde von einer resoluten Genossin mit zwei Schnitten gestutzt, damit Dora unter der schwarzen Baskenmütze nicht als Frau zu erkennen war.

Um elf Uhr fünfzig wurde mit der üblichen Verspätung die Sitzung des Abgeordnetenhauses im Blauen Salon eröffnet. Nur zwei Parteien sind darin vertreten: die Liberale Partei, offizielle Partei Somozas, und die Konservative Partei, die das Spiel der loyalen Opposition spielt. Von der mächtigen Glastür des Haupteinganges aus sieht man den liberalen Block zur Rechten und den konservativen Block zur Linken, und im Hintergrund auf einem Podium den langen

Regierungstisch. Hinter jedem Block befindet sich ein Balkon für die Anhänger der beiden Parteien und eine Tribüne für die Presse, aber während der Balkon für die Anhänger der Konservativen schon seit langem gesperrt ist, sammeln sich auf dem der Liberalen immer viele bezahlte Parteigänger. An jenem Dienstag herrschte noch mehr Betrieb als gewöhnlich, und auf der Pressetribüne befanden sich überdies etwa zwanzig Journalisten. Insgesamt waren siebenundsechzig Abgeordnete anwesend, von denen für die FSLN zwei ihr Körpergewicht in Gold wert waren: Luis Pallais Debayle, ein Vetter ersten Grades von Anastasio Somoza, und José Somoza Abrego, Sohn des Generals José Somoza, der ein Halbbruder des Diktators ist.

Der Chef kommt!

Die Debatte über den Haushalt hatte begonnen, als um halb eins gleichzeitig zwei olivgrün lackierte Ford-Transporter, deren Ladeflächen mit grünen Planen überspannt und mit Holzbänken ausgestattet waren, vor den beiden seitlichen Eingangstüren des Nationalpalastes hielten. Vor jeder Tür stand wie erwartet ein Polizist mit einem Gewehr, und die beiden waren zu sehr an ihre Routine gewöhnt, um zu merken, dass die grüne Farbe der Transporter viel leuchtender war als die der Nationalgarde. Schnell sprangen, begleitet von zackigen militärischen Befehlen, drei Trupps Soldaten von jedem Wagen.

Als Erster stieg der Kommandant Null vor der Osttür aus, ihm folgten drei Trupps. Der Letzte davon wurde von der Nummer Zwei angeführt: von Dora María. Sobald sie von der Ladefläche gesprungen war, brüllte Null mit seiner kräftigen, sehr autoritären Stimme:

»Weg da! Der Chef kommt!«

Der Polizist an der Tür machte sofort Platz, und Null stellte ihm einen seiner Leute als Wache an die Seite. Gefolgt von seinen Männern, stieg Null die ausladende Treppe zum ersten Stock hoch, brüllte dabei genauso barbarisch wie die Nationalgarde, wenn Somoza im Anmarsch ist, und kam bis zu der Stelle, wo wieder zwei Polizisten mit Pistolen und Schlagstöcken standen. Null entwaffnete den einen, die Nummer Zwei den anderen, unter dem gleichen markerschütternden Schrei: »Der Chef kommt!«

Zwei weitere Guerrilleros wurden dort postiert. Inzwischen hatte die Menschenmenge auf den Fluren das Gebrüll gehört, hatte die bewaffneten Gardisten gesehen und versuchte, sich aus dem Staub zu machen. In Managua ist das beinahe ein sozialer Reflex: Wenn Somoza kommt, suchen alle das Weite.

Null hatte die besondere Aufgabe, in den Blauen Salon hineinzugehen und die Abgeordneten in Schach zu halten, wohl wissend, dass alle Liberalen und viele der Konservativen bewaffnet waren. Der Auftrag von Nummer Zwei war es, diese Operation von der großen Glastür aus zu sichern, denn von dort aus lässt sich das Hauptportal des Gebäudes im Erdgeschoss kontrollieren. Sie hatten damit gerechnet, zu beiden Seiten der Glastür Polizisten mit Revolvern anzutreffen. Unten vor dem Hauptportal, das mit einem schmiedeeisernen Gitter verschlossen war, befanden sich zwei Männer mit Gewehren und einem Maschinengewehr. Einer davon war ein Hauptmann der Nationalgarde.

Null und die Nummer Zwei bahnten sich, gefolgt von ihren Trupps, einen Weg durch die aufgeschreckte Menge bis zur Tür des Blauen Salons, wo sie davon überrascht wurden, dass einer der Polizisten ein Gewehr hatte. »Der Chef kommt!« brüllte Null wieder und entriss ihm die Waffe.

Nummer Vier entwaffnete den anderen, aber die beiden Uniformierten waren die Ersten, die merkten, dass etwas faul war, und sie flohen die Treppe hinunter auf die Straße. Jetzt eröffneten die beiden Gardisten am Hauptportal das Feuer auf die Männer der Nummer Zwei, und diese antworteten mit einer Sperrfeuersalve. Der Hauptmann der Nationalgarde war sofort tot, der andere Gardist wurde verwundet. Der Haupteingang war damit momentan ohne Wachen, aber die Nummer Zwei befahl einigen ihrer Männer, ihn auf dem Boden liegend im Visier zu behalten.

Alle Mann auf den Boden

Als sie die ersten Schüsse hörten, ließen die Sandinisten, die an den Seiteneingängen Wache gehalten hatten, wie geplant die entwaffneten Polizisten laufen, verrammelten die Türen von innen mit Ketten und Vorhängeschlössern und eilten durch eine panisch hin und her hetzende Menschenmenge zur Unterstützung ihrer Genossen.

Unterdessen ging die Nummer Zwei am Blauen Salon entlang bis zum Ende des Korridors, wo sich die Bar der Abgeordneten befand. Als die Nummer Zwei mit dem M1 Garand im Anschlag die Tür aufstieß, sah sie bloß einen Haufen Männer, die auf dem blauen Teppichboden lagen oder kauerten. Es waren einzelne Abgeordnete, die sich sofort auf den Boden geworfen hatten, als die ersten Schüsse gefallen waren. Ihre Leibwächter ergaben sich ohne Widerstand, weil sie glaubten, es sei wirklich die Nationalgarde, die da hereinkam.

Nun stieß Null mit dem Lauf des G3 die weite geschliffene Glastür zum Blauen Salon auf und fand ein vollständig paralysiertes Abgeordnetenhaus vor: zweiundsechzig

kreidebleiche Männer, die entsetzt auf die Tür starrten. Weil er fürchtete, erkannt zu werden, denn es waren einige seiner Mitschüler aus der Jesuitenschule darunter, feuerte Null eine Bleisalve in die Decke und brüllte:
»Die Garde! Alle Mann auf den Boden!«
Alle Abgeordneten warfen sich hinter ihre Pulte, nur Pallais Debayle, der am Regierungstisch gerade telefonierte, erstarrte zu Stein. Später sollten sie selbst den Grund für ihre Todesangst erklären: Sie hatten geglaubt, die Nationalgarde habe gegen Somoza geputscht und sei gekommen, um sie zu erschießen.
Im Ostflügel des Gebäudes hörte Kommandant Eins die ersten Schüsse, als seine Leute die beiden Polizisten im ersten Stock bereits unschädlich gemacht hatten und er auf dem Weg den Flur hinunter zum Innenministerium war. Anders als die Trupps von Null waren die von Eins in Marschformation hereingekommen und nach und nach zurückgeblieben, um die ihnen zugewiesenen Aufgaben zu erfüllen. Der dritte Trupp, befehligt von Nummer Drei, stieß die Tür zum Innenministerium in dem Moment auf, als Nulls Bleisalve im Gebäude widerhallte. Im Vorraum des Ministeriums trafen die Männer auf einen Hauptmann und einen Oberleutnant der Nationalgarde, Leibwächter des Ministers, die, als sie die Schüsse hörten, hinausgehen wollten. Der Trupp von Nummer Drei ließ ihnen keine Zeit zu schießen. Dann stießen die Guerrilleros die Tür an der Rückwand auf, fanden sich in einem behaglichen, angenehm kühlen Büro wieder und sahen hinter dem Schreibtisch einen sehr großen, etwas leichenhaften Mann von knapp zweiundfünfzig Jahren, der unaufgefordert die Hände hob. Es war der Agronom José Antonio Mora, Innenminister und vom Kongress zu Somozas Nachfolger auserkoren. Er ergab sich, ohne zu wissen wem, obwohl er eine Browning Pistole im

Gürtel und vier geladene Magazine in den Taschen hatte. Unterdessen war Eins über jede Menge am Boden liegender Männer und Frauen gesprungen und an der Hintertür des Blauen Salons angekommen. Die Nummer Zwei hatte ähnliche Hindernisse überwunden, und gefolgt von ihr traten jetzt die Abgeordneten aus der Bar mit erhobenen Händen durch die Glastür in den Blauen Salon. Es dauerte einen Moment, bis sie begriffen, dass der Saal deshalb wie ausgestorben wirkte, weil die Abgeordneten hinter den Pulten auf dem Boden lagen.

In diesem Augenblick hörte man draußen einen kurzen Schusswechsel. Null verließ den Saal wieder und sah, dass eine Einheit der Nationalgarde, angeführt von einem Hauptmann, vom Hauptportal aus auf die Guerrilleros schoss, die vor dem Blauen Salon postiert waren. Null warf eine Splittergranate hinunter und machte dem Angriff ein Ende. Totenstille breitete sich im Innern des riesigen, mit schweren Eisenketten verriegelten Gebäudes aus, in dem sich nicht weniger als zweitausendfünfhundert Personen an den Boden pressten und sich fragten, was aus ihnen werden würde. Die ganze Aktion hatte, wie geplant, genau drei Minuten gedauert.

Die Bischöfe kommen

Anastasio Somoza Debayle, der Vierte der Dynastie, die Nicaragua seit über vierzig Jahren unterdrückt, erfuhr es, als er sich eben im klimatisierten Souterrain seiner Privatfestung an den Mittagstisch setzte. Sofort befahl er, den Nationalpalast rücksichtslos unter Beschuss zu nehmen.

Das geschah. Aber die Einheiten der Nationalgarde kamen nicht an das Gebäude heran, weil auf allen vier Seiten

Sandinistentrupps an den Fenstern postiert waren, die die Garde unter heftigen Beschuss nahmen und wie geplant zurückwarfen. Fünfzehn Minuten lang kreiste ein Hubschrauber um den Palast, feuerte Maschinengewehrsalven gegen die Fenster ab und schaffte es, einen Guerrillero am Bein zu verwunden: Nummer Zweiundsechzig.

Zwanzig Minuten, nachdem er die Belagerung angeordnet hatte, erhielt Somoza den ersten direkten Anruf aus dem Innern des Nationalpalastes. Es war sein Vetter Pallais Debayle, der ihm die erste Botschaft der FSLN übermittelte: Das Feuer müsse eingestellt werden, sonst würden sie damit beginnen, Geiseln zu erschießen, eine alle zwei Stunden, bis man bereit sei, über die Bedingungen zu reden. Somoza befahl daraufhin, die Belagerung aufzuheben.

Wenig später teilte Pallais Debayle Somoza in einem zweiten Telefonat mit, dass die FSLN drei nicaraguanische Bischöfe als Unterhändler vorschlug: Monsignore Miguel Obando Bravo, Erzbischof von Managua, der bereits 1974 bei dem Angriff während Somozas Fest Unterhändler gewesen war, Monsignore Manuel Salazar y Espinosa, Bischof von León, und Monsignore Leovigildo López Fitoría, Bischof von Granada. Die drei befanden sich zufällig wegen einer Sondersitzung in Managua. Somoza erklärte sich damit einverstanden.

Später stießen noch, ebenfalls auf Betreiben der Sandinisten, die Botschafter von Costa Rica und Panama zu den Bischöfen. Die Sandinisten vertrauten die schwere Aufgabe des Verhandelns der Hartnäckigkeit und dem Urteilsvermögen der Nummer Zwei an. Ihre erste Mission erfüllte sie nachmittags um zwei Uhr fünfundvierzig, als sie den Bischöfen das Schreiben mit den Bedingungen übergab: Sofortige Freilassung der politischen Gefangenen, deren Namen auf der beigefügten Liste standen, Verbreitung der

Kriegsberichte in allen Medien und Verlesen einer ausführlichen politischen Erklärung, Rückzug der Garde auf dreihundert Meter Entfernung vom Nationalpalast, sofortige Annahme der Forderungen der streikenden Krankenhausangestellten, zehn Millionen Dollar und Garantien, das Kommando und die befreiten Gefangenen nach Panama ausreisen zu lassen. So begannen die Gespräche noch an diesem Dienstag, wurden die ganze Nacht hindurch fortgesetzt und endeten am Mittwoch gegen sechs Uhr abends. In diesem Zeitraum waren die Unterhändler fünf Mal im Nationalpalast, einmal davon am Mittwoch um drei Uhr früh, und in den ersten vierundzwanzig Stunden deutete tatsächlich nichts auf eine Einigung hin.

Die Forderung, alle Kriegsberichte und ein langes Kommuniqué, das von der FSLN vorbereitet worden war, im Radio zu verlesen, war für Somoza unannehmbar. Eine andere Forderung konnte er gar nicht erfüllen: die Freilassung aller politischen Gefangenen, die auf der Liste standen. Es standen nämlich absichtlich zwanzig Namen gefangener Sandinisten auf dieser Liste, von denen man wusste, dass sie in den Gefängnissen ums Leben gekommen waren, zu Tode gefoltert oder nach Schnellverfahren exekutiert, was zuzugeben die Regierung sich jedoch weigerte.

Somozas dreiste Erwiderung

Somoza schickte drei tadellos auf elektrischer Schreibmaschine getippte Antworten in den Nationalpalast, aber sie waren alle drei nicht unterschrieben und in einem unverbindlichen Stil gehalten, der von durchtriebenen Zweideutigkeiten strotzte. Somoza machte kein einziges Gegenangebot, sondern versuchte, den Bedingungen der Guerrilleros auszuweichen. Schon bei der ersten Nachricht war offensichtlich, dass er auf Zeit spielte und davon überzeugt war, fünfundzwanzig Halbwüchsige seien unmöglich im Stande, mehr als zweitausend Menschen, die von Furcht, Hunger und Müdigkeit gepeinigt wurden, über längere Zeit in Schach zu halten. Deshalb besaß er in seiner ersten Antwort am Dienstagabend um neun Uhr die monströse Dreistigkeit, um vierundzwanzig Stunden Bedenkzeit zu bitten.

In seiner zweiten Botschaft um acht Uhr dreißig am Mittwochmorgen hatte er zwar die Arroganz durch Drohgebärden ersetzt, begann aber, einige Bedingungen zu akzeptieren. Der Grund dafür war offenkundig: Die Verhandlungsführer waren um drei Uhr früh durch den Nationalpalast gegangen und konnten bestätigen, dass Somoza sich verrechnet hatte. Die Guerrilleros hatten aus eigenem Antrieb die wenigen schwangeren Frauen und die Kinder freigelassen, sie hatten die toten und verwundeten Militärs dem Roten Kreuz übergeben, und im Innern des Palastes ging es geordnet und ruhig zu. Im Erdgeschoss, wo sich die einfachen Angestellten in den Büros zusammengefunden hatten, schliefen viele friedlich in Sesseln und auf den Schreibtischen, während sich andere mit erfundenen Spielen die Zeit vertrieben. Es gab nicht das leiseste Anzeichen von Feindseligkeit gegenüber den uniformierten Jungen, die alle vier Stunden die Räume inspizierten. Damit nicht genug: In einigen der öffentlichen Büros kochte man den Guerrilleros Kaffee, und etliche der Geiseln hatten ihnen ihre Sympathie und Solidarität bekundet, manche sogar schriftlich, und darum gebeten, in jedem Fall als freiwillige Geiseln bleiben zu können.

Im Blauen Salon, wo die Goldgeiseln versammelt waren, hatten die Unterhändler eine genauso ruhige Stimmung vorgefunden wie im Erdgeschoss. Keiner der Abgeordneten hatte den geringsten Widerstand geleistet, sie waren mühelos entwaffnet worden, und von Stunde zu Stunde war ihnen anzumerken, dass ihr Groll auf Somoza wuchs, weil eine Einigung auf sich warten ließ. Die Guerrilleros wiederum traten sicher und höflich auf, allerdings auch entschlossen. Ihre Erwiderung auf die Doppeldeutigkeiten des zweiten Dokuments war unmissverständlich: Wenn es nicht binnen vier Stunden definitive Antworten gäbe, würden sie mit der Erschießung von Geiseln beginnen.

Somoza muss schließlich begriffen haben, dass seine Rechnung nicht aufging, und fürchtete sich zusehends vor einem Volksaufstand, denn erste Symptome waren bereits an verschiedenen Orten im Land spürbar. Daher akzeptierte er in seiner dritten Mitteilung um halb zwei am Mittwochnachmittag die bitterste Bedingung: das Verlesen der politischen Erklärung der FLSN über alle Rundfunkstationen des Landes. Die Übertragung endete nach zweieinhalb Stunden um sechs Uhr abends.

Fünfundvierzig Stunden ohne Schlaf

Auch wenn noch immer keine Einigung erzielt worden war, scheint sich Somoza in der Tat bereits am Mittwoch um die Mittagszeit zur Kapitulation entschlossen zu haben. Um diese Zeit wurden nämlich die Gefangenen in Managua aufgefordert, ihre Sachen für die Reise zu packen. Die meisten hatten von der Aktion bereits durch ihre Gefängniswärter erfahren, von denen ihnen viele in verschiedenen Gefängnissen ihre heimliche Sympathie bekundeten. Aus dem Landesinneren wurden die politischen Gefangenen, schon lange bevor sich eine Einigung abzeichnete, nach Managua gebracht.

In Panama wurde General Omar Torrijos zur selben Zeit von seinem Sicherheitsdienst darüber informiert, dass ein mittlerer nicaraguanischer Beamter angefragt habe, ob Torrijos bereit sei, ein Flugzeug für die Guerrilleros und die freigelassenen Gefangenen zu schicken. Er war es. Minuten später rief ihn der Präsident Venezuelas, Carlos Andrés Pérez, an, der über die Verhandlungen bestens unterrichtet und über das Schicksal der Sandinisten merklich beunruhigt war und gemeinsam mit seinem Kollegen aus Panama den Transport koordinieren wollte. Nachmittags charterte die Regierung von Panama bei der Fluggesellschaft COPA ein Geschäftsflugzeug vom Typ Electra, und Venezuela charterte eine riesige Herkules. Beide Maschinen warteten startbereit auf dem Flughafen von Panama auf das Ende der Verhandlungen.

Diese traten tatsächlich um vier Uhr nachmittags in die entscheidende Phase, und Somoza versuchte in letzter Minute, den Guerrilleros das Verlassen des Landes binnen drei Stunden aufzuzwingen, aber sie weigerten sich aus verständlichen Gründen, nachts aufzubrechen. Statt der zehn Millionen Dollar wurden fünfhunderttausend angeboten, aber die FSLN entschied, nicht weiter zu verhandeln, einmal, weil das Geld sowieso zweitrangig gewesen war, aber vor allem, weil sich bei den Mitgliedern des Kommandos langsam gefährliche Anzeichen der Erschöpfung bemerkbar machten, nachdem sie seit zwei Tagen nicht mehr geschlafen hatten und einem enormen Druck ausgesetzt gewesen waren. Die ersten heftigen Symptome stellte Kommandant Null bei sich selbst fest, als es ihm nicht gelang, sich die Lage des Nationalpalasts innerhalb Managuas vorzustellen. Wenig später gestand ihm Eins, Opfer einer Halluzination geworden zu sein: Er hatte geglaubt, auf dem Platz der Republik Geisterzüge vorbeifahren zu hören. Schließlich hatte Null beobachtet, wie die Nummer Zwei einnickte, sofort mit den Augen zwinkerte und dabei fast den Karabiner losließ. Da sah Null ein, dass es höchste Zeit war, dieses

Drama zu beenden, das sich Minute um Minute hinziehen sollte, fünfundvierzig Stunden lang.

Umjubelter Abschied

Am Donnerstagmorgen um halb zehn verließen sechsundzwanzig Sandinisten, fünf Unterhändler und vier Geiseln den Nationalpalast in Richtung Flughafen. Man hatte die wichtigsten Geiseln mitgenommen: Luis Pallais Debayle, José Somoza, José Antonio Mora und den Abgeordneten Eduardo Chamorro. Um diese Zeit befanden sich sechzig politische Gefangene aus dem ganzen Land an Bord der Flugzeuge, die aus Panama gekommen waren, wo alle in wenigen Stunden um Asyl bitten würden. Es fehlten nur, wie nicht anders zu erwarten, die zwanzig, die man nie mehr würde freipressen können.

Als letztes hatten die Sandinisten gefordert, dass es weder sichtbare Militärpräsenz noch irgendwelchen Verkehr auf ihrem Weg zum Flughafen geben dürfe. Keine dieser Bedingungen wurde erfüllt, denn die Regierung schickte die Nationalgarde in die Straßen, um jegliche Sympathiebekundung durch die Bevölkerung zu unterbinden. Der Versuch war zum Scheitern verurteilt. Stürmische Ovationen begleiteten den Schulbus auf seinem Weg, die Leute gingen auf die Straße, um den Sieg zu feiern, und ein immer dichter und enthusiastischer werdender Korso aus Autos und Motorrädern folgte dem Bus bis zum Flugplatz. Der Abgeordnete Eduardo Chamorro zeigte sich verwundert über diesen Freudentaumel des Volkes. Kommandant Eins, der neben ihm saß, meinte gut gelaunt und erleichtert:

»Da sehen Sie: Das ist das Einzige, was für Geld nicht zu haben ist.«

Die Kubaner und die Blockade
1978

In jener Nacht, der ersten der Blockade, gab es in Kuba rund 486.560 Autos, 343.300 Kühlschränke, 549.700 Radioempfänger, 303.500 Fernsehgeräte, 352.900 elektrische Bügeleisen, 41.800 Waschmaschinen, 3.510.000 Armbanduhren, 63 Lokomotiven und 12 Handelsschiffe. Das alles, mit Ausnahme der Armbanduhren, die aus der Schweiz stammten, war in den Vereinigten Staaten hergestellt worden.

Anscheinend dauerte es eine Weile, bis den Kubanern klar wurde, was diese tödlichen Ziffern für ihr Leben bedeuteten. Was die Produktion betraf, so musste Kuba mit einem Mal feststellen, dass es kein eigenständiges Land, sondern eine Handelshalbinsel der Vereinigten Staaten war. Nicht nur die Zucker- und Tabakindustrie waren vollkommen von Konsortien der Yankees abhängig, sondern alles, was die Insel konsumierte, wurde von den Vereinigten Staaten hergestellt, teils auf deren eigenem Gebiet, teils auch in Kuba. Havanna und zwei oder drei andere Städte im Inland gaben sich zwar den Anschein, glücklich im Überfluss zu schwelgen, aber in Wahrheit gehörte alles anderen, von den Zahnbürsten bis zu den zwanzigstöckigen verglasten Hotels am Malecón. Kuba importierte fast dreißigtausend nützliche wie unnütze Gegenstände des täglichen Lebens aus den Vereinigten Staaten. Zudem waren die Touristen, die mit dem Ferry Boat aus

West Palm Beach und mit dem Sea Train aus New Orleans kamen, die besten Kunden auf diesem Marktplatz der Illusionen, denn auch sie zogen es vor, steuerfrei die aus ihrem Heimatland eingeführten Waren zu kaufen. Die kreolischen Papayas, von Christoph Kolumbus bereits auf seiner ersten Reise nach Kuba entdeckt, wurden mit den gelben Aufklebern der Züchter von den Bahamas in den klimatisierten Geschäften feilgeboten. Die künstlichen Eier, die von den Hausfrauen wegen der labberigen Dotter und des Arzneimittelgeschmacks wenig geschätzt wurden, trugen auf der Schale den Stempel der Farmer aus North Carolina, auch wenn manch ein gewiefter Krämer sie mit Lösungsmittel abwusch und mit Hühnerkacke verschmierte, um sie so teuer verkaufen zu können wie kreolische Eier.

Es gab keinen Konsumbereich, der nicht von den Vereinigten Staaten abhing. Die wenigen Fabriken, die einfache Güter herstellten und sich in Kuba wegen der billigen Arbeitskräfte angesiedelt hatten, wurden mit gebrauchten Maschinen betrieben, die in den Herkunftsländern bereits überholt waren. Die qualifiziertesten Techniker waren Nordamerikaner, und von den wenigen kubanischen Technikern gaben die meisten den verlockenden Angeboten ihrer ausländischen Arbeitgeber nach und folgten ihnen in die Vereinigten Staaten. Es gab auch keine Ersatzteillager, denn Kubas illusorische Industrie ruhte sich darauf aus, ihren Nachschub in nur neunzig Meilen Entfernung zu wissen, und ein Anruf genügte, dass selbst das ausgefallenste Ersatzteil ohne Abgaben oder Verzögerungen am Zoll mit dem nächsten Flugzeug eintraf.

Ungeachtet dieser Abhängigkeit, gaben die Bewohner der Städte immer noch maßlos viel Geld aus, als die Blockade schon brutale Wirklichkeit war. Selbst viele Kubaner, die bereit waren, ihr Leben für die Revolution zu geben, und einige, die zweifellos wirklich für sie starben, konsumierten weiter mit kindlichem Vergnügen. Damit nicht genug: Die ersten Maßnahmen der Revolution hatten die Kaufkraft der ärmsten Klassen unmittelbar erhöht, und diese hatten damals keine andere Vorstellung vom Glück, als die schlichte Freude am Konsum. Viele Träume, die ein halbes oder sogar ein ganzes Leben lang wieder und wieder verschoben worden waren, erfüllten sich mit einem Mal. Jedoch wurden viele Dinge, die auf dem Markt zur Neige gingen, nicht sogleich ersetzt, und einige davon sollten viele Jahre lang nicht ersetzt werden, sodass in den Geschäften, die einen Monat zuvor noch trügerisch gefüllt gewesen waren, bald gähnende Leere herrschte.

In diesen Anfangsjahren war Kuba das Königreich der Improvisation und Unordnung. In Ermangelung einer neuen Moral – die noch etliche Zeit benötigen sollte, um sich im Bewusstsein der Bevölkerung zu entwickeln – fand der karibische Machismo im allgemeinen Ausnahmezustand eine Daseinsberechtigung. Das Nationalgefühl war vom ungezügelten Wirbelwind aus Veränderung und Selbstbestimmung derart aufgewühlt, während gleichzeitig die Drohungen der verwundeten reaktionären Kräfte sehr real und greifbar waren, dass viele Leute das eine mit dem anderen verwechselten und zu glauben schienen, selbst der Mangel an Milch ließe sich mit Schüssen aus der Welt schaffen. Der Eindruck unbändiger Ausgelassenheit, den Kuba damals seinen ausländischen Besuchern vermittelte, gründete zwar tatsächlich in der Lebensweise und Mentalität der Kubaner, aber es war ein unschuldiger Taumel am Rande der Katastrophe. Ich war Anfang des Jahres 1961 in meiner Funktion als vagabundierender Korrespondent von Prensa Latina zum zweiten Mal nach Havanna gereist, und zunächst fiel mir auf, dass sich das Land rein äußerlich eigentlich kaum verändert hatte, die soziale Spannung aber allmählich kaum mehr im Zaum zu halten war. An einem strahlenden Nachmittag im März war ich von Santiago nach Havanna geflogen, hatte durch das Fenster die wundersamen Äcker dieses Landes ohne Flüsse gesehen, die staubigen Dörfer, die verborgenen Buchten, und auf der ganzen Strecke hatte ich Zeichen des Krieges wahrgenommen. Auf die Dächer der Krankenhäuser hatte man große rote Kreuze in weißen Kreisen gemalt, um sie vor drohenden Bombenangriffen zu schützen. Auch die Schulen, Kirchen und Altenheime waren ähnlich kenntlich gemacht. Auf den zivilen Flughäfen von Santiago und Camagüey standen Luftabwehrgeschütze aus dem Zweiten Weltkrieg, die mit Lastwagenplanen getarnt waren, und an den Küsten patrouillierten Schnellboote, die einst dem Vergnügen gedient hatten und nun Landungen verhindern sollten. Überall war die Verwüstung durch die letzten Sabotageakte zu sehen: Zuckerrohrfelder, durch Brandbomben von Flugzeugen aus Miami in Asche gelegt, Fabrikruinen, gesprengt vom inländischen Widerstand, improvisierte Militärcamps in konfliktträchtigen Gebieten, in denen die ersten antirevolutionären Gruppen mit modernen Waffen und hervorragenden logistischen Möglichkeiten zu operieren begannen. Auf dem Flughafen von Havanna, wo man sichtlich darum bemüht war, die Zeichen des Krieges zu verbergen, war über das ganze Sims des Hauptgebäudes ein gigantisches Transparent gespannt: »Kuba, befreites Gebiet Amerikas«. Statt wie früher bei bärtigen Soldaten, lag die Kontrolle jetzt bei sehr jungen Milizen in olivgrünen Uniformen, darunter einige Frauen, aber alle trugen noch die Waffen aus den alten Arsenalen der Diktatur. Es gab noch keine anderen. Die ersten modernen Rüstungsgüter, die von der Revolutionsregierung, trotz des Drucks, den die Vereinigten Staaten ausübten, gekauft werden konnten, waren am vergangenen 4. März an Bord des französischen Schiffs *Le Coubre* aus Belgien eingetroffen, und das war am Kai von Havanna mit siebenhundert Tonnen Waffen und Munition im Frachtraum in die Luft geflogen, weil jemand es absichtlich gesprengt hatte. Das Attentat forderte außerdem fünfundsiebzig Menschenleben und zweihundert Verletzte unter den Hafenarbeitern, aber niemand bekannte sich dazu, und die Regierung Kubas schrieb es dem CIA zu. Bei der Beerdigung der Opfer gab Fidel Castro dann die Parole aus, die zur obersten Maxime des neuen Kuba werden sollte: »Vaterland oder Tod«. Ich hatte die Parole zum ersten Mal in den Straßen Santiagos gelesen, dann fand ich sie mit dicken Pinselstrichen über die riesigen Werbeplakate der nordamerikanischen Luftfahrtgesellschaften und Zahnpastahersteller an der staubigen Straße zum Flugplatz von Camagüey gemalt, und sie wiederholte sich ohne Unterlass auf improvisierten Pappschildern in den Schaufenstern der Touristengeschäfte im Flughafen von Havanna, in den Foyers und auf Theken, sie war mit weißer Schminke auf die Spiegel in den Friseurläden gemalt und mit rotem Lippenstift auf die Scheiben der Taxis. Die Gesellschaft war so von ihr durchdrungen, dass man diese zornige Parole an jedem Ort und zu jeder Zeit lesen konnte, sei es auf den Kesseln der Zuckerpressen oder in den Briefköpfen amtlicher Schreiben, und Presse, Radio und Fernsehen wiederholten sie ohne Gnade ganze Tage und endlose Monate hindurch, bis sie zu einem essenziellen Teil des kubanischen Lebens wurde.

In Havanna war das Fest auf dem Höhepunkt. Strahlende Frauen sangen auf den Balkonen, leuchtende Vögel über dem Meer, Musik an allen Ecken, aber am Grund des Freudentaumels spürte man den schöpferischen Konflikt zwischen der alten Lebensweise, die zwar schon für immer verdammt war, sich aber nicht damit abfinden konnte, und jener anderen Lebensweise, die, wenngleich noch naiv, begeistert und zerstörerisch war. Die Stadt glich nach wie vor einer Kultstätte des Vergnügens, selbst in den Apotheken standen Glücksspielautomaten, und man fuhr Autos aus Aluminium, die für die kolonialen Straßenecken viel zu groß waren, aber das Aussehen und Verhalten der Leute änderte sich auf brutale Weise. Alle Sedimente des gesellschaftlichen Bodensatzes waren an die Oberfläche gespült worden, eine Eruption dicker, dampfender menschlicher Lava ergoss sich unkontrolliert in die holprigen Gassen der befreiten Stadt und infizierte sie bis in die letzten Ritzen mit einem Massentaumel. Am erstaunlichsten war, wie selbstverständlich die Armen an allen öffentlichen Orten auf den Stühlen der Reichen Platz genommen hatten. Sie hatten die Foyers der Luxushotels erobert, aßen mit den Fingern auf den Terrassen der Cafés im Vedado und ließen sich neben den bunt schillernden Swimmingpools der einst exklusiven Clubs in Siboney in der Sonne braten. Der blonde Türsteher vom Hotel Havanna Hilton, das sich nun Havanna Libre nannte, war durch dienstbeflissene Milizen ersetzt worden, die ihre Tage damit zubrachten, die schüchternen Bauern zum Eintreten zu überreden, ihnen die beiden separaten Türen zum Hinein- und Hinausgehen zu zeigen und ihre Befürchtungen, sie könnten sich die Schwindsucht holen, wenn sie schwitzend das klimatisierte Foyer betraten, zu zerttreuen. Ein stattlicher Sprössling aus Luyanó, dunkelhäutig und schlank, in einem Hemd mit kunterbunten Schmetterlingen und Lackschuhen mit den Absätzen eines andalusischen Tänzers, hatte versucht, verkehrt herum durch die gläserne Drehtür in das Hotel Rivera hineinzukommen, als eben die appetitlich herausgeputzte Gattin eines europäischen Diplomaten ins Freie treten wollte. In einem plötzlichen Anfall von Panik versuchte ihr Mann, der hinter ihr war, die Tür in die eine Richtung zu drücken, während die erschreckten Milizen sie von außen in die Gegenrichtung stemmten. Die Weiße und der Schwarze waren für den Bruchteil einer Sekunde in der gläsernen Falle gefangen, in einem Raum eingezwängt, der für nur eine Person vorgesehen war, bis sich die Tür wieder weiterdrehte, die Frau verstört und schamrot herausstürzte und sich, ohne auf ihren Mann zu warten, in die Limousine warf, die mit offener Tür für sie bereit stand, und sofort abfuhr. Der Schwarze, der nicht recht wusste, wie ihm geschehen war, hielt verwirrt und bebend inne.

»Verdammt!« seufzte er, »die hat nach Blumen gerochen.«

Solche Zusammenstöße waren häufig. Und verständlich, denn die Kaufkraft der Bevölkerung in Stadt und Land war in einem Jahr beachtlich gestiegen. Die Strom- und Fahrpreise, die Telefongebühren und Kosten aller übrigen öffentlichen Dienstleistungen waren auf ein menschliches Maß gefallen. In Hotels und Restaurants hatte man die Preise, ähnlich wie die der öffentlichen Verkehrsmittel, drastisch beschnitten, und es wurden extra Ausflüge vom Land in die Stadt und von der Stadt aufs Land organisiert, die in vielen Fällen gratis waren. Außerdem ging die Arbeitslosigkeit in Riesenschritten zurück, die Gehälter stiegen, die städtische Reform hatte die monatliche Angst vor der Miete gemindert, und Schulen und Unterrichtsmaterialien waren umsonst. Die zwanzig Meilen elfenbeingepuderter Strand von Varadero, die früher einem einzigen gehört hatten und dem Vergnügen der übermäßig Reichen unter den Reichen vorbehalten waren, wurden bedingungslos für alle, sogar für eben diese Reichen, geöffnet. Wie alle Bewohner der Karibik hatten auch die Kubaner von jeher geglaubt, Geld sei einzig zum Ausgeben da, und erstmals in ihrer Geschichte erprobten sie das in der Praxis.

Ich glaube, sehr wenigen von uns wurde bewusst, wie lautlos, aber unweigerlich der Mangel in unserem Leben um sich griff. Auch nach der Landung in der Schweinebucht blieben die Spielkasinos geöffnet, und einige touristenlose Huren drehten dort ihre Runden in der Hoffnung, ein zufällig vom Roulette Begünstigter würde ihnen die Nacht retten. Es lag auf der Hand, dass diese einsamen Schwälbchen unter den sich ändernden Bedingungen schwermütig und stetig billiger wurden. Aber dennoch waren die Nächte in Havanna und Guantánamo noch immer lang und schlaflos, und die Musik der Feste auf Pump zog sich bis zum Sonnenaufgang hin. Diese Horte des alten Lebens gaben sich den Anschein von Normalität und Überfluss, und weder die nächtlichen Explosionen noch die dauernden Gerüchte über infame Aggressionen oder die reale Kriegsbedrohung konnten diese Illusion zerstören, die eigentlich schon seit langem keine Grundlage mehr hatte. Manchmal gab es nach Mitternacht in den Restaurants kein Fleisch mehr, aber das kümmerte uns nicht, denn vielleicht gab es Huhn. Manchmal gab es keine Bananen, aber das kümmerte uns nicht, denn vielleicht gab es Bataten. Die Musiker in den benachbarten Clubs und die jungen Burschen, die vor einem Glas Bier unverzagt auf die Ernte der Nacht warteten, schienen von der unaufhaltsamen Erosion des Alltags ebenso wenig mitzubekommen wie wir.

Im Geschäftszentrum hatten sich die ersten Warteschlangen gebildet, und der Handel mit Industriegütern wurde von einem neu entstandenen, aber bereits sehr regen Schwarzmarkt kontrolliert, und trotzdem dachte niemand im Ernst, dass manche Dinge zur Neige gingen, sondern man suchte im Gegenteil den Grund darin, dass es Geld im Überfluss gab. In dieser Zeit brauchte einmal jemand nach dem Kino ein Aspirin, aber wir bekamen es in drei Apotheken nicht. Die vierte hatte Aspirin, und der Apotheker erklärte uns seelenruhig, es sei schon seit drei Monaten knapp. Eigentlich betraf das nicht nur das Aspirin, viele essenzielle Dinge waren schon seit längerem schwer zu bekommen, aber keiner schien zu denken, dass sie gänzlich zur Neige gehen könnten. Fast ein Jahr, nachdem die Vereinigten Staaten ihr totales Handelsembargo gegen Kuba verhängt hatten, ging das Leben ohne deutlich spürbare Veränderungen weiter, weniger in der Realität als in den Köpfen der Leute.

Wie fast alles im Leben wurde mir auch die Blockade auf eine brutale und gleichzeitig geradezu poetische Art und Weise bewusst. Nachdem ich die ganze Nacht im Büro der Prensa Latina gearbeitet hatte, machte ich mich alleine und leicht benommen auf die Suche nach etwas zu essen. Es dämmerte. Das Meer war milde gestimmt und vom Himmel durch einen organgefarbenen Spalt am Horizont geschieden. Ich lief mitten auf der menschenleeren Promenade, gegen den salzigen Wind des Malecón, und suchte unter den verwitterten, salpetrigen Arkaden der Altstadt ein geöffnetes Lokal. Schließlich fand ich eine Kneipe, deren Metallgitter heruntergelassen, aber nicht abgeschlossen war, und versuchte, es hoch zu schieben, um hineinzugehen, denn innen brannte Licht, und hinter der Theke stand ein Mann, der Gläser blank rieb. Ich hatte das Gitter kaum angefasst, als ich hinter mir das unverwechselbare Geräusch eines Gewehrs hörte, das durchgeladen wird, und die sehr sanfte, aber entschlossene Stimme einer Frau:

»Ruhig, Bruder, Hände hoch.«

Sie war eine Erscheinung im Dunst der Morgendämmerung. Ihr Gesicht war sehr schön, die Haare im Nacken zu einem Pferdeschwanz gebunden und das Uniformhemd vom Meerwind durchnässt. Sie war erschrocken, kein Zweifel, aber sie stand mit leicht gegrätschten Beinen sehr sicher auf der Erde und hielt das Gewehr wie ein Soldat.

»Ich habe Hunger«, sagte ich.

Vielleicht klang es etwas zu glaubwürdig, denn sie begriff sofort, dass ich nicht versucht hatte, mit Gewalt in die Kneipe hineinzukommen, und ihr Misstrauen verwandelte sich in Mitleid.

»Es ist sehr spät«, sagte sie.

»Ganz im Gegenteil«, entgegnete ich, »das Problem ist, dass es zu früh ist. Ich würde gerne frühstücken.«

Jetzt machte sie durch die Scheibe Zeichen nach innen und überzeugte den Mann davon, dass er mir etwas zubereitete, obwohl er eigentlich erst in zwei Stunden öffnete. Ich bestellte Spiegeleier mit Schinken, Milchkaffee, Brot mit Butter und irgendeinen frischen Fruchtsaft. Der Mann sagte mir mit verdächtiger Verbindlichkeit, es gäbe seit einer Woche weder Eier noch Schinken, seit drei Tagen keine Milch, und das Einzige, was er mir bringen könne, sei schwarzer Kaffee und Brot ohne Butter und, falls ich wolle, ein paar aufgewärmte Makkaroni vom Vorabend. Ich fragte ihn verwundert, was mit den Nahrungsmitteln passiert sei, und meine Verwunderung war so unschuldig, dass diesmal er verwundert war.

»Nichts ist passiert«, sagte er, »außer dass dieses Land vor die Hunde geht.«

Er war kein Feind der Revolution, wie ich zunächst vermutet hatte. Ganz im Gegenteil: Er war der Letzte einer elfköpfigen Familie, die sich gemeinsam nach Miami abgesetzt hatte. Er hatte sich entschlossen zu bleiben und blieb auch tatsächlich für immer, aber sein Beruf ermöglichte es ihm, beim Entschlüsseln der Zukunft auf realere Artikel zurückzugreifen, als ein übernächtigter Journalist. Er dachte, in spätestens drei Monaten sein Lokal schließen zu müssen, weil es keine Lebensmittel mehr gab, allerdings kümmerte ihn das nicht weiter, denn über seine persönliche Zukunft hatte er schon genaue Vorstellungen.

Seine Prognose war zutreffend. Am 12. März 1962, als die Blockade bereits dreihundertzweiundzwanzig Tage dauerte, wurden die Nahrungsmittel drastisch rationiert. Jedem Erwachsenen standen im Monat drei Pfund Fleisch zu, ein Pfund Fisch, ein Pfund Huhn, sechs Pfund Reis, zwei Pfund Margarine, anderthalb Pfund Bohnen, vier Unzen Butter und fünf Eier. Die Ration war so berechnet, dass jeder Kubaner täglich eine normale Menge Kalorien zu sich nehmen konnte. Für Kinder gab es extra Rationen, die sich nach dem Alter richteten, und wer jünger als vierzehn war, hatte Anspruch auf einen Liter Milch am Tag. Später gab es Engpässe bei Nägeln, Putzmitteln, Glühbirnen und vielem mehr, was im Haushalt unerlässlich ist, und das Problem der Behörden bestand nicht darin, diese Dinge zu rationieren, sondern sie zu bekommen. Am bewundernswertesten war, wie der vom Feind auferlegte Mangel die gesellschaftliche Moral läuterte. Im gleichen Jahr, als die Rationierung eingeführt wurde, kam es zur so genannten Kubakrise, die der englische Historiker Hugh Thomas als die schwerste in der Geschichte der Menschheit bezeichnet hat, und die überwiegende Mehrheit der kubanischen Bevölkerung befand sich einen Monat lang in Alarmbereitschaft und harrte auf ihren Gefechtspositionen aus, bis die Gefahr gebannt schien, bereit, der Atombombe mit Flinten zu trotzen. Inmitten dieser Massenmobilmachung, die genügt hätte, jede reibungslos funktionierende Wirtschaft aus den Angeln zu heben, erreichte die Industrieproduktion Rekordziffern, das Blaumachen in den Fabriken hatte ein Ende, und es gelang, Hindernisse zu überwinden, die unter weniger dramatischen Bedingungen verhängnisvoll gewesen wären. Damals sagte eine Telefonistin aus New York einmal zu einer kubanischen Kollegin, in den Vereinigten Staaten ängstige man sich sehr vor dem, was geschehen könne.

»Wir dagegen sind ganz gelassen«, erwiderte die Kubanerin. »Schließlich und endlich tut die Atombombe ja nicht weh.«

Das Land produzierte damals gerade so viele Schuhe, dass jeder Einwohner Kubas im Jahr ein Paar hätte kaufen können, daher wurde der Vertrieb über die Schulen und Arbeitsstätten organisiert. Erst als im August 1963 nahezu alle Geschäfte geschlossen hatten, weil es de facto nichts mehr zum Verkaufen gab, wurde der Vertrieb von Kleidung reglementiert. Zunächst wurden neun Artikel, darunter Männerhosen, Unterwäsche für beide Geschlechter und bestimmte andere Kleidungsstücke rationiert, aber nach weniger als einem Jahr musste die Anzahl der Artikel auf fünfzehn erhöht werden.

Zum ersten Mal seit der Revolution wurde Weihnachten ohne Spanferkel und Türkischen Honig begangen, und die Spielsachen waren rationiert. Aber gerade dank der Rationierung war es auch das erste Mal in der Geschichte Kubas, dass an Weihnachten alle Kinder ohne Unterschied zumindest ein Spielzeug bekamen. Trotz der intensiven Hilfe durch die Sowjetunion und die Volksrepublik China, die in jener Zeit nicht weniger großzügig war, und trotz der Unterstützung durch zahlreiche Techniker aus sozialistischen Staaten und aus Lateinamerika konnte man dieser Blockade nicht entgehen, die den Alltag bis in die verborgensten Ritzen hinein verseuchen und die Geschichte Kubas in ein neues, unabänderliches Fahrwasser treiben sollte. Der Kontakt mit dem Rest der Welt war auf ein unverzichtbares Minimum reduziert. Die fünf täglichen Flüge nach Miami und die beiden wöchentlichen von Cubana de Aviación nach New York waren seit der Kubakrise gestrichen. Die wenigen lateinamerikanischen Linien, die noch nach Kuba flogen, nahmen die Flüge aus ihrem Angebot, sobald ihre

Länder die diplomatischen und wirtschaftlichen Beziehungen zu Kuba abbrachen, und schließlich landete nur noch einmal pro Woche eine Maschine aus Mexiko, das lange Jahre hindurch als Nabelschnur zum übrigen Amerika diente, wenn auch zugleich als Kanal der Infiltration für die nordamerikanische Subversion und Spionage. Cubana de Aviación, deren Flotte auf die wackeren Bristol Britannia reduziert war, weil nur deren Wartung durch Sondervereinbarungen mit den englischen Herstellern garantiert werden konnte, flog auf einer nahezu akrobatischen Route über den Nordpol nach Prag. Ein Brief aus dem von der kubanischen Küste weniger als tausend Kilometer entfernten Caracas musste eine halbe Weltreise machen, um nach Havanna zu gelangen. Telefongespräche mit der übrigen Welt waren nur via Miami oder New York möglich, kontrolliert von den Geheimdiensten der Vereinigten Staaten, und über ein prähistorisches Unterwasserkabel, das von einem kubanischen Kutter einmal beschädigt wurde, als er bei der Ausfahrt aus der Bucht von Havanna vergaß, den Anker zu lichten. Einzige Energiequelle waren die fünf Millionen Tonnen Erdöl, die von sowjetischen Tankern jedes Jahr aus den zwölftausend Kilometer entfernten Häfen im Baltikum antransportiert wurden. Keine Menge, für die alle dreiundfünfzig Stunden ein Tanker in Kuba eintreffen musste. Die *Oxford,* ein von dem CIA mit allem erdenklichen Spionagegerät ausgerüstetes Schiff, kreuzte etliche Jahre lang durch kubanische Hoheitsgewässer, um zu überwachen, dass sich kein kapitalistisches Land, von sehr wenigen mutigen Ausnahmen abgesehen, dem Willen der Vereinigten Staaten widersetzte. Das war noch dazu eine berechnete Provokation, die von allen wahrgenommen werden sollte. Vom Malecón in Havanna wie von den höher gelegenen Stadtvierteln in Santiago konnte man nachts die beleuchtete Silhouette jenes

Schiffs sehen, das demonstrativ innerhalb der Hoheitsgewässer vor Anker lag.

Vielleicht erinnerten sich nur sehr wenige Kubaner daran, dass auf der anderen Seite der Karibik die Einwohner von Cartagena de Indias drei Jahrhunderte zuvor ein ähnliches Drama erlitten hatten. Die einhundertzwanzig besten Schiffe der englischen Armada hatten unter dem Oberbefehl von Admiral Vernon die Stadt belagert, sie wurden unterstützt von dreißigtausend ausgewählten Kämpfern, von denen viele in den amerikanischen Kolonien rekrutiert worden waren, die später einmal die Vereinigten Staaten werden sollten. Ein Bruder George Washingtons, des späteren Befreiers jener Kolonien, war Mitglied im Generalstab der angreifenden Truppen. Cartagena de Indias, das in der damaligen Welt für seine Festungsanlagen und für die schauerliche Menge von Ratten in seinen Kloaken berühmt war, widersetzte sich der Belagerung mit unbezähmbarer Wildheit, obwohl die Bewohner am Ende alles aßen, was sie finden konnten, sei es die Rinde von Bäumen oder der Lederbezug eines Schemels. Nach einigen Monaten waren die Engländer vom heldenhaften Krieg der Belagerten vernichtet, von Gelbfieber, Ruhr und Hitze zermürbt, und zogen geschlagen ab. Die Bewohner der Stadt aber waren vollzählig und wohlauf, hatten allerdings auch die letzte Ratte aufgegessen.

Vielen Kubanern war dieses Drama natürlich bekannt. Aber ihre eigenartige Geschichtsauffassung verbot ihnen zu denken, es könne sich wiederholen. Niemand hätte sich in der Ungewissheit des Neujahrstages 1964 vorstellen können, dass die schlimmsten Zeiten dieser eisernen, unerbittlichen Blockade erst noch bevorstanden und es so weit kommen sollte, dass selbst das Trinkwasser in vielen Wohnungen und nahezu allen öffentlichen Gebäuden versiegte.

Vietnam von innen
1979/1980

Anfang August waren die teuersten Medikamente in Vietnam die Pillen gegen Seekrankheit. Seit mehreren Monaten konnte man sie in Apotheken, wo früher das Fläschchen mit zwölf Tabletten etwas mehr als einen Dollar gekostet hatte, nicht mehr bekommen, und stattdessen tauchten sie für fünf Dollar das Stück auf dem Schwarzmarkt auf. Sie waren jedoch nicht das kostspieligste oder am schwierigsten zu ergatternde Requisit, um auf einem der illegalen Boote aus Vietnam zu fliehen. Wer immer Ho-Chi-Minh-Stadt, das frühere Saigon, verlassen wollte, konnte das jederzeit tun, vorausgesetzt, er verfügte über genügend Geld, um den Preis zu zahlen, und war bereit, das gewaltige Risiko dieses Abenteuers einzugehen.

Das Schwierigste war der Kontakt zu den Schleppern. In den holprigen Gassen des öffentlichen Marktes im riesigen, buntscheckigen Viertel Cholon, wo man gegen harte Währung einfach alles bekam, gab es lediglich die Auskunft über geheime Schiffe umsonst. Alles andere war im Voraus zu bezahlen, in reinem Gold, wobei sich die Tarife nach dem Alter richteten. Zwischen sechs und sechzehn Jahren mussten dreieinhalb Unzen Gold dafür bezahlt werden, dass die Sache überhaupt in Gang kam, das waren zum offiziellen Kurs etwa eintausendfünfhundert Dollar. Zwischen neunzehn und neunundzwanzig Jahren kostete es sechs Unzen Gold oder auch zehn Mal so viel wie ein stellvertretender vietnamesischer Minister im Monat verdient. Dazu kamen die Bestechungsgelder für korrupte Beamte, die gefälschte Passierscheine für die Reise durch das Land ausstellten: fünf Unzen Gold. Damit lagen die Gesamtkosten für einen Erwachsenen zwischen zweitausend und dreitausend Dollar. Kinder unter fünf Jahren sowie Techniker und Wissenschaftler, die für die Wiedergeburt eines Landes, das dreißig Jahre Krieg ruiniert hatten, unverzichtbar waren, mussten nichts bezahlen. Damit nicht genug: Vermittler illegaler Reisen besuchten die angesehensten Ärzte, die Ingenieure und Lehrer, ja selbst die fähigsten Handwerker zu Hause und boten ihnen auf dem Präsentierteller die kostenlose Möglichkeit, aus dem Land zu fliehen, um diesem die menschlichen Ressourcen zu nehmen.

Es kostete wenig Mühe, sie zu überzeugen. Die Lebensbedingungen in Ho-Chi-Minh-Stadt waren, wie im ganzen Süden des wieder vereinigten Landes, dramatisch und boten kurzfristig keinerlei Perspektive. Die Bevölkerung chinesischer Abstammung, über eine Million Menschen, war am Rande der Panik, weil ein neuer Krieg gegen China drohte. Die Komplizen des alten Regimes, die sich nicht beizeiten abgesetzt hatten, und die Bourgeoisie, die durch den sozialen Wandel ihrer Privilegien beraubt war, wollten nur weg, koste es, was es wolle. Massen von Arbeitslosen wanderten ziellos durch die Straßen. Nur wer ein sehr gefestigtes politisches Bewusstsein besaß, war bereit zu bleiben, und das waren nicht viele in einer durch lange Jahre nordamerikanischer Besatzung pervertierten Stadt. Die Übrigen, die ganz überwiegende Mehrheit, wären auf jeden Fall gegangen, ohne sich auch nur im Geringsten um ihr künftiges Schicksal zu sorgen.

Ein Exodus dieser Größenordnung wäre ohne eine große Organisation mit Verbindungen zum Ausland nicht möglich gewesen. Und selbstverständlich auch nicht ohne die Komplizenschaft von Staatsangestellten. Beides war im Süden leicht zu haben, denn dort verfügte die Volksmacht kaum über die Mittel, um schlimmere Übel zu verhindern. Die Leute mit einer besseren politischen und beruflichen Ausbildung waren vom früheren Regime während des so genannten Phoenix-Programms systematisch ermordet worden, und der Norden war nicht in der Lage, die immensen menschlichen Lücken zu füllen.

Bisher kann als gesichert gelten, dass der Handel mit Flüchtlingen zunächst von fünf größeren Unternehmen betrieben wurde, die ihre Stützpunkte in den Fischereihäfen des äußersten Südens und im Mekong-Delta, das für die Polizei noch schwieriger zu kontrollieren war, hatten. Die Vermittler, durch die der Kontakt im Vorfeld zu Stande gekommen war, begleiteten ihre Kunden bis zum Ort der Verschiffung. Ausgestattet mit gefälschten Passierscheinen, hatten zwar viele nicht mehr Gepäck als ihre Kleidung und die Pillen gegen Seekrankheit, aber die meisten trugen das Familienvermögen in Form von Goldbarren und Edelsteinen bei sich. Die Reise zu den geheimen Häfen war langwierig und beschwerlich, vor allem auch wegen der kleinen Kinder, und der Erfolg war nicht garantiert, denn eine übereifrige Militärpatrouille konnte das Unternehmen ebenso zum Scheitern bringen wie eine Bande Straßenräuber.

Die Schiffe waren zumeist abgetakelte Fischerboote von weniger als fünfundzwanzig Metern Länge, und ihre Besatzung bestand aus unerfahrenen Flüchtlingen. Das maximale Fassungsvermögen lag bei einhundert Personen, aber wie Sardinen in die Büchsen stopften die Schlepper über dreihundert Menschen in die Boote. Laut Statistik waren die meisten Flüchtlinge Kinder unter zwölf Jahren. Viele hatten das Glück, der Küstenwache, der aufgewühlten See und selbst den unvorhersehbaren Taifunen zu entgehen, aber niemand entkam den wiederholten Überfällen der Piraten im Südchinesischen Meer. Piraten aus Malaysia und Thailand wie in den Romanen von Emilio Salgari. Es gibt Berechnungen, nach denen jedes Flüchtlingsschiff im Schnitt vier Mal überfallen wurde, bevor es seinen Bestimmungshafen erreichte. Zuerst raubten sie das Gold und alle sonstigen Wertgegenstände, vergewaltigten die jungen Frauen, und wer sich zu wehren versuchte, den warfen sie über Bord. Während der folgenden Überfälle, wenn die Piraten bereits nichts mehr zu stehlen fanden, schienen sie von der puren Lust an der Gewalt beseelt. Das ging so weit, dass man in Hongkong nicht ausschloss, die Regierungen von Malaysia und Thailand könnten diese Banden von Wilden angeheuert haben, um die Flüchtlinge abzuschrecken. Es war ein echtes und bedrückendes Drama, das viel mehr verdiente als die humanitäre Aufmerksamkeit, die ihm aus aller Welt zuteil wurde. Aber vor allem die Vereinigten Staaten schlachteten die Situation politisch aus, sodass die Natur des Problems verschüttet und eine korrekte Lösung unmöglich gemacht wurde.

Die Massenfluchten aus Südostasien sind schon legendär. Aber nur die aus Vietnam in diesem Jahrhundert sind zu politischen Propagandazwecken missbraucht worden. Die erste Flucht ereignete sich 1954, nachdem das Land durch das Waffenstillstandsabkommen von Genf geteilt worden war und fast eine Million Katholiken aus dem Norden den Franzosen nach Süden folgte. Damals sprach man mit dem gleichen Tamtam und den gleichen schlechten Absichten von religiöser Verfolgung, wie man jetzt von rassistischer

Verfolgung spricht. Die Kriegsführung der Vietnamesen ist zwar ebenfalls legendär, sie haben es jedoch nie vermocht, eine wirksame Erwiderung auf die gegnerische Propaganda zu finden.

Der jetzt stattfindende Exodus begann im März 1975, als die Truppen der Vereinigten Staaten das Land räumten und die überwiegende Mehrzahl ihrer lokalen Komplizen ihrer Deckung beraubten, obwohl sie versprochen hatten, unter dem amerikanischen Schutzschild beinahe zweihundertfünfzigtausend mitzunehmen. Es kam zu einer Massenflucht ehemaliger Armeeoffiziere und Polizisten des Südens, und Spione wie bekannte Folterer flohen gemeinsam mit den bezahlten Killern des Phoenix-Programms, so gut sie konnten, aus dem Land.

Dennoch, das schwerwiegendste Problem, dem sich Vietnam nach der Befreiung gegenübersah, betraf nicht die Kriegsverbrecher, sondern die Bourgeoisie des Südens, die fast ausnahmslos zur chinesischen Minderheit gehörte. Die chinesische Herkunft der Bourgeoisie ermöglichte den Feinden Vietnams die arglistige Realitätsverzerrung dessen, was im Kern ein Klassenproblem war und mit Rassismus nichts zu tun hatte. Vielen der reichen Händler gelang im Durcheinander der ersten Tage mit ihrem Vermögen die Flucht. Aber die meisten blieben in ihrem angestammten Viertel Cholon und vermehrten ihre Reichtümer durch Schwarzhandel mit lebensnotwendigen Gütern. »Cholon« ist das vietnamesische Wort für »großer Markt«, und das ist kein Zufall. Dort entstand das Monopol für den Handel mit Gold, Diamanten und Devisen, und in Cholon ließ man alle importierten Güter, die von den Yankees bei ihrer Flucht zurückgelassen worden waren, verschwinden. Von dort wurden Vertreter aufs Land geschickt, um ganze Reisernten aufzukaufen, auf einen Schlag das Fleisch einer ganzen Provinz sowie das Gemüse und den Fisch des ganzen Landes zu erwerben, alles Dinge, die nachher zum Preis von Diamanten auf dem Schwarzmarkt wieder auftauchten. Während der Rest der Vietnamesen unter einer drastischen Rationierung litt, konnte man im chinesischen Viertel, dreimal so teuer wie in New York, all die Schweinereien des unbeschwerten Lebens bekommen, die das künstliche Paradies Saigon in den Kriegsjahren am Leben gehalten hatten. Es war eine kapitalistische Insel im spartanischsten Land der Erde, mit jeder nur erdenklichen nächtlichen Extravaganz, an der sich die Besitzer auch selbst ergötzten. Hier gab es noch Häuser für Glücksspiel, Opiumhöhlen und geheime Bordelle, als das alles schon verboten war, und atemberaubende Restaurants, in denen man so exquisite Gerichte wie Bärenohren mit Orchideen und Haifischblasen in Pfefferminzsoße serviert bekam. Im März 1978, als die Regierung entschied, dieser Absurdität ein Ende zu setzen, waren fast alles Gold und sämtliche Devisen des Landes im babylonischen Distrikt Cholon versteckt. Es war eine fulminante Aktion. In einer einzigen Nacht schleiften Armee und Polizei diese Hochburg der Spekulation, und der Staat übernahm den Handel mit Lebensmitteln. Es wurde nicht versucht, gegen die Hamsterer juristisch vorzugehen, sondern die Regierung bezahlte ihnen für ihre Waren normale Preise und zwang sie dazu, ihr Geld in legale Geschäfte zu investieren. Dennoch zogen es viele vor zu gehen. Bis dahin hatten jeden Monat im Schnitt fünftausend Personen illegal das Land verlassen, und darunter hatten sich ebenso viele Vietnamesen wie Chinesen befunden. Nach der Verstaatlichung des privaten Handels begann die Zahl der Flüchtlinge zu steigen, und zugleich wuchs auch der Anteil der Chinesen an Bord der Flüchtlingsschiffe. Ende des Jahres 1978 flohen zwanzigtausend. Schließlich brachen im Februar 1979 durch den Krieg mit China alle Dämme, und das Verlangen wegzugehen verwandelte sich in einen Wirbelsturm der Panik.

Die Propaganda gegen Vietnam sprach in diesem Zusammenhang von einem Vergeltungsschlag gegen die Hoa, wie die Einwohner chinesischer Abstammung in Vietnam genannt werden. Die Wahrheit ist eine andere. Von den anderthalb Millionen Hoa, die es während des Krieges in Vietnam gab, hatte sich mehr als eine Million in ihre Bastion Cholon zurückgezogen, und die Übrigen lebten als Fischer, Reisbauern oder Minenarbeiter in den Siedlungen nahe der chinesischen Grenze. Sie waren Teil einer Wanderungsbewegung, die vor über zweitausend Jahren begonnen und alle Katastrophen überlebt hatte, sodass die meisten Hoa bereits Vietnamesen mit allen Rechten und Pflichten waren. Vor kurzem wurden drei in die Nationalversammlung gewählt, fünf in die Volksräte der Gemeinden und dreißig in die der Distrikte. Im Norden waren noch immer dreitausend von ihnen Staatsangestellte, davon mehr als hundert in sehr gehobenen Positionen. Ngi Doàn, der Bürgermeister von Cholon, ist ein Hoa der dritten Generation.

Immer redselig und lächelnd, versicherte mir Ngi Doàn, die Panik innerhalb seiner Gemeinde sei von der chinesischen Propaganda provoziert, wofür er mir auch schriftliche Beweise zeigte. Diese Propaganda, die über Gerüchte und geheime Flugblätter verbreitet wurde, brachte die Hoa in ein ausweisloses Dilemma: Entweder sie stellten sich auf die Seite Chinas und riskierten damit eine Verfolgung durch die Vietnamesen, oder sie stellten sich auf die Seite Vietnams und riskierten damit eine Verfolgung durch China, sollte dieses den Krieg gewinnen. Für das Gewissen der Hoa war das keine einfache Angelegenheit. Konfuzius hatte ihren

Vorfahren gesagt: Wer immer chinesisches Blut in den Adern hat, bleibt, wo auch immer auf der Welt, Chinese. Jedoch waren die vietnamesischen Gesetze nicht von Konfuzius gemacht worden. Also wussten viele Hoa nicht genau, auf wessen Seite sie standen.

Ein gravierenderes Problem ergab sich im Grenzgebiet. Die Vietnamesen versicherten, vor der Invasion seien einhundertsechzigtausend chinesische Einwohner der Gegend über die Grenze nach China gegangen, und davon seien viele wieder als Informanten für ihr Herkunftsland eingeschleust worden. In der Überzeugung, jeder Hoa sei ein potenzieller Spion, verfrachteten die Vietnamesen sie in weit von der Grenze entfernte Gebiete. Als der Konflikt beendet war, stellte man sie vor die Wahl, offiziell die vietnamesische Staatsbürgerschaft anzunehmen, sich weit entfernt von der Grenze anzusiedeln, oder das Land zu verlassen. Zur gleichen Zeit schloss Vietnam mit dem Hochkommissar der UNO ein Abkommen, das die legale Ausreise regelte. Auch wenn im Ausland etwas anderes erzählt wurde, betrugen die Kosten für die Ausreise nur sechzehn Dollar. Aber es wurde auch – auf Betreiben der UNO – eine Aufenthaltsgenehmigung für das Bestimmungsland verlangt. Die Lösung war angesichts der Notlage zu bürokratisch: Die Anträge häuften sich hoffnungslos, und am Ende war die illegale Flucht die einzige Möglichkeit.

Die Panik heizte den Menschenhandel an, und mit diesem schäbigen Geschäft ließ sich das schnelle Geld machen, woran sich die Reedereien im großen Stil beteiligten. Die Matrosen der ausländischen Frachter schlugen ihrerseits Kapital aus dem Durcheinander. Die Polizei entdeckte im Juni neunundsechzig Flüchtlinge, die auf einem griechischen Schiff, das zum Auslaufen bereit im Hafen von Ho-Chi-Minh-Stadt lag, versteckt waren. Vierunddreißig von ihnen verbargen sich im Maschinenraum bei achtzig Grad Hitze. Einer, der einen Sonderpreis bezahlt hatte, lag unter dem Bett des Kochs. Eine Frau hatte im Frachtraum ein Kind zur Welt gebracht. Als man den Fall untersuchte, stellte sich heraus, dass der Chefingenieur und ein Matrose, der vor Ort den Kontakt zu den Schleppern hergestellt hatte, sowie ein Küchengehilfe, der die Flüchtlinge während der Reise hatte verpflegen sollen, die Drahtzieher der Machenschaften waren.

Um dieselbe Zeit wurde ein vietnamesisches Passagierschiff, das die Linie zwischen Ho-Chi-Minh-Stadt und Vung Tau befuhr, in den vietnamesischen Hoheitsgewässern von drei mit Gewehren und Handgranaten bewaffneten Passagieren gekapert, die die Besatzung fesselten und das Kommando über das Schiff übernahmen. Die vietnamesischen Patrouillen, denen es gelang, sie zu überwältigen, fanden heraus, dass fast alle Passagiere den Knebeltarif bezahlt hatten, damit man sie aus Vietnam herausholte. Die Entführer, Soldaten des früheren Regimes, waren Teil einer Bande, die schon seit über einem Jahr Menschen die Flucht aus Vietnam ermöglichte, indem sich ihre Mitglieder als Beamte des Innenministeriums ausgaben und Pässe und andere offizielle Papiere fälschten. Die Behörden konnten in ihrem Kampf gegen die Flüchtenden nicht viele Erfolge verzeichnen. »Wir wurden überrollt«, sagte mir ein Richter am Volksgerichtshof von Ho-Chi-Minh-Stadt. »Und es gab keinen Ausweg: Ganz gleich, ob wir sie festnahmen oder laufen ließen, wir wurden immer bezichtigt, die Menschenrechte zu verletzen.«

Im Durcheinander dieser Tage stieg die Zahl der illegalen Ausreisen auf fünfzehntausend im März, zweiundzwanzigtausend im April, fünfundfünfzigtausend im Mai und sechsundfünfzigtausend im Juni. Der Vorrat an Pillen gegen Seekrankheit war im Juli erschöpft. Bis dahin hatten einhundertneunzigtausend Personen die Nachbarländer, vor allem Thailand und Hongkong, erreicht. Die genaue Zahl derer, die aus unterschiedlichen Gründen im Meer ihr Leben ließen, wird man nie erfahren, weil man nicht mit Sicherheit weiß, wie viele tatsächlich geflohen sind.

Gestützt auf die Behauptung, die Regierung würde ihre Gegner ausweisen und dazu zwingen, die todbringenden Fischkutter zu besteigen, hatte die Pressekampagne gegen Vietnam unterdessen die Größenordnung eines weltweiten Skandals erreicht. Ende Juni hielt ich mich kurz in Hongkong auf. Das Südchinesische Meer glich einem riesigen, brodelnden Schmortopf. Die Regierung von Malaysia hatte die Absicht geäußert, ziellos umhertreibende Boote, die sich seiner Küste näherten, unter Beschuss zu nehmen. In den Hoheitsgewässern von Singapur kreuzten Kriegsschiffe. Die arglosen Touristen, unterwegs auf den Fähren nach Macao, um die letzte Enklave portugiesischer Nostalgie kennen zu lernen, kreuzten in den stillen Wassern der Bucht den Weg der mit Sterbenden beladenen Barkassen, die von Einheiten der britischen Marine in Richtung Hongkong geschleppt wurden. Die Regierung von Thailand erklärte, ein Flüchtlingsstrom, der aus unterschiedlichen Herkunftsländern über die Grenzen dränge, überschwemme das Land. Bangkok war zur Nachrichtenzentrale geworden, und die Hotelhallen reichten für die vielen mit Kameras und schwerer Fernsehausrüstung bepackten Journalisten aus aller Welt nicht aus. Nach Angaben der Vereinten Nationen befanden sich in Thailand einhundertvierzigtausend Flüchtlinge: einhundertfünfzehntausend aus Laos, dreiundzwanzigtausend aus Kambodscha und lediglich zweitausend aus Vietnam. Dessen ungeachtet behauptete selbst die thailändische Presse, die diese Informationen vor der eigenen Haustür hatte, alle Flüchtlinge seien aus Vietnam. Es wurde auch, ohne sich um den augenfälligen Widerspruch zu kümmern, veröffentlicht, die vietnamesische Regierung kassiere von den Flüchtlingen eine offizielle Gebühr von dreitausend Dollar für die Erlaubnis, das Land zu verlassen.

Ab Februar, als die Zahl der Flüchtlinge in die Höhe schnellte, hieß es, die Verfolgung richte sich gezielt gegen die Hoa, um sie für die chinesische Invasion büßen zu lassen. Es wurden Grauen erregende Fotografien veröffentlicht, auf denen die Schiffbrüchigen aussahen, als seien sie aus einem Vernichtungslager entflohen. Die Bilder waren authentisch: Mehrere Wochen den Launen des Meeres ausgesetzt, gepeinigt von Hunger und Unwettern und von Piraten misshandelt, waren die Millionäre aus Cholon nicht mehr von den armen Chinesen zu unterscheiden.

Als ich nach Vietnam kam, hatte der Skandal seinen Höhepunkt erreicht, und alles, was ich wollte, war, aus erster Hand, und sei es auch nur für mein eigenes Gewissen, die Wahrheit unter den vielen sich widersprechenden Wahrheiten herauszufinden. Dennoch trat das Drama der Flüchtlinge, so unmittelbar und erschütternd es war, für mich angesichts der schrecklichen Wirklichkeit des Landes zusehends in den Hintergrund. Vom ersten Moment an bestürzte es mich, dass man die Verheerungen des Krieges gegen die Vereinigten Staaten, der vor vier Jahren zu Ende gegangen war, noch überall sehen konnte. Die Vietnamesen hatten noch nicht einmal die Zeit gefunden, ihr Haus zu fegen. Die Zivilflughäfen waren übersät mit den Trümmern der Kampfflugzeuge und waffenstarrenden Hubschrauber, mit denen die Yankees wehrlose Dörfer ausradiert hatten, und vom Schrott aller erdenklichen Todesmaschinen, die bei ihrem endgültigen Abzug zurückgelassen worden waren. Von den menschenleeren Straßen aus konnte man die Asche der Dörfer sehen, die das Napalm von den Landkarten getilgt hatte, das Niemandsland, das, einst von Regenwäldern bedeckt, nun durch die chemische Entlaubung unfruchtbar ist, Bombenkrater, wohin man blickt. Fünfzig Kilometer mit dem Auto zu fahren, was gut und gern vier Stunden dauern konnte, war noch immer ein Kriegserlebnis. Die Bewässerungskanäle, die dem Land aus der Luft das Aussehen eines riesigen Schachbretts verliehen, waren gerade erst wieder nutzbar gemacht worden. Die breiten, ruhigen Flüsse, die jetzt im Juli allmählich ihr Wesen veränderten, weil die großen Regenfälle verfrüht eingesetzt hatten, konnten nur über schwimmende Stege oder notdürftig aus Baumstämmen zusammengezimmerte Brücken überquert werden, denn selbst die historischen Brücken aus der französischen Kolonialzeit lagen in Trümmern. Die berühmte Long-Bien-Brücke, eine Konstruktion desselben Alexandre Gustave Eiffel, der den Turm in Paris erschaffen hat, war eine übel zugerichtete Überlebende. Etliche Male unter den Bomben zerborsten und jedes Mal eilig geflickt, war sie noch immer der einzige Zugang Hanois aus nördlicher Richtung. Die wieder und wieder zusammengeschusterte Eisenkonstruktion sah tatsächlich aus wie ein über die schlafenden Wasser des Roten Flusses gelegter Eiffelturm, und es grenzte an ein Wunder, dass die Brücke mit all ihren Schürfwunden und Nähten, überlastet von Zügen, Lastwagen und Panzern, die sich mühsam einen Weg durch die Massen unerschütterlicher Fahrradfahrer bahnten, noch immer auf ihren Pfeilern ruhte.

In gewissem Sinne hatte der Krieg nicht aufgehört. Etwa dreitausend Tonnen Minen und Bomben, die niemals explodiert waren, lauerten verstreut in den Äckern auf neue unschuldige Opfer. Mit vier Jahren Verspätung richtete eine

Mine ohne Vorwarnung Verheerungen unter den entsetzten Frauen an, die bis zur Hüfte im Wasser auf den Reisfeldern arbeiteten. Auf einem Schulhof säte eine versteckte Bombe den Tod zwischen den Kindern, die in der Pause waren. Ein paar Büffel, die im Gestrüpp auf eine verborgene Sprengladung traten, konnten eine ganze Siedlung dem Erdboden gleichmachen. In einer einzigen Provinz waren auf diese Weise etwa viertausend Menschen seit Ende des Krieges ums Leben gekommen.

Es gibt Schätzungen, nach denen die Vereinigten Staaten vieltausendmal mehr Bomben über Vietnam abgeworfen haben, als im ganzen Zweiten Weltkrieg gefallen sind: vierzehn Millionen Tonnen. Es war das gierige Feuer, das grausamste, das je ein Land in der Geschichte der Menschheit hat erleiden müssen. Die Vorstellungskraft sträubt sich, die Ziffern eines solchen Unheils zu begreifen. Um zu verhindern, dass die vietnamesische Guerrilla sich im Dschungel versteckte, warf die US-Luftwaffe chemische Entlaubungsmittel und Brandbomben ab, die fünf Millionen Hektar Wald vielleicht für immer unfruchtbar gemacht haben. Das heißt: eine Fläche so groß wie zehn Millionen Fußballfelder. In den wenigen Jahren dieses Wahnsinns der verbrannten Erde radierten die Yankees neuntausend Dörfer von der Landkarte, legten das nationale Schienennetz in Trümmer, ruinierten die Meisterwerke zur Bewässerung und Trockenlegung der Felder, töteten neunhunderttausend Büffel und verwüsteten zehntausend Quadratkilometer Anbaufläche oder, wenn man so will, das Hundertzwanzigfache der Fläche New Yorks. Weder Schulen noch Krankenhäuser entgingen dieser grausamen Vernichtung: Die zweitausendfünfhundert Leprakranken in der Kolonie Qhynlâp verbrannten während eines einzigen Luftangriffs unter einer tödlichen Dusche aus glühendem Phosphor.

Kaum war der Krieg beendet, wurde Vietnam zu allem Unglück von zwei gewaltigen Naturkatastrophen heimgesucht. Von einer Dürre 1977, durch die das Land eine Million Tonnen Reis verlor, und danach von einer Serie zunehmend aufbrausender Zyklone, wie man sie in diesem Jahrhundert kaum je erlebt hat, die weitere drei Millionen Tonnen zerstörten. So legte Gott letzte Hand an dieses beispiellose Werk der Vernichtung, das die Yankees nicht zu Ende geführt hatten und dessen Folgen eindeutig feststanden: Ein Land in Trümmern und fünfzig Millionen Menschen zum Elend verdammt.

Dennoch, wie gravierend die materiellen Schäden auch sein mochten, sie waren weniger schlimm und bei weitem nicht so irreparabel wie das menschliche Unglück und der moralische Verfall. Vielleicht treten hier die Unterschiede zwischen den seit über zwanzig Jahren sozialistischen Provinzen des Nordens und den Provinzen des Südens, die erst vor knapp vier Jahren befreit wurden, am deutlichsten zu Tage. Tatsächlich handelt es sich um zwei Länder, die nicht nur verschieden, sondern in vieler Hinsicht widersprüchlich sind.

Hanoi, die Hauptstadt, dürfte sich seit den Zeiten der französischen Besatzung nur sehr wenig verändert haben. In diesem heißen Monat Juli war sie noch immer eine friedliche Stadt, die stets wirkte, als sei es vier Uhr nachmittags. Trotz der hohen Luftfeuchtigkeit und der Gluthitze hatte man nicht den Eindruck, in den Tropen zu sein. Zwischen schlaftrunkenen Seen und zahlreichen uralten Bäumen, die selbst von den biblischen Wolkenbrüchen jener Tage nicht zu erschüttern waren, verlief das Leben in Hanoi in den offiziellen und melancholischen Bahnen kleiner französischer Provinzhauptstädte. Sobald es morgens hell wurde, saß die Hälfte der zwei Millionen Einwohner auf dem Fahrrad, trat lautlos und ohne Eile in die Pedale und folgte einer natürlichen Ordnung, die nur hie und da durch die allzu großes Aufsehen erregenden Autos der Diplomaten durcheinander gebracht wurde. Dienstwagen von Behörden waren sehr rar: Die Regierungsbeamten, sogar einige Minister, fuhren bescheiden und mit einem Gefühl für soziale Gleichheit, wie es in dieser Welt nur schwer zu begreifen ist, auf ihren ärmlichen Fahrrädern.

Ab sechs Uhr abends versank die Stadt in einem provinziellen Frieden. Ganze Familien betteten sich in die dunklen Hauseingänge zum Schlafen. Die einen, weil sie aus Furcht vor einem neuen Krieg mit China vom Land geflohen waren und keinen anderen Schlafplatz hatten, die anderen, weil sie die Hitze in den übervölkerten Häusern nicht ertragen konnten. Um sieben begann das Fernsehprogramm: Vier Stunden offizielle Sendungen, patriotische Dokumentarfilme und Spielfilme aus sozialistischen Ländern. Manchmal liefen sowjetische Filme mit arabischen Untertiteln und die Vietnamesen verstanden die Handlung nur auf Grund der Logik der Bilder. Es gab zwei Millionen Fernsehgeräte im ganzen Land, allerdings ging man von durchschnittlich zwanzig Zuschauern pro Apparat aus. Nur eine Sendung brachte die Vietnamesen sporadisch aus der Ruhe und weckte in ihren Herzen tosende Leidenschaft: die Übertragung eines Fußballspiels. Um acht vernahm man in der von Grillen erfüllten Stille die fernen, melancholischen Klängen einer sechzehnsaitigen Laute. Nur die tristen, von Ausländern besetzten Kolonialhotels waren noch geöffnet, und das eine oder andere düstere Lokal mit vier sehr ärmlichen Tischen, wo der Besitzer am Boden hockte und eigenhändig einen merkwürdigen Kaffee mit Salz zubereitete oder gekochte Eier, die nach Blumen des frühen Morgens schmeckten.

Tausend Kilometer weiter südlich blieb Ho-Chi-Minh-Stadt die ganze Nacht wach wie ein ununterbrochenes Donnergrollen. Es war eine riesenhafte Stadt, brodelnd und gefährlich, mit fast vier Millionen Einwohnern, die Tag und Nacht in den Straßen unterwegs waren, weil sie sonst nichts zu tun hatten. Ganz anders als Hanoi, war sie eine lärmende Hafenstadt des Südens. Die Fahrräder, die kreuz und quer selbst über die Fußgängerwege fuhren, das unerträgliche Feuerwerksgeknatter der Motorroller, der Wirrwarr der von Menschen gezogenen dreirädrigen Rikschas und das Hupen der Autos, die sich einen Weg durch die teilnahmslosen Menschenmengen bahnten, hielten das Leben in ständiger Alarmbereitschaft. Mit der gleichen Inbrunst, mit der sich Graham Greene gefragt hätte, wo Gott in dieser höllischen Stadt ist, fragte ich mich erstaunt, wo die Regierung war. Überall gedieh der Schwarzhandel. In den Hauseingängen standen klapprige Tische, an denen amerikanische Zigaretten, englische Schokolade, französisches Parfum verkauft wurden. Im Viertel Cholon war von der einstigen Pracht nur der Schmugglermarkt auf offener Straße geblieben.

Wenn es Abend wurde, versammelte sich eine Menge verwestlichter Halbwüchsiger, nahezu die ganze Jugend Saigons, auf den Plätzen, um frische Luft zu schnappen, alle waren amerikanisch gekleidet und träumten zum Takt der Rockmusik von einer Vergangenheit, die für immer vorüber war. Im Gegensatz zu den Frauen des Nordens, deren Schlichtheit auf der Welt nicht ihresgleichen kennt, unterstrichen die Frauen des Südens ihre natürliche Schönheit, indem sie sich nach europäischer Mode schminkten, sie bevorzugten auch bei ihren asiatischen Kleidungsstücken die leuchtenden Farben und hatten die Scheu vor den Risiken der Koketterie verloren. Unter der Besatzung durch die Yankees hatte die Stadt ihre kulturelle Identität vollständig eingebüßt. Sie war ein künstliches Paradies gewesen, das von den zwei Milliarden Dollar militärischer und ziviler Hilfe durch die Vereinigten Staaten und von den sechshunderttausend Tonnen Lebensmitteln, die sie jedes Jahr geschenkt bekam, in Gang gehalten wurde. Ihre Bewohner glaubten schließlich sogar, das sei das Leben. Das Kriegsende überraschte sie, während sie noch in einem irrealen Fegefeuer dahintrieben, von dem sie sich, auch vier Jahre nachdem der letzte Yankee das Land verlassen hatte, noch nicht wieder erholt haben.

Die Bilanz des Rauschs war erschreckend: dreihundertsechzigtausend Kriegsversehrte, eine Million Witwen, siebzigtausend Prostituierte, fünfzigtausend meist minderjährige Drogensüchtige, achttausend Bettler, eine Million Tuberkulosekranke und neunhunderttausend Militärs des alten Regimes, die unmöglich alle für eine neue Gesellschaft zu gewinnen waren. Ein Viertel der Einwohner Ho-Chi-Minh-Stadts litt bei Kriegsende unter schweren Geschlechtskrankheiten, und insgesamt gab es im Süden vier Millionen Analphabeten. Daher war es nicht verwunderlich, in den Straßen jene Horden krimineller Kinder zu finden, die in Waisenhäusern unterzubringen noch nicht gelungen war. Sie nannten sich bei einem Namen, den sie selbst erfunden hatten und den zu entschlüsseln niemand in der Lage war: »Staub des Lebens«. Auch wusste niemand, wer ihnen die Arme, die Brust oder den Handrücken mit rätselhaften Sprüchen tätowiert hatte: »Mama leidet sehr wegen mir«, »Papa: komm nach Hause«, »Die, die mich lieben, finden mich nicht«. In der asiatischen Menge waren auf der Straße wie in den Waisenhäusern die eichhörnchenfarbenen Haare, die grünen Augen, die sommersprossigen Nasen oder die teerfarbene Haut der Kinder der westlichen Invasoren sofort auszumachen. In den Waisenhäusern hatte man sie gezählt: Dort gab es siebenundsechzig Yankees ohne Eltern.

Die Bemühungen Vietnams, diese Kriegswunden zu heilen, hatten einen Tag nach der Befreiung eingesetzt. Das Land wurde wieder vereinigt, der Verwaltungsapparat sowie die politische und soziale Organisation des Südens sofort umstrukturiert. Soweit das möglich war, baute man das Straßen- und Schienennetz und die landwirtschaftliche Infrastruktur wieder auf, und es wurde mit einem außergewöhnlichen Prozess der Wiederansiedlung begonnen, um dem Süden seine ursprüngliche Identität wiederzugeben. Der jahrhundertealte Analphabetismus konnte so erfolgreich überwunden werden, dass die UNESCO Vietnam einen Sonderpreis verlieh. Die Einführung eines schulischen Notprogrammes ermöglichte es in diesem Jahr, rund fünfzehn Millionen Kinder zu betreuen. Man organisierte die umfassende medizinische Vorsorge und begann mit der Wiedereingliederung von Prostituierten, Waisen und Drogenabhängigen. Die Kriegsverbrecher wurden verurteilt und exekutiert wie in jedem Krieg. Viele landeten in den einzigen vorhandenen Gefängnissen, die noch aus der französischen Kolonialzeit stammten, oder in Umerziehungslagern, wo die Lebensbedingungen den Umständen eines verstörten Landes entsprachen. Aber es kam nicht zu einem Blutbad, wie es die Vereinigten Staaten vorhergesagt hatten. Im Gegenteil, man bemühte sich, für die Soldaten des alten Regimes und die beschäftigungslose Bourgeoisie einen Platz in der neuen Gesellschaft zu finden und neue Arbeitsbereiche für die über drei Millionen Arbeitslosen zu erschließen. Dennoch waren die Probleme so umfangreich und unerbittlich, dass selbst der hartnäckige Wille, die grenzenlose Geduld und die Opferbereitschaft der Vietnamesen nicht dagegen ankamen. In

Wahrheit fehlten dem Land in jeder Hinsicht die Ressourcen, um einer Katastrophe von solchen Ausmaßen zu begegnen. Das Phoenix-Programm hatte den Süden einer großen Reihe fähiger Personen beraubt, durch die man die korrupten – und nun fürs Erste nicht zu ersetzenden – Beamten des alten Regimes hätte ablösen können. Auf der anderen Seite hatten sich die Vereinigten Staaten 1973 im Abkommen von Paris verpflichtet, Vietnam in fünf Jahresraten eine Kriegsentschädigung von über drei Milliarden Dollar zu zahlen. Jedoch hielt sich der Präsident Gerald Ford nicht an diese Verpflichtung. Mehr noch: Die Carter-Administration, der das Drama der Flüchtlinge als Vorwand diente, setzte durch, dass auch andere Auslandshilfen gestrichen wurden, und betrieb mit allen Mitteln die vollständige Isolierung Vietnams.

Das war die alltägliche Realität, der sich das Land im August 1979 gegenübersah, während die westliche Presse sich über das Schicksal der Flüchtlinge erregte. Trotzdem war ich, nachdem ich fast einen Monat lang ausgiebig und aufmerksam das Landesinnere bereist hatte, zu dem Schluss gekommen, dass sich die Vietnamesen die größte Sorge nicht um die gewaltigen ökonomischen Probleme des Landes machten, sondern um einen erneut drohenden Krieg mit China. Es war eine nationale Besessenheit, die bis in die kleinsten Ritzen des Alltags vorgedrungen war. Auf dem Flughafen von Hanoi verspäteten sich die regulären Flüge um Stunden, weil der Luftraum durch Kampfübungen der Migs blockiert war. In den Dorfstraßen mussten die Fahrräder und Büffel den vorbeifahrenden Panzern weichen. In den Parks der Herrenhäuser erhielt eine ganze Generation von Heranwachsenden, inmitten der Kinder, der blauen Vögel und des betörenden Dufts der Paradiesblumen, eine militärische Notausbildung. Die Bauern im Mekong-Delta schliefen mit den Waffen der ganzen Familie in Reichweite.

Die Gewissheit eines neuen Krieges mit China war so tief ins gesellschaftliche Bewusstsein gedrungen, dass man meinen konnte, nach so vielen Jahren des bewaffneten Widerstands, habe sich in Vietnam eine reine Kriegskultur herausgebildet. Sie machte sich in nahezu allen Bereichen des täglichen Lebens bemerkbar, selbst in der Kunst und in der Liebe. In den Waisenhäusern des Südens empfingen die Kinder den Besucher mit militärischem Gruß, sangen patriotische Hymnen und führten Theaterstücke über die militärischen Siege der Vergangenheit auf. Die auffälligsten Werke in den Museen beschworen die Motive des Krieges und verherrlichten Mut und Opferbereitschaft. Auf den Kulturfesten spielten die jungen Mädchen auf der sechzehnsaitigen Laute und sangen Klagelieder in Erinnerung an die im Kampf Gefallenen. Romane und Gedichte, denen sich die Vietnamesen mit einem geradezu religiösen Eifer widmen, wurden seit vielen Jahren aus den persönlichen Erfahrungen des Krieges gespeist. Am meisten verblüfften mich die Vietnamesen aber damit, dass ihnen trotz allem jeglicher Hang zum Dramatisieren fehlte. Sie wirkten immer fröhlich, herzlich und sehr humorvoll. »Wir sind die Latinos Asiens«, sagte ein hoher Regierungsvertreter zu mir. Einmal übersetzte mir ein Dolmetscher eine Grauen erregende Geschichte, während das Gesicht des Mannes, der sie erzählte, in einem Dauerlächeln erstrahlte. Ich erhob Einwände gegenüber dem Dolmetscher. »Es kann doch nicht sein, dass dieser gute Mann solche fürchterlichen Sachen mit einer so fröhlichen Miene erzählt.« Es war so, und so war es immer gewesen. Noch nicht einmal das Thema der Beziehungen zu China konnte die legendäre Heiterkeit der Vietnamesen erschüttern. Dabei dachten sie an nichts anderes.

Der Premierminister, Pham Van Dong, meinte, diese soziale Spannung sei historisch gerechtfertigt. Der betagte Politiker, dem man seine sechsundsiebzig Jahre kaum abnahm, weil er nicht nur körperlich rüstig, sondern auf sanfte Art scharfsinnig war, empfing mich und meine Familie im Regierungspalast um eine Uhrzeit, zu der die meisten Staatschefs noch nicht einmal die Augen aufgemacht haben: um sechs Uhr morgens. Es war ein langes Gespräch, im bescheidenen und zugleich feierlichen Stil der Vietnamesen, und unvermeidlich kamen wir ständig auf das Thema eines neuen Krieges mit China zurück. Ich fragte den Premierminister ganz offen, ob diese nicht auszuhaltende Spannung durch die Regierung provoziert werde, um das Nationalgefühl in einem Zustand dauernder Erregung zu halten, oder ob tatsächlich die Gefahr einer erneuten chinesischen Invasion bestehe. Pham Van Dong antwortete mir: »Diese Gefahr besteht seit tausenden von Jahren.« Und fügte in seinem feierlichen Französisch hinzu: »C'est un rêve impérial fou.«

Xuan Thuy, Vorsitzender der Kommission für Auslandsbeziehungen der Kommunistischen Partei Vietnams, war, was die historischen Zeitangaben anging, expliziter. In seinem Haus in Hanoi, über das an diesem Nachmittag der erste Zyklon der Regenzeit fegte, erklärte er mir, die Attacken Chinas gegen sein Land hätten tatsächlich bereits vor vielen Jahrhunderten begonnen, seien aber in den sechziger Jahren wieder schärfer geworden. Damals – so Xuan Thuy – habe Cruschtschow einige innenpolitische wie außenpolitische Fehler begangen, und die Kommunistische Partei Vietnams habe es für notwendig erachtet, ihn in manchen Punkten ernsthaft zu kritisieren. »Wir versuchten auf diese Art, die Geschlossenheit des sozialistischen Lagers zu bewahren«, sagte er. »China dagegen versuchte, die Gelegenheit auszunutzen, um es zu spalten, und schlug Vietnam ein Treffen mit anderen kommunistischen Parteien vor, das zur Gründung einer neuen Internationale gegen die Sowjetunion führen sollte.« Xuan Thuy glaubt, die Ablehnung dieser Initiative durch Vietnam sei der erste ernste Zwischenfall in den heutigen Beziehungen zwischen Vietnam und China gewesen und eine Ursache dafür, dass Letzteres die Bildung maoistischer Gruppen auf der ganzen Welt vorantrieb.

Ich fragte Xuan Thuy, wie denn dann zu erklären sei, dass China Vietnam im Krieg gegen die Vereinigten Staaten unterstützt habe. »China half uns, weil es auf diese Art seine eigenen Grenzen, die ebenfalls von den Vereinigten Staaten bedroht waren, verteidigen konnte«, antwortete er mir. »Aber sobald diese beiden Länder ein Abkommen getroffen hatten, änderte sich das Verhalten Chinas gegenüber Vietnam vollständig.« Nach dem Besuch Nixons in Peking im Dezember 1972 wurde Hanoi unbarmherzig zwölf Tage hindurch ohne Unterlass bombardiert. Xuan Thuy schien überzeugt, dies sei das erste Resultat einer Übereinkunft zwischen den Vereinigten Staaten und China gewesen. Selbst die Militäroperation Vietnams in Kambodscha, die so viele Kontroversen entfacht hat, wurde als eine weitere Episode dieses jahrhundertealten Krieges gerechtfertigt. Xuan Thuy war davon überzeugt, die chinesischen Truppen hätten sich mit dem Einverständnis Pol Pots darauf vorbereitet, einige Provinzen Kambodschas zu besetzen, um über die schwächste Flanke nach Vietnam einzumarschieren. »Sie werden keine Ruhe geben, bis sie uns vernichtet haben«, sagte er mir. »Wenn Sie mir nicht glauben, gehen Sie an die Grenze, und Sie werden feststellen, wozu die Chinesen im Stande sind.«

Ich war einen Tag zuvor in Lang Son gewesen, nur vierzehn Kilometer von der chinesischen Grenze entfernt. Die Stadt war in Schutt und Asche gelegt worden, aber nicht durch Kämpfe, sondern durch Dynamit. Die Chinesen hatten sie einen Tag lang besetzt gehalten und systematisch zerstört. Sie sprengten die Parteilokale, die öffentliche Bibliothek, den Kinderhort und die Industrieanlagen. Dort, wo einmal der Marktplatz gewesen war, auf dem sich der gesamte lokale Handel abgespielt hatte, war nur noch eine wüste Ebene.

Alle Vietnamesen, mit denen ich sprach, stimmten darin überein, dass eine Wiederholung des Angriffs unvermeidlich sei. Dennoch hörte sich niemand dramatisch an. »Wir erwarten sie«, sagte mir Pham Van Dong. »Dieses Mal sind wir besser vorbereitet«, meinte der stellvertretende Außenminister, Nguyen Ko Thach. »Sie werden uns noch zweimal angreifen«, sagte Xuan Thuy, als handele es sich um eine fernöstliche Prophezeiung. Und schloss mit seinem unzerstörbaren Lächeln: »Erst wenn wir sie dreimal besiegt haben, werden sie einsehen, dass sie nichts gegen uns ausrichten können, und vielleicht entschließen sie sich dann zu einem dauerhaften Friedensvertrag.«

Eigentlich endete mein Besuch in Vietnam an jenem Abend, doch es sollten noch drei Tage vergehen, bis der erste verfrühte Zyklon, der bereits eine Spur von Verwüstung und Tod in den Außenbezirken Hongkongs hinterlassen hatte, vorüber war. Man fühlte sich wie im Innern eines riesigen Dampfkochtopfs. Der Regen fegte nahezu horizontal über den Ho Hoan Kiem, den See des zurückgegebenen Schwerts, und die ersten heftigen Sturmböen hatten die Bäume gerupft und die mit Stiefmütterchen bepflanzten Blumenkästen vor der ehemaligen Residenz des französischen Gouverneurs heruntergerissen. Ansonsten bestand der einzige Unterschied darin, dass die Fahrradfahrer über ihren kegelförmigen Hüten einen Regenschutz aus Plastik trugen und wie eine Unmenge von Straßengespenstern aussahen. Ein befreundeter Schriftsteller, der mich begleitete, sagte, diese Leute würden sich dem Zyklon gegenüber genauso verhalten, wie sie sich während der Bombardierung verhalten hätten: »Man musste sie sogar zwingen, in den Bunkern Schutz zu suchen.«

Eine Delegation des Senats der Vereinigten Staaten hatte es gerade noch geschafft, auf dem Flughafen von Hanoi zu landen, und war in unser Hotel eingefallen. Ihre Mitglieder sollten mit den Behörden über irgendeinen Aspekt des Flüchtlingsproblems verhandeln, und man hatte sie mit offiziellen Ehren empfangen. Aber sie waren wie für eine Abenteuerreise ohne Wiederkehr in die Steinzeit ausgerüstet. Sie schleppten Plastikkanister mit Trinkwasser, Limonade und Bier unterschiedlichster Marken mit, Lebensmittelkonserven, Tiefkühlgemüse und -früchte, eine fahrbare Bar und ein Feldlazarett mit einer Spezialausstattung zur Behandlung von Schlangenbissen. Sie hatten jede erdenkliche Sorte Insektenvernichtungsmittel und Desinfektionslösung sowie eine komplette Ausrüstung zur Brandbekämpfung dabei. All das war in Metalltruhen verstaut, die mit den offiziellen Insignien der Vereinigten Staaten bedruckt waren und zusammen mit den Film- und Fernsehausrüstungen das gesamte Foyer mit Beschlag belegten. Unter den Büchern, die verlassen neben dem persönlichen Gepäck herumlagen, war ein Handbuch für das Überleben im Dschungel.

Einer der Expeditionsteilnehmer wunderte sich mit der sympathischen Natürlichkeit der auf die Welt losgelassenen Yankees, dass sich ein Schriftsteller aus dem Westen in diesen Tagen hier aufhielt. »Zurzeit sind alle gegen Vietnam«, sagte er zu mir. In der Tat unterstützten die Intellektuellen und Künstler aus den Vereinigten Staaten und Europa, die früher unter den widrigsten Umständen solidarisch mit Vietnam gewesen waren, die Flüchtlingskampagne. Das haltlose Fabulieren hatte sogar dazu geführt, dass verbreitet wurde, die schöne und intelligente Binh, die seit 1973 der Star bei den Friedensverhandlungen in Paris gewesen war, sei in einem Umerziehungslager interniert. In Wahrheit war und ist Binh Erziehungsministerin von Vietnam.

Daher schien ich mit meinem persönlichen Fazit – und sei es nur für mein eigenes Gewissen – dazu verdammt, gegen den Strom zu schwimmen. Vietnam war, einmal mehr, Opfer einer breit angelegten internationalen Verschwörung geworden. Die Regierung hatte niemanden ausgewiesen, auch wenn sie wahrscheinlich aus Gründen der Zweckmäßigkeit irgendwann angesichts der Flucht den Kopf in den Sand gesteckt hatte. Aber sie war sich bewusst, dass im Durcheinander dieses Exodus zahlreiche Techniker und Fachleute das Land verließen, die für den Wiederaufbau dringend benötigt wurden.

Die Regierung hatte zwei nicht wieder gutzumachende Fehler begangen. Der erste bestand darin, weder die Flüchtlingskampagne als solche noch deren enormes Ausmaß beizeiten vorauszusehen. Der zweite Fehler war, blind auf die weltweite Solidarität zu vertrauen, die bisher noch nie versagt hatte und die dieses Mal, auf Grund einer nahezu perfekten Verzerrung der Wirklichkeit, nicht zu Stande gekommen war. Daran gab es nichts zu rütteln: Am Ende so vieler Jahrhunderte des Krieges hatte Vietnam eine entscheidende Schlacht in einem Krieg verloren, der zwar weniger bekannt, aber ebenso blutrünstig ist wie all die früheren: der Krieg der Information.

Bateman: Rätsel ohne Ende
1983

Die einmotorige Piper PA-28 mit dem kolumbianischen Kennzeichen HK2139P, die von dem konservativen Politiker Antonio Escobar Bravo gesteuert wurde, verließ den Flugplatz Simón Bolívar in Santa Marta um Viertel vor acht am 28. April 1983, als Ziel war laut Flugplan der Zivilflughafen Paitilla in der Stadt Panama angegeben. Sieben Minuten später landete die Maschine jedoch wenige Kilometer von Ciénaga entfernt auf einer alten Piste, die außer Gebrauch war. Dort warteten zehn Personen. Drei gingen an Bord, zwei Männer und eine Frau. Der größte von ihnen war dünn und ziemlich ausgemergelt, er trug ein blaugemustertes Hemd und eine Kapitänsmütze und war seit fünf Jahren der meistgesuchte Mann Kolumbiens: Jaime Bateman Cayón, oberster Kommandant der Bewegung des 19. April (M-19).

Nur diese zehn und noch ein paar wenige Mitglieder der Organisation wussten, dass das Sportflugzeug noch eine geheime Landung an einem anderen stillgelegten Flugplatz in der Nähe von Montería vornehmen musste, wo ein Treffen mit Delegierten des Volksheeres für die Befreiung (EPL) vorgesehen war, um über gemeinsame Aktionen zu diskutieren. Danach sollte die Maschine nach Panama fliegen, wo ein persönlicher Emissär von Präsident Belisario

Betancur zu den Dreien stoßen sollte, um Friedensgespräche einzuleiten. Einen letzten Kontakt mit der Flugüberwachung in Panama hatte das Flugzeug zwei Stunden und siebzehn Minuten nach dem Start in Santa Marta, als es sich in fünfundfünfzig Seemeilen Entfernung vom Flughafen Paitilla befand. Dort landete es jedoch nie. Das ist alles, was man vier Monate nach dem Verschwinden von Jaime Bateman und nach einer siebzigtägigen intensiven Suche zu Wasser und zu Lande mit absoluter Sicherheit weiß. Alles andere sind Vermutungen.

Die hartnäckigste Vermutung ist, dass er, aller Wahrscheinlichkeit zum Trotz, noch lebt. Jeder hat seine eigene Hoffnung und andere Argumente dafür, diesem Trug aufzusitzen, wie einst bei Emiliano Zapata in Mexiko, wie jahrelang in aller Welt bei Adolf Hitler und wie es seit jeher mit vielen anderen, die von der Legende verschlungen wurden, der Fall gewesen ist. Dass Bateman tatsächlich tot ist, glauben nur ein paar Jugendfreunde, die wenige Tage vor seinem Verschwinden mit ihm in Santa Marta zusammen waren. Aber auch ihre Gewissheit ist nicht rational begründet, ganz im Gegenteil: Es handelt sich um den karibischen Glauben, dass es Wesen mit dem überirdischen Privileg gibt, kurz vor dem Tod an den Ort ihrer Herzensbindungen zurückzukehren und ihre liebsten Erinnerungen noch einmal zu leben. Es heißt dann, dass eine solche Person »ihre Schritte wieder aufnimmt«. Bateman hat sich in seiner letzten Lebenswoche in der Tat so verhalten.

Er war am 19. April, dem dreizehnten Gründungstag seiner Bewegung, an die Karibikküste gekommen, um in der Nähe von Cartagena de Indias eine Pressekonferenz zu geben – es sollte seine vorletzte sein. Die historische Dimension dieses Datums pflegte er immer zu unterstreichen, von seinem eigenen Geburtstag – fünf Tage später – machte er weniger Aufhebens und vergaß ihn sogar oft. An diesem 24. April war das anders. Trotz der großen Gefahr, die er in einer Region lief, in der alle Sicherheitskräfte von seiner Anwesenheit wissen mussten, versteifte er sich darauf, seinen Geburtstag an seinem Geburtsort Santa Marta zu feiern, wo er sich aus Gründen elementarer Vorsicht seit sieben Jahren nicht hatte sehen lassen. Dort war all das, was ihm in seiner Jugend lieb und wert gewesen war, gab es Namen und Orte, die seine Sehnsucht wachriefen. Die Beziehung zu seinem Vater war wechselhaft, die zu seinen Brüdern gut, auch wenn sie sich nur selten sahen. Aber die zu seiner Mutter – der tapferen Clementina Cayón – war genauso leidenschaftlich und essenziell wie die Verbundenheit von Camilo Torres und Che Guevara mit ihren Müttern, etwas von der Abhängigkeit der Nabelschnur dauerte darin fort, ein inniges und zugleich konfliktgeladenes Verhältnis. Kampfgefährten Batemans haben erzählt, dass er, in den Nächten der Gefahr im Untergrund oder wenn er einsam und verloren im Urwald war, tief aufzuseufzen pflegte: »Ach, Clementina Cayón, was wird aus deinem Leben!«

Sie sahen sich oft und immer an unterschiedlichen und geheimen Orten, da Clementinas Haus lange und dauerhaft überwacht wurde. Eine Überwachung, die allerdings ebenso menschliche Züge hatte wie die überwachte Person und die Stadt, in der das stattfand, vielleicht die häuslichste des Landes. Clementina Cayón sah den armen Posten an der Ecke in der schrecklichen Mittagssonne stehen und bot ihm – wer weiß, ob aus Milde oder aus Schlauheit – einen Stuhl an oder einen Guanabanasaft, einen Teller Eintopf oder eine Zigarette, und dann musste der Mann nach kurzer Zeit ausgewechselt werden, weil er schon fast zur Familie gehörte. Dennoch war das Risiko bei einer Geburtstagsfeier in der Stadt enorm. Bateman bestand jedoch so entschieden darauf, dass sich sogar sein Sicherheitsdienst fügen musste, der sonst strikt gegen solche sentimentalen Zugeständnisse war.

Die gesamte Gruppe, die an der Pressekonferenz teilgenommen hatte, fuhr am 20. April bei Tagesanbruch auf dem Landweg von Cartagena nach Santa Marta. Es war die Trockenperiode an der Karibikküste, und in der glühenden Luft lag noch intensiver als sonst der Geruch der Guayave. Bateman verwandelte sich in einen nostalgischen Fremdenführer, insbesondere für seine beiden Genossen vom Oberkommando, Álvaro Fayad und Carlos Toledo Plata, die im selben Auto saßen und aus einer ganz anderen Welt mit anderen Sehnsüchten stammten. An jeder Stelle des Weges beschwor er eine Erinnerung. Nach der engen Brücke, die die Ciénaga Grande vom Meer trennt – in der Nähe der Stelle, wo er eine Woche später in das schicksalhafte Sportflugzeug steigen sollte –, befahl er, Station zu machen, um in einem Gasthaus an der Landstraße zum Frühstück gebratenen Fisch mit Bananenscheiben zu essen. Sodann konnte er der Versuchung nicht widerstehen, in seine Heimatstadt so zurückzukehren, wie er es in seiner Jugend unzählige Male gemacht hatte, er drängte den Fahrer vom Steuer und fuhr selbst bis nach Santa Marta, mit einem weiteren Zwischenstopp in Rodadero, wo sie ein morgendliches Bier tranken. Ein paar Tage zuvor hatte Bateman in Panamá den spanischen Film *Volver a empezar* gesehen, der in diesem Jahr den Oscar für den besten ausländischen Film bekam und die Geschichte eines Mannes erzählt, der, berühmt geworden im reifen Alter in sein Heimatdorf bei Oviedo zurückkehrt. An diesem Morgen hatte er, wie er zu seinen Gefährten sagte, das Gefühl, eine Livefassung dieses Filmes zu erleben.

Auch an den folgenden Tagen versuchte Bateman nicht, sich selbst oder seine Identität irgendwie zu verbergen. Er besuchte in Santa Marta alle Orte, die ihre Spuren in seinem Gedächtnis hinterlassen hatten; das Einzige, was er nicht tat, war, wie in seiner Jugend am Strand mit einer aus Lumpen gedrehten Kugel Fußball zu spielen. Er traf sich natürlich mehrmals mit seiner Mutter, allerdings nie bei ihr zu Hause und fragte sie über Freunde aus alten Zeiten und ein paar vergessene Bräute aus. Besonders erinnerte er sich an seine Mitschüler am Liceo Celedón, wo er wegen seines aufsässigen Betragens nicht die Abschlussprüfungen hatte machen dürfen. So weit wie möglich, bekamen alle eine mündliche Einladung zur Feier seines vierundvierzigsten Geburtstages.

Dass er in einer Stadt, wo jeder jeden kennt und überall die Geheimagenten der Militärgarnison, der Polizei und der Inneren Sicherheit herumlaufen, nicht entdeckt wurde, fällt schwer zu glauben. Ein Grund war zweifellos, dass Bateman in seiner Heimat sehr populär war und es daher unwahrscheinlich war, auf jemanden zu stoßen, der ihn, selbst wenn er nicht mit ihm übereinstimmte, hätte denunzieren wollen. Aber es gab einen anderen handfesten Grund, der auch noch komisch ist. Einer der vielen Brüder Batemans sah ihm so ähnlich, als wäre er sein Zwilling, und hatte wie er Sinn für Späße. Als in der Presse die ersten Fotos des Kommandanten im Untergrund erschienen, tat der Bruder sein Möglichstes, die Ähnlichkeit noch zu verstärken: Afro-Frisur, ein schmaler dünner Schnurrbart, blaues Hemd und Bergstiefel. Eine Zeit lang lockte er so befreundete Polizisten auf den Leim, säte Unsicherheit auf den öffentlichen Plätzen Santa Martas und trieb so lange seinen Spaß damit, bis alle sich an das Double gewöhnt hatten. Als dann der wirkliche Jaime Bateman auftauchte, sahen ihn viele an den gewohnten Orten und dachten wohl, das sei nicht er, sondern der

Bruder, der sie weiter hochnehmen wollte, diesmal mit der Mütze eines Seebärs auf dem Kopf. Auf alle Fälle hat nicht einmal der findigste Detektiv zu glauben gewagt, dass der wirkliche Bateman vor aller Augen auf der Straße herumlief.

Ein merkwürdigeres Fest als jene Geburtstagsfeier ist kaum vorstellbar. Bateman hatte ein Haus an einem der nahen Strände von Santa Marta gemietet, das nur schwer mit dem Auto zu erreichen war. Im April ist Mangozeit, und die Mango ist seine Lieblingsfrucht, und er ließ mehrere Kisten für sich und seine Gäste heranschaffen; weitere wurden ihm als Geschenk mitgebracht. Es gab weißen Rum im Überfluss und Whisky für den, der wollte; aber das offizielle Getränk war Piña colada – Batemans Lieblingsdrink, schon lange bevor er in Mode kam.

Die strengen Sicherheitsmaßnahmen machten das Fest noch seltsamer. Mindestens hundert Gäste waren im Laufe des Tages dort, aber nie mehr als zehn zur gleichen Zeit. Denn die einzige Möglichkeit, dorthin zu gelangen, waren die Mietboote auf der anderen Seite der Bucht, und in die passten nur acht Personen pro Fahrt hinein. Um Gedränge beim Fest zu vermeiden, fuhr ein Boot zurück, wenn ein anderes sich näherte. Immerhin waren in der Nähe des Hauses Schnellboote, zwei Autos und ein Sicherheitskommando der Guerrilleros postiert, die jedem Überraschungsangriff hätten trotzen können.

Bateman war ein Mann, der gerne feierte, aber auf seine Weise. Er tanzte gut und gerne Salsa und Vallenato, war aber ein mäßiger Trinker. Als guter Karibe war er schüchtern und traurig, kaschierte aber diese beiden Eigenschaften mit seinem natürlichen, mitreißenden Charme. Sein Geburtstagsverhalten war so unkonventionell wie nur denkbar. Er empfing seine Gäste in der Badehose, stieß mit ihnen an, unterhielt sich unter großem Gelächter, tanzte ein wenig zur

Musik einer angeheuerten Vallenato-Gruppe und aß Mangos. Ab und zu sprang er ins Wasser und schwamm eine ganze Weile, während seine Gäste weiter feierten. Und vielleicht waren das die glücklichsten Augenblicke für ihn, weil er seit seinen Kindertagen ein schneller und geschickter Schwimmer war. Clementina Cayón kam gegen Mittag mit einer zusätzlichen Ladung von Piña colada, und ihr Erscheinen löste Jubel auf dem Fest aus. Jemand rief in einer Musikpause: »Clementina Cayón, du hast eine Gebärmutter aus Gold.« Für alle Fälle hatten die Sicherheitskräfte ein Auge darauf, dass sich keiner zuviel Piña colada genehmigte.

Bis zu diesem Zeitpunkt hatte Bateman nicht daran gedacht, nach Panama zu fliegen. Sein Plan war, auf dem Landweg ganz Kolumbien zu durchqueren, um den zweiten Kommandanten des M-19, Iván Marino Ospina, zu treffen, der die Guerrilla in Caquetá anführte. Álvaro Fayad sollte nach Bogotá fahren und Toledo Plata nach Kali, und in drei Monaten sollten sie sich alle wieder in den Wäldern am Putumayo zu einer Plenarsitzung des Oberkommandos treffen. Diese Pläne änderten sich dann plötzlich, als Bateman die unerwartete Nachricht aus Panama bekam, dass sich dort ein persönlicher Abgesandter von Präsident Betancur mit ihm treffen wolle. Die Botschaft war offenbar nicht sehr klar, ließ aber vermuten, dass es sich um eine hochrangige Persönlichkeit handelte, und auf eine solche Gelegenheit hatte Bateman gewartet, seitdem ein mögliches Treffen mit dem Präsidenten bei der Konferenz der blockfreien Staaten in Neu Delhi gescheitert war. Also änderte er binnen vierundzwanzig Stunden seine unmittelbaren Pläne und entschied sich für die unvorhergesehene Reise, die ihn ins Desaster führte.

Batemans Interesse an einem Treffen mit Betancur zur Aufnahme von Friedensgesprächen ohne Mittelsmänner war zur Obsession geworden. Zu jenem Zeitpunkt aber schienen ihm mehrere Indizien dafür zu sprechen, dass die Regierung keine Gespräche mit ihm führen wollte. Ein letztes Indiz – am 3. April – wirkte gar zu offensichtlich. Auf der Rückreise von Cancún, wo er mit den anderen Präsidenten der Contadora-Gruppe zusammengetroffen war, hatte Betancur einen Zwischenstopp in Panama eingelegt. Bateman hatte dort gewartet und gehofft, ihn treffen zu können, wenige Blocks von dem Ort entfernt, wo Betancur über eine Stunde lang mit dem damaligen Oberst Manuel Antonio Noriega, dem Chef des Sicherheitsdienstes und der Nationalgarde von Panama, konferierte. Betancur und Noriega sprachen unter anderem auch über die Aktivitäten der M-19 in Panama, doch es fiel kein Wort über ein mögliches Treffen mit Bateman. Von neuem enttäuscht schrieb dieser einen Brief an den Präsidenten, in dem er auf einen Waffenstillstand drängte, um dann Friedensgespräche aufnehmen zu können. Der Brief wurde dem Präsidenten von Panama, Ricardo de la Espriella, übergeben, der ihn am 21. April, als Bateman in Santa Marta war, Betancur am Telefon vorlas. Vielleicht dachte Bateman, die Entsendung eines Emissärs sei eine Folge dieses Briefes, und beschloss deshalb, eiligst nach Panama zu reisen. Keine kolumbianische Quelle hat jedoch bestätigen können, dass es in jenen Tagen tatsächlich eine Anordnung der Regierung gegeben hat, einen Emissär dorthin zu schicken. Das Einzige, was zu der Zeit unternommen wurde, waren Sondierungsschritte von Seiten des Präsidenten der Friedenskommission, Otto Morales Benítez, kurz vor dessen Rücktritt, aber es handelte sich um einen vagen Versuch, von dem Präsident Betancur nichts wusste und der eine so überstürzte Reise Batemans nicht notwendig machte.

Während der Woche in Santa Marta traf sich Bateman mehrmals mit einem alten Freund, dem konservativen Politiker Antonio Escobar Bravo, den er in jungen Jahren kennen gelernt und zu dem er durch Toledo Plata wieder Kontakt bekommen hatte, als beide Abgeordnete waren. Wenige wussten damals, dass Escobar flog und als Pilot die nötige Erfahrung hatte, um in seinem einmotorigen Sportflugzeug an jeden Ort des Landes zu gelangen. Er hatten den Flugkurs beim Aeroclub del Atlántico in Barranquilla absolviert, wo ihm die Fluglizenz Nr. 767 von der zivilen Luftfahrtbehörde erteilt worden war. Diese Lizenz erlaubte ihm, Maschinen bis zu einem Gewicht von 5.670 Kilo zu führen. Sein Sportflugzeug wog nur 1.156 Kilo. Nach seiner Flugakte war er ein guter, konstanter und auch begeisterter Schüler gewesen. Seine Maschine war am 15. Februar 1983, zwei Monate vor dem Unfall, überprüft worden und in Ordnung gewesen, und die ärztliche Untersuchung hatte ihn als voll flugtauglich ausgewiesen. Dennoch kann man ihn nach strengen professionellen Kriterien nicht als erfahrenen Piloten bezeichnen, denn diese Qualifikation erfordert drei- bis viertausend Flugstunden, und Escobar hatte, wenn man den Unterricht mit einbezog, nur achthundert.

Seine Maschine war gut ausgerüstet – mit einem zweifachen Funksystem VHF, einem zweifachen Navigationssystem VOR, durch das sich die Position des Flugzeugs bestimmen lässt, einem zusätzlichen ADF-System sowie dem ILS für die Instrumentenlandung. Wegen seiner geringen Erfahrungen war ihm jedoch nicht erlaubt, das letztere System einzusetzen. Einziger Mangel der Ausrüstung war das fehlende Radar, das für dieses Panama-Abenteuer besonders nützlich gewesen wäre. Sehr wenige Sportflugzeuge von diesem Typ werden jedoch mit Radar geliefert, und eine spätere

Nachrüstung ist sehr teuer. Auf alle Fälle hatte Bateman Vertrauen zu Escobar. Als er also dringend von Santa Marta nach Panama reisen musste, rief er Escobar zu sich an den Strand, an dem er wohnte, und sie wurden sich einig, am nächsten Tag zu fliegen.

Zehn Personen erwarteten in der Nähe von Ciénaga auf dem stillgelegten Flugplatz die Maschine: Bateman, Toledo Plata, Nelly Vivas, Conrado Marín, sowie zwei Mitglieder der Nationalen Führung der M-19 und vier vom Sicherheitskommando. Sie waren in mehreren Autos vor Tagesanbruch gekommen und warteten an einem verborgenen Ort. Das Flugzeug landete um 7.52 Uhr, also etwa zur vorgesehenen Zeit. Sofort an Bord gingen Jaime Bateman, Nelly Vivas und Conrado Marín, die drei reisten über Panama an die Front in Caquetá. Nelly Vivas war eine Biologin aus Kali, die acht Jahre in Paris studiert hatte und am Colegio Santiago von Kali lehrte. Sie war vor etwa sechs Jahren zur M-19 gestoßen, war nun Mitglied des Oberkommandos und für die ersten Kontakte mit Carlos Lleras Restrepo verantwortlich gewesen, als dieser unter der Regierung von Turbay Ayala die Friedenskommission leitete. Conrado Marín war ein Bauer aus Florencia, der beim Guerrillakampf in Caquetá zum Rang eines Majors aufgestiegen war. Er war einer der ersten gewesen, der das Amnestiegesetz von Präsident Betancur in Anspruch nahm. Da jedoch vier seiner Genossen, die zusammen mit ihm amnestiert worden waren, im Laufe weniger Monate von Unbekannten auf den Straßen von Florencia ermordet worden waren, hatte er, das gleiche Schicksal befürchtend, sich nach einem Treffen mit Bateman in Santa Marta der Bewegung wieder angeschlossen. Fayad war nicht am Flugplatz, da er am Abend zuvor die Reise nach Bogotá auf dem Landweg angetreten hatte.

Die Zeit zwischen Landung und Start der Maschine sollte höchstens drei Minuten betragen, es gab jedoch eine unvorhergesehene Verzögerung, Bateman erschien noch einmal an der Tür und bat die Zurückbleibenden um ein Päckchen Zigaretten. Zweifellos entsprach er damit dem Wunsch des Piloten oder eines der Passagiere, denn er selbst hatte vor acht Jahren aufgehört zu rauchen. Der Abflug verzögerte sich damit um vier Minuten.

Bateman setzte sich auf den Platz, auf dem er immer reiste: auf den Sitz des Copiloten. Er hatte so oft dort gesessen und in den vielen Flugstunden so viel beobachtet, dass er sich inzwischen zutraute, im Zweifelsfall eine Notlandung improvisieren zu können. Er war gelassen und in gewohnt guter Laune. Zu allem sei er fähig, hatte er einmal gesagt, allerdings nicht dazu, mit einem Fallschirm abzuspringen. Wenn er im Auto unterwegs war, hatte er unter dem Hemd stets eine Browning im Gürtel stecken und dazu in Reichweite eine Maschinenpistole und mindestens eine Handgranate. Vor diesem letzten Flug aber hatte er die Maschinenpistole Álvaro Fayad übergeben und selbst nur die Pistole und zwei Handgranaten eingesteckt.

Als Gepäck hatte er ein Handköfferchen, in dem sich Wäsche zum Wechseln befand, zweitausend Dollar in bar und eine Kassette mit den Liedern von Celina und Reutilio sowie eine spanische Ausgabe von *Doña Flor und ihre zwei Ehemänner*, dem Roman des Brasilianers Jorge Amado, den Bateman nun lesen wollte, nachdem er die Verfilmung gesehen hatte. Er hatte ein Funkgerät VHF mit einer Reichweite von achtzehn Kilometern dabei, mit dem er sich von der Luft aus mit den Kommandanten der M-19 in Verbindung zu setzen pflegte. Das wollte er auch vor der Landung bei Montería machen, um sicherzugehen, dass ihn dort keine böse Überraschung erwartete. Er hatte einen kolumbianischen Pass mit echtem Foto, aber falschem Namen in der Tasche. Das ungewöhnlichste Objekt, das er mithatte, war ein Apparat für Leuchtzeichen, der in großer Höhe rote und blaue Lichtsignale aussenden konnte. Dieser Apparat war für Unfälle im Wald oder im Meer entwickelt worden, und Bateman hatte ihn auf seiner letzten Panama-Reise gekauft. Seine Begeisterung für elektronisches Spielzeug war schon immer Gegenstand des freundlichen Spotts seiner Genossen gewesen, sodass dieser Kauf nicht weiter verwunderlich war; Batemans karibische Freunde hätten ihn jedoch zweifellos als hellseherischen Akt gedeutet. Später, während der vergeblichen Suche im Urwald, war die Gewissheit, dass Bateman dieses Rettungsgerät bei sich hatte, eine der stärksten Hoffnungen der Suchtrupps. Als die kleine Maschine vom alten Flugplatz von Ciénaga startete, wird kaum einer an so etwas gedacht haben. Der Himmel war klar und wolkenlos, ideal für eine glückliche Reise. Genau zu dieser Stunde jedoch hielt der Wettersatellit der USA auf Fotos fest, wie sich über das weite Gebiet von Uraba bis Nicaragua allmählich die dichten Wolken der bösen Vorzeichen ausbreiteten.

Álvaro Fayad erreichte Bogotá nach einer langen Nacht auf der Landstraße am gleichen Nachmittag und dachte, dass Bateman zu dieser Zeit längst in Panama sein musste. Er war froh darüber, dass Bateman ihn nicht wie vorgesehen auf der langen Fahrt begleitet hatte. Der Wagen war sechsmal von Patrouillen der Zoll- und Drogenfahndung angehalten worden, und die Insassen hatten sich jedes Mal ausweisen müssen, dreimal war ihnen ins Gesicht geleuchtet worden, um die Fotos auf den Personalausweisen mit deren Inhabern zu vergleichen, und sie waren auch kurz durchsucht worden. Womöglich wäre Bateman nicht durch alle diese Kontrollen gerutscht, nicht nur wegen seiner unverwechselbaren Größe und weil man sein Bild vom Fernsehen her kannte, sondern weil er ein persönliches Kennzeichen hatte, das verräterischer als jeder Fingerabdruck war: sein rechtes Bein. Als Neunjähriger war er beim Fußballspielen mit einem Lumpenball in einer Straße Santa Martas von einem Lastwagen angefahren worden. Man hatte das Bein über der offenen Wunde und dem Splitterbruch eingegipst, und diese Stümperei führte zu einem Wundbrand, von dessen Folgen Bateman sich nie ganz erholt hatte. Unzählige Behandlungen und mehrere Knochentransplantationen blieben erfolglos. Über sein fleischloses Schienbein spannte sich nur eine pergamentene Haut, die beim kleinsten Stoß wieder zu schwären begann. Die langen Märsche durch den Urwald waren für Bateman ein ständiges Martyrium, und oft hatte er sich aus dem Kampf zurückziehen müssen, um sich von neuem in Behandlung zu begeben. Es war ein unauslöschliches Kennzeichen, von dem alle Geheimdienste wussten, und immer, wenn sie auf jemanden stießen, der Bateman hätte sein können, zogen sie ihm das Hosenbein hoch, um den Zustand des Beines zu überprüfen. Nur ein einziges Mal war er es wirklich, aber er hatte das unsägliche Glück, dass der Soldat das falsche Hosenbein hochstreifte und ihn laufen ließ.

Fayad ging in jener Nacht zu Bett, ohne eine Nachricht von Bateman bekommen zu haben. Am nächsten Morgen meldeten ihm Mitglieder des Informationsdienstes aus Bogotá, dass die Maschine von Escobar ihr Ziel nicht erreicht hatte, doch Fayad dachte, dass der Flug vielleicht vertagt worden sei. Wenig später wurde ihm jedoch bestätigt, dass die Maschine Santa Marta zur vorgesehenen Uhrzeit verlassen hatte, aber weder in Montería zwischengelandet war noch Panama erreicht hatte. Daraufhin rief er

Toledo Plata in Santa Marta an, und der wusste Genaueres: Am Vortag hatte die Luftfahrtbehörde von Panama um 12.28 Uhr gemeldet, dass die Maschine in Not war. Sofort waren Suchflugzeuge gestartet. Nun, vierundzwanzig Stunden danach, hatte man jedoch noch immer keinerlei Spur gefunden. Fayad sagte nur ein Wort, als er den Hörer auflegte: »Scheiße!« Tage später fasste er den Tiefschlag Freunden gegenüber in einem Satz zusammen: »Bei mir ist das Licht ausgegangen.«

Am 30. April brachte *El Tiempo* auf Seite neun ein Foto von Escobar und die Nachricht, dass er mit seinem Sportflugzeug über panamesischem Gebiet verschollen sei. Höchstens zwanzig Personen wussten beim Lesen dieser Nachricht, dass sich dahinter eine weit spektakulärere verbarg. Neben Fayad und Toledo Plata waren das die Sicherheitsbeauftragten, die am Flugplatz von Santa Marta gewesen waren, und die beiden Männer vom Informationsdienst in Bogotá; weitere sechs Sicherheitsbeauftragte, die zwei Führungsmitglieder der M-19, die mit Toledo Plata, dem Vertreter der M-19 in Panama, unterwegs waren, sowie der Mann, der dort für Batemans Sicherheit zuständig sein sollte und am Flughafen gewartet hatte; außerdem die sechs, die in Montería zurückgeblieben waren. Obwohl es in einer Stadt wie Santa Marta geradezu unmöglich scheint, so wichtige Fakten geheimzuhalten, gelang das zweiundzwanzig Tage lang, bis Ángel Romero, der Chefredakteur von *El Universal* aus Cartagena, durch einen fast unglaublichen Zufall davon erfuhr. Kurz zuvor hatte jedoch die Howard-Base am Panamakanal, die um Unterstützung bei der Suche nach Escobars Maschine gebeten worden war, mit einem verschlüsselten Hinweis geantwortet, der zur Annahme berechtigt, dass dort bekannt war, wer in dem Flugzeug gesessen hatte. »Die Maschine hatte keine Drogen an Bord, sondern eine andere Art von Schmuggelgut«, hieß es in dem Fernschreiben.

Was tatsächlich geschah, nachdem das Sportflugzeug den Flugplatz von Ciénaga verlassen hatte, lässt sich nur ansatzweise aus den Tonbandaufnahmen der verschiedenen Kontakte rekonstruieren, die Escobar mit der Luftüberwachung von Panama aufgenommen hatte. Die hochqualifizierten Techniker der kolumbianischen Luftfahrtdirektion haben uns dabei geholfen, diese Bänder zu entschlüsseln, und man weiß daher, dass der erste Kontakt um 9.52 stattfand. Nachdem Escobar sich identifiziert hatte, wurde er gefragt, wann er Santa Marta verlassen habe. Er gab als Startzeit 7.51 an. Eine falsche Zeitangabe, tatsächlich waren sie sechs Minuten früher gestartet, aber der Pilot hat wohl die sechs Minuten hinzugerechnet, die er für die Abholung der Passagiere gebraucht hatte, um auf diese Weise keine Spur der heimlichen Landung zu hinterlassen. Es war die einzige falsche Angabe. Er hat nie, wie später publiziert wurde, gesagt, er sei allein unterwegs gewesen, auch wenn er das auf eine entsprechende Frage hin wahrscheinlich behauptet hätte, um keine Widersprüche zu seinem Flugplan von Santa Marta aufkommen zu lassen. Was jedoch die Zwischenlandung in Montería angeht, so wird man nie wissen, warum er sie nicht gemacht hat, noch wie er sie gerechtfertigt hätte, doch die Satellitenbilder zeigen, dass die Wetterbedingungen dort nicht günstig für eine Sichtlandung waren.

Bei seiner ersten Kontaktaufnahme informierte er den Tower darüber, dass er von einer Höhe von 6.000 Fuß – die über dem Meer erlaubt war – bis auf 9.000 Fuß aufsteigen wolle. Es handelte sich um ein normales Manöver, da er zu diesem Zeitpunkt die Sierra del Darién, das höchste Gebirge Panamas, vor sich sehen musste. Der Kurs, den er flog, entsprach der für 9.57 geplanten Ankunft am Flughafen von Paitilla. Als er bereits die Flughöhe von 9.000 Fuß erreicht hatte, nahm er wieder Kontakt auf und meldete, dass eine Schlechtwetterfront vor ihm liege. Die Flugüberwachung empfahl ihm, auf 10.500 Fuß zu gehen, wo bessere Wetterbedingungen herrschten, und auf dieser Höhe zu bleiben, während über Radar ermittelt wurde, welche Route die besten Flugbedingungen bot. Die Radarkontrolle sollte es ihm über die Funkkontrolle mitteilen lassen. Das Problem war, dass Escobars Maschine nicht geortet werden konnte, weil sie nicht über die entsprechende Radaranlage verfügte. Sie war aber mit dem Direction Finder (DF) durch ein vom Flugzeug ausgesendetes Funksignal zu lokalisieren.

Um 10.04 Uhr nahm Escobar erneut die Verbindung auf und meldete, dass er auf 10.500 Fuß fliege und schlechtes Wetter vor sich habe, aber in der Wolkenfront einige Löcher sehe, durch die er fliegen könne. Seine Stimme war ruhig, und seine Einschätzung sowie seine Positionsbestimmung die eines guten Piloten. Daraufhin forderte ihn die Flugüberwachung auf, das Funksignal auszulösen, damit man ihn über DF orten könne, und Escobar tat es einen Augenblick lang. Dann brach sein Sendezeichen für immer ab. Zu diesem Zeitpunkt befand er sich 55 Meilen nordöstlich des Berges Ancón, der zwischen der Stadt Panama und der Kanalzone liegt. Das heißt, er hatte Treibstoff für mehr als zweieinhalb Flugstunden, befand sich aber noch über dem Atlantik, dreißig Meilen entfernt von der Sierra del Darién. Wenn der Unfall in dem Augenblick geschah, als das Funkzeichen abbrach, dann ist die Maschine zweifellos ins Meer gestürzt.

Aber dafür gibt es keinerlei Beweis. Escobar könnte auch noch die gesamte Strecke über dem Meer geflogen sein, ohne erneut Funkverbindung aufzunehmen, was vielleicht nicht mehr nötig war, und dann erst über der Sierra del Darién auf ein Unwetter gestoßen sein, dem er nicht ausweichen konnte. In diesem Fall ist es unwahrscheinlich, dass er dazu gekommen wäre, erneut Funkkontakt aufzunehmen, denn wenn eine solche Maschine in eine böse Turbulenz gerät, ist es, als ob sie eine riesige Schleuder durchquert: Auch der erfahrenste Pilot muss seine fünf Sinne darauf konzentrieren, die Maschine um jeden Preis zu stabilisieren und hat keine Hand und keinen Gedanken für das Funkgerät frei, da bei einem zu heftigen Ruck ohne weiteres ein Flügel abbrechen kann. Und wenn er versehentlich in einen Kumulonimbus hineinfliegt, zerreißt es die Maschine, und die Teile werden im Umkreis von vielen Meilen zerstreut.

Die zivile Luftfahrtbehörde von Panama führte acht Tage lang routinemäßige Suchaktionen durch. Fayad beharrte mit jeder nur denkbaren Art von privater und politischer Unterstützung auf weiteren Wochen. Die Patrouillen der M-19 haben ein riesiges Gebiet von fast 50.000 Quadratkilometern generalstabsmäßig erfasst, und von kolumbianischer Seite aus durchkämmten sie siebzig Tage lang von Montería bis Darién das unbewohnte Universum des Urwalds von Urabá. Das Gleiche geschah von der anderen Seite aus, von der Grenze zum Choco bis zur Stadt Panama. Allein in dieser Zone sind nach Angaben der Rettungsdienste seit dem Zweiten Weltkrieg zwanzig bis dreißig Flugzeuge verunglückt, von denen ganze vier gefunden wurden. Eine der Patrouillen, die nach Escobars Sportflugzeug suchte, stieß nur zwanzig Meter von einer verkehrsreichen Straße auf die vom Gestrüpp verschlungenen Reste eines Flugzeugs, das 1963 verschwunden war; andere fanden Kommunikationsausrüstungen des US-Verteidigungsministeriums, die wer weiß wann untergegangen waren in einem grenzenlosen Reich des wuchernden Grüns und der Sümpfe, in das kaum ein paar Sonnentropfen fallen und das sich, wenn ein Flugzeug in seine Eingeweide fällt, sofort über ihm schließt.

Die einzige Möglichkeit, sich ohne Kompass zu orientieren, ist, die Ausrichtung der Blätter zu beobachten, die sich immer nach Osten neigen. Es ist unwahrscheinlich, dass Escobar hier allein herausgefunden hätte, aber Bateman und Marín konnten es. Als Bauer aus Caquetá konnte Marín es von Kindesbeinen an. Bateman hatte es gelernt und unter Beweis gestellt, als er sich im Jahr zuvor mit sechs seiner Männer in den Wäldern von Caquetá verirrt hatte. Kurioserweise wusste die M-19 damals nicht davon, bis alle nach eineinhalb Monaten heil und gesund wieder auftauchten.

Bei der Art sich zu orientierten gibt es Unterschiede zwischen den Stadt- und den Landguerrilleros. Erstere fühlen sich ohne Kompass verloren, letztere dagegen folgen eher ihrem Instinkt und glauben, dass ein Kompass durch verschiedene Phänomene fehlgeleitet werden kann. Nach den ersten Berechnungen der M-19 konnten Bateman und Marín, falls sie den Unfall heil überstanden hatten, binnen 15 Tagen aus eigener Kraft wieder herausfinden, eine Zeitspanne, in der der gesamte Urwald von Panama zu durchqueren war. Wenn sie überlebt hatten, aber verletzt und nicht marschfähig waren, hätten sie ein Lager errichten können, und dort bis zu eineinhalb Monaten warten können. Länger hätte selbst ein Mann mit den physischen und psychischen Kräften Batemans nicht überleben können.

Der Umstand, dass Escobar ein bekannter Politiker war, erleichterte es der M-19, Mittel für die Suche aufzutreiben. Sie stellten zwei Pläne auf: einen für die Suche aus der Luft, den anderen für die Suche zu Lande. Für erstere mieteten sie zu einem exorbitanten Preis zwei Hubschrauber und Privatflugzeuge an, die fünfundzwanzig Tage lang den Urwald überflogen. Ein kolumbianischer Pilot, der an diesem außergewöhnlichen Unternehmen teilnahm, stellte fest, dass eine sorgfältigere und technisch perfektere Aufklärung unter derart ungünstigen Bedingungen nicht möglich gewesen wäre. Für die Suche am Boden, die zehn Tage nach dem Unfall begann, wurden Trupps von fünfzehn Männern unter einem Führer zusammengestellt. Wen man suchen musste, wusste nur dieser, weil man einerseits einer möglichen Demoralisierung vorbeugen, andererseits aber auch eine Verbreitung der Nachricht verhindern wollte. Die geheime Suche war nach Art der Guerrilleros das bedeutete, Signale zu geben, die nur sie selbst deuten konnten, und auf die Wurzeln der höchsten Bäume zu schlagen. Das ist ein effektiveres Kommunikationssystem als Schüsse in die Luft oder die blauen und roten Leuchtzeichen von Batemans Apparat, die niemals gesehen wurden. In bestimmten Abständen hinterließen die Trupps konventionelle Zeichen, damit die Verschollenen sich orientieren konnten; sie hinterließen Lager mit Funkgeräten und trockenem Holz, Nahrung für drei Tage und Erste-Hilfe-Päckchen. Nach einem Monat wurde die Suche noch immer mit der Leidenschaft des ersten Tages fortführt.

Zu dieser Zeit – am 20. Mai – nahm der Chefredakteur von *El Universal* in Cartagena, Ángel Romero, das Telefon ab, das auf einer Glasplatte stand. Er wollte um sieben Uhr abends einen Routineanruf machen, doch er wurde in ein Gespräch zwischen einem Mann und einer Frau geschaltet, die offen ihre Sorge über das Verschwinden von Bateman aussprachen, der ihrer Meinung nach Opfer eines Flugzeugunglücks in Panama geworden war. Romero flog am nächsten Tag nach Bogotá und versuchte Kontakt mit der M-19 herzustellen, bekam aber keine Information. Von einer Militärquelle erfuhr er jedoch, dass Bateman in der Tat verschollen war, die Geschichte mit dem Sportflugzeug jedoch ein Versuch der M-19 sei, die Wahrheit zu verschleiern. Offenbar war der Geheimdienst der Streitkräfte zu jenem Zeitpunkt davon überzeugt, dass Bateman am 9. Mai in Pajuil, Caquetá, im Kampf gefallen war und dass die Bewegung sich die Finte mit dem Flugzeug ausgedacht hatte, um das nicht zuzugeben. Vielleicht ist das der Grund dafür, dass die Streitkräfte noch heute diesen Fall mit einer Diskretion behandeln, die an Ungläubigkeit grenzt.

Treffsicher hat Ángel Romero jedoch die Hypothese von dem telefonischen Zufall vorgezogen und als Erster am 30. Mai auf Seite eins seiner Zeitung die Nachricht von Batemans Tod gebracht. Trotz der Gleichgültigkeit, mit der die Medien im Land – gerade die großen – darauf reagierten, war diese Information sicher die wichtigste Erstmeldung des Jahres. Niemand glaubte sie jedoch, und gerade die Zeitungen, die sie als reine Spekulation abtaten, gingen Monate später einer Falschmeldung auf den Leim, die, ohne Quellenangabe, behauptete, Bateman sei mit der Kasse der M-19 außer Landes geflohen.

Lange nachdem die Nachricht allgemein bekannt war, gab es innerhalb der M-19 immer noch Auseinandersetzungen darüber, wie sie offiziell bestätigt werden sollte. Jene, die meinten, man müsse den unvermeidlichen Spekulationen entgegentreten, wollten die Nachricht bereits nach der ersten Woche vergeblicher Suche herausgeben. Es setzte sich jedoch die Ansicht durch, man müsse sie weiterhin strikt geheimhalten, schon damit nicht hinter den Suchtrupps im Wald die Militärpatrouillen auftauchten. Also wurde die Suche jenseits aller Hoffnung weitergeführt, auch dann noch, als sie sich im Treibsand des magischen Denkens zu bewegen begann.

Tatsächlich gründeten sich die letzten Hoffnungen auf die Vision zweier Hexer. Der erste war aus Panama, und niemand gab etwas auf seine spontane Offenbarung. Als dann aber ein Hexer aus Kolumbien, der in keinerlei Verbindung zu dem anderen stand, verkündete, die gleiche Vision gehabt zu haben, wurde auch der Rationalismus der härtesten Revolutionäre von Zweifeln erschüttert. In beiden Visionen waren drei Männer im tiefsten Urwald zu sehen. Zwei von ihnen waren sehr schwach, der dritte sehr stark, dieser aber wagte sich aus Angst vor seiner Entdeckung nicht fortzubewegen. Diese für die abendländische Vernunft unerklärliche Übereinstimmung ließ die Hoffnungen in den ungläubigsten Herzen wieder aufblühen, und so wurde die Suche pausenlos und unermüdlich fortgesetzt, bis auch die Kühnsten der Realität ins Auge schauen mussten. Erst dann, neun Wochen nach dem Unfall, wurde einstimmig beschlossen, Batemans Tod offiziell bekanntzugeben. Es fehlte nur noch das Einverständnis seines Nachfolgers, Iván Marino Ospina, der als einer der Letzten im Herzen der Wälder von Caquetá davon erfahren hatte. Seine Stellungnahme kam im letzten Augenblick, auf einem handgeschriebenen und schweißdurchtränkten Zettel, den ein Bote im Schuh versteckt nach Bogotá gebracht hatte. Marino stimmte der Bekanntgabe zu und schickte seinen ersten Befehl: »Besteht auf dem Dialog.«

Aus meinen Erinnerungen: Besuch beim Papst
1986

Wenn ich es recht bedenke, entstand die Idee vor acht Jahren im Hotel Cesar Palace in Saõ Paulo, Brasilien, als unter der Tür meines Zimmers ein Exemplar der örtlichen Tageszeitung durchgeschoben wurde; die ganzseitige Schlagzeile lautete: »Der Papst ist tot.« Verärgert rief ich beim Empfangschef an und beschwerte mich: »Es ist unerhört, dass man in einem Fünf-Sterne-Hotel die Zeitung vom letzten Monat bekommt.«

»Sie werden entschuldigen«, antwortete mir eine auf alles gefasste, portugiesische Stimme, »aber der Papst ist schon wieder gestorben.«

Was der Empfangschef sagen wollte, stimmte. Johannes Paul I., der fröhliche Albino Luciani, der erst vor vierunddreißig Tagen sein Amt angetreten hatte, war die Nacht zuvor in seinem Bett gestorben. Wir, die wir weder früh genug geboren wurden, um im Jahre 1910 den Kometen Halley zu beobachten, noch sicher sein konnten, ihn im Jahre 1986 erneut vorbeiziehen zu sehen, durften uns immerhin damit trösten, ein selteneres Ereignis als einen Kometen erlebt zu haben: eines der kürzesten Pontifikate der Geschichte. Ich konnte nicht ahnen, dass ich kaum drei Monate später eine recht ungewöhnliche Unterredung mit seinem Nachfolger haben sollte und für kurze

Zeit in seinem Arbeitszimmer im Vatikan eingeschlossen war.

In jenem südamerikanischen Frühling des Jahres 1978 war ich nach Saõ Paulo gereist, um Kardinal Paulo Evaristo Arns für eine Aktion zu Gunsten der in Argentinien Verschwundenen um Hilfe zu bitten. Durch den Tod von Johannes Paul I. wäre das Treffen beinahe geplatzt, da Kardinal Arns für denselben Tag die Rückkehr nach Rom zur neuerlichen Papstwahl improvisieren musste, doch während unserer eiligen Unterredung kam ihm eine seiner typischen Ideen.

»Begleiten Sie mich nach Rom und besprechen Sie die Angelegenheit mit dem Papst.«

»Es gibt keinen Papst«, wandte ich ein.

»Kommende Woche wird es einen geben«, sagte er, »und auf wen die Wahl auch fallen wird, er wird ein offenes Ohr für die Leiden Lateinamerikas haben.«

Ich fuhr nicht sofort, machte mich jedoch zwei Monate später auf den Weg, um Johannes Paul II., bei dem Kardinal Arns eine Sonderaudienz für mich erwirken wollte, um seinen Beistand zu bitten. Nur dass alles nicht so einfach war, wie vorgesehen. Das Staatssekretariat behauptete, den Brief von Don Paulo Evaristo nicht erhalten zu haben, und damit schien die Sache gelaufen. Mein Freund Fulvio Zanetti jedoch, damals Chefredakteur der römischen Wochenzeitung *L'Espresso*, sagte mir auf sehr römische Art, dass ein Freund von ihm einen Freund habe, dessen Schwager einen Professor der Philosophie kenne, der einen Kollegen kenne, der die Möglichkeit habe, eine Audienz zu erwirken. Noch am selben Tag flog ich nach Paris, in der Annahme, dass sich Zanettis Bemühungen noch eine Weile hinziehen würden. Als ich aber am späten Abend dort eintraf, erwartete mich eine Nachricht von ihm: Ich hatte am folgenden Tag um ein Uhr nachmittags eine Audienz beim Papst.

Am chaotischen Flughafen von Rom empfing mich Valerio Riva, der mein Lektor bei Feltrinelli gewesen und mittlerweile Herausgeber von *L'Espresso* war. Bis zu der Unterredung blieben gerade noch anderthalb Stunden Zeit. Ich hatte die Eile vorausgesehen und mir am Pariser Flughafen die erste Krawatte seit zwanzig Jahren gekauft, da ich befürchtete, man würde mir ohne eine solche die Audienz verweigern. Wir konnten also sofort zum Vatikan fahren.

Aber nein: konnten wir nicht. Gemäß den kabbalistischen Instruktionen, die Valerio Riva mitbrachte, mussten wir erst bei einem bestimmten Haus im Stadtteil Parioli vorbeifahren, die zweite Klingel rechts oben drücken und nach der Gräfin fragen. Einfach so: nach der Gräfin. Wer jedoch ohne die mindeste Eile herunterkam, sobald wir geläutet hatten, war eine bezaubernde junge Römerin, die in einer Einkaufstasche die italienischen Ausgaben meiner Bücher mitbrachte und mich bat, sie ihr zu signieren. Sie fuhr mit uns zu einem theologischen Institut kaum zweihundert Meter vom Petersplatz entfernt, wo uns ein jugoslawischer Priester erwartete, der ein perfektes Spanisch sprach und alles über Gott und Lateinamerika zu wissen schien. Er geleitete mich in den Vatikan – nicht durch das Hauptportal, sondern durch eine winzige Tür, die sich auf ein Gässchen öffnete, wo es keinen Wachtposten zu geben schien. Später erfuhr ich, dass es sich nicht, wie ich gedacht hatte, um eine mindere Tür handelte, ganz im Gegenteil, und dass sie seit der Wahl von Johannes Paul II. in den römischen Klatschkolumnen als *La Porta Polacca* berühmt geworden ist.

Das Innere des Vatikans machte einen trostlosen Eindruck auf mich. Riesige leere Säle mit vereinzelten Gobelins und endlose Korridore, durch die der jugoslawische Priester mich förmlich hindurchschleifte. Der römische Winter ist alles andere als hart, und dieser war einer der mildesten, doch das Licht des Himmels, das durch die großen Fensterscheiben hereinfiel, wirkte ziemlich trübsinnig und erinnerte gar nicht an Rom. Die Sorge für das Haus oblag nicht etwa den hünenhaften, abweisenden Schweizergardisten, sondern freundlichen jungen Männern aus der römischen Aristokratie in dunklen Anzügen. Anders, als ich es mir gewünscht hätte, war in der erstarrten Atmosphäre von Gott nichts zu spüren, dafür aber spürte man die Macht seiner Stellvertreter.

Drei Minuten vor eins verabschiedete sich mein Führer von mir mit dem Versprechen, er werde mich nach der Audienz wieder abholen, und ließ mich in einem kleinen, mit Lehnstühlen, vergoldeten Friesen und verblichenem Samt ausstaffierten Salon zurück, an dessen Ende eine von einer Galerie glänzender Spiegel umrahmte, verschlossene Tür lag. Ich befand mich im Vorraum der päpstlichen Arbeitszimmer. Es herrschte absolute Stille, obwohl die Tiberkais mit ihrem infernalischen Verkehr nur wenige Häuserblocks entfernt waren. Fünf endlose Minuten war ich mutterseelenallein. Plötzlich ertönte ein unsichtbares Glockenspiel, dessen Läutwerk aus Gold sein musste, und die Tür im Hintergrund wurde eigenhändig von einem Mann geöffnet, der in das schräg einfallende Sonnenlicht der nahen Weihnacht getaucht war und ein strahlendweißes Gewand und ein strahlendweißes Soli Deo trug. Ich stand auf, rührte mich aber nicht von der Stelle. Daraufhin bedeutete er mir amüsiert lächelnd mit einer sehr beiläufigen Handbewegung, wie man Fliegen verscheucht, ich solle nähertreten, und erwartete mich am Ende der Galerie, ohne die Türklinke loszulassen. Es war Johannes Paul II.

Das Erste, was mich beeindruckte, und mich auf allen seinen Fotografien mit jedem Tag mehr beeindruckt, war seine beunruhigende Ähnlichkeit mit dem tschechischen Romancier Milan Kundera, nicht nur in seiner äußeren Erscheinung, sondern auch in den Gesten und im Klang der Stimme. Das Zweite, was mich beeindruckte, war die Kraft, mit der er mir die Hand auf die Schulter legte und mich zu seinem Schreibtisch geleitete.

»*Che lingua parli?*« fragte er.

Jemand hatte mir gesagt, dass Johannes Paul II. gerade sein Spanisch auffrischte, um es bei seinem Mexikobesuch im kommenden Monat tadellos parat zu haben. Ich schlug ihm also vor, das Gespräch in dieser Sprache zu führen.

»Es wäre nicht schlecht«, scherzte ich, »wenn ich in meinen Memoiren schreiben könnte, dass ich dem Papst einen Spanischkurs erteilt habe.«

Mit dem gleichen, ein wenig übermütigen Lächeln, mit dem er mich begrüßt hatte, erklärte er sich einverstanden, bat mich aber, nicht ihm gegenüber, sondern an der Ecke des Schreibtischs neben ihm Platz zu nehmen, sodass er mir während unserer Unterhaltung leicht auf den Arm klapsen konnte, um seinen Worten Nachdruck zu verleihen. Zum Auftakt erzählte er mir, dass er im Gymnasium Spanisch gelernt habe, weil er damals an einem Aufsatz über den heiligen Juan de la Cruz schrieb und dessen Werke im Original lesen wollte. Ich beging daraufhin den taktischen Fehler, ihm weitere Fragen zu einem Thema zu stellen, das mir unwiderstehlich schien, und als ich mir dessen bewusst wurde, hatte ich bereits fünf von den zehn für die Audienz angesetzten Minuten vergeudet.

Vom ersten Moment an stellte ich fest, dass der Papst gut spanisch sprach, dass er aber den Ehrgeiz hatte, es noch besser zu sprechen, was ihm jedoch eine zusätzliche Anstrengung bei der Wahl der genauen Formulierung abverlangte und Zeit beanspruchte, die uns für das eigentliche Thema verlorenging. Sobald wir also zur Sache kamen, suchte ich nach einer Gelegenheit, zum Italienischen oder Französischen überzugehen, das er ohne Zweifel mühelos beherrschte.

Es war nicht schwer. Kardinal Arns hatte mir eine Kopie des Briefes gegeben, mit dem er die Audienz beantragt hatte, und ich bat den Papst, diesen Brief zu lesen, nicht nur, um meinem Anliegen Nachdruck zu verleihen, sondern auch, weil er eine prägnante und überzeugende Zusammenfassung meiner Absichten in Angelegenheit der rund zehntausend in Argentinien Verschwundenen enthielt. Da der Brief auf Französisch geschrieben war, sagte der Papst, der beim Lesen zustimmend nickte: *Ah oui. Ah oui.* Obwohl es eine erschütternde Lektüre war, verlor er keinen Moment lang sein heiteres Lächeln; schließlich gab er mir den Brief wieder, als kehre er von einer Reise zurück, die er zur Genüge kannte, und sagte in fließendem Französisch:

»Das ist genau wie in Osteuropa.«

Ich passte auf, dass er nicht wieder zum Spanischen zurückkehrte, was er auch tatsächlich nicht tat, vielleicht ohne sich dessen bewusst zu sein. Aber das Gespräch wollte partout nicht in Gang kommen, weil ich in diesem Moment merkte, wie sich ein Metallknopf von meinem Sakko löste. Beide hörten wir ihn über den Boden kullern. Der Papst lehnte sich in seinem Sessel zurück, damit ich den Knopf unter dem Schreibtisch suchen konnte, und sah ihn eher als ich direkt neben seiner Fischersandale. Ich beeilte mich, den Knopf aufzuheben, aus Angst, der Papst könnte mir zuvorkommen. Im selben Augenblick ertönte das Glockenspiel, und die Audienz war beendet, ohne dass ich auch nur Gelegenheit gehabt hätte, etwas zu erwidern.

Vielleicht wäre meinem Vorhaben ein glücklicherer Ausgang beschieden gewesen, wenn das Gespräch fünf Minuten länger gedauert hätte. Immerhin – das stand auch in dem

Brief von Kardinal Arns – baten wir den Papst lediglich um seinen Segen für die Kampagne. Aber die Regeln des Vatikans sind unerbittlich, und so endete die Audienz ohne eine Antwort. Je mehr sich diese Begegnung jedoch in meinem Gedächtnis setzt, desto weniger kommt sie mir vor wie eine kampflose Niederlage, eher wie eine Kindheitserinnerung, die es wert wäre, erzählt zu werden. Vor allem das Ende, als es dem Pontifex maximus nicht gelang, die Tür seines Arbeitszimmers von innen zu öffnen, er mochte den Schlüssel drehen, wie er wollte, bis ihm ein Sekretär zu Hilfe eilte und sie von außen aufschloss. Das erschien mir logisch: Wir alle haben diese Probleme in Häusern, in die wir gerade eingezogen sind, und er wohnte kaum zwei Monate in diesem Haus. Erst da wurde mir richtig bewusst, an welchem Ort ich mich befand, die Glasschränke aus Naturholz mit endlosen Reihen gleichförmiger Bücher, die alten Vasen ohne eine einzige Blume und der einsame Mann, der den Schlüssel im Schloss drehte, ohne dass es sich öffnete, wobei er etwas auf Polnisch murmelte, womöglich ein Gebet an den unbekannten Heiligen, der klemmende Türen öffnet.

»Wenn meine Mutter wüsste«, dachte ich, »dass ich mit dem Papst in seinem Arbeitszimmer eingeschlossen bin!«

Die Sache erschien mir so unwirklich, dass ich mir an jenem Nachmittag fest vornahm, niemals darüber zu schreiben, aus Angst, dass niemand mir glauben würde.

Aus meinen Erinnerungen: Guillermo Cano
1987

Als der Zweite Weltkrieg in seine entscheidende Phase trat, verkündete Eduardo Zalamea Borda in London mit beispielloser Unverfrorenheit, *El Espectador* aus Bogotá sei die beste Zeitung der Welt. Das Ungeheuerliche an dieser Äußerung war nicht, dass Zalamea Borda sie über den World Service der Londoner BBC verbreitet hatte. Nein: sie war so ungeheuerlich, weil er selber glaubte, was er sagte, und weil alle, die damals diese Zeitung machten, und viele von uns Lesern davon überzeugt waren, dass es stimmte.

El Espectador hatte gerade ein halbes Jahrhundert auf dem Buckel und wurde in einem gemieteten Haus auf den ausrangierten Maschinen einer anderen Zeitung, einer reicheren und mächtigeren Zeitung, produziert. Er war damals nur ein achtseitiges, enggedrucktes Abendblatt, aber seine knapp fünftausend Exemplare wurden den Zeitungsverkäufern fast noch an der Tür der Druckerei aus den Händen gerissen und binnen einer halben Stunde in den kalten, düsteren Cafés der Altstadt gelesen. Doch diese flüchtige Gemütserregung von fünf Uhr nachmittags war ein Lebenselixier für die Leser, die ebensogut informiert und im Bilde waren wie die Leser der bedeutendsten Zeitungen in den Metropolen der Welt. Wenn ich daher nach so langer Zeit und durch die verklärende Brille der Nostalgie zurückblicke, bin ich immer noch nicht sicher, ob Eduardo Zalamea wirklich so übertrieben hat.

Nun gut: Kaum vier Jahre nach dieser Äußerung bekam die beste Zeitung der Welt den jüngsten Chefredakteur der Welt: Guillermo Cano. Er war vierundzwanzig Jahre alt und der schüchternste Vertreter einer Familie geborener Journalisten in der dritten Generation. Tatsächlich schien seine spektakuläre Beförderung nicht so sehr die frühreife Frucht persönlicher Verdienste zu sein, als vielmehr die Erfüllung einer schicksalhaften Bestimmung, die ihm vorgezeichnet war, noch bevor er geboren wurde.

Zu jener Zeit wurde Journalismus noch nicht an den Universitäten gelehrt; Journalist wurde man auf die alte Ochsentour, den Geruch der Druckerschwärze in der Nase, und die beste Schule des Landes war zweifellos die Redaktion des *Espectador*, mit klugen und herzensguten, aber strengen Lehrmeistern. Guillermo Cano hatte dort ganz klein angefangen, mit Stierkampfmeldungen, die so genau und sachkundig waren, als läge seine Hauptberufung nicht im Journalismus, sondern in der Arena. Es muss somit die härteste Prüfung seines Lebens gewesen sein, auf einen Schlag vom grünen Lehrjungen zum obersten Lehrherrn befördert zu werden.

Mit gutem Grund, denn der Redaktionssaal konnte auch einen Abgebrühteren das Fürchten lehren. Da war zunächst der Vater des Blattes, Don Gabriel, an dessen freiwilliges Ausscheiden in jenen Tagen nicht einmal er selber glaubte, denn kaum hatte er unter dem Vorwand, in aller Ruhe zu altern, ohne jemandem zur Last zu fallen, den Hochsitz seiner Rentnerschaft erklommen, als er sich auch schon zum unerbittlichsten Kritiker der Zeitung mauserte. Er las sie Buchstabe für Buchstabe, einschließlich der Inserate und Todesanzeigen, und markierte mit einem vorwurfsvollen blutroten Kringel die Druckfehler, Irrtümer und tagtäglichen Dummheiten, um sodann die Ausschnitte an einer Wandtafel anzuprangern, die ihrem Namen schon bald alle Ehre machte: »Die Schandmauer«.

Der zweite Mann an Bord war Eduardo Zalamea, der unvergessliche Odysseus und unermüdliche Forschungsreisende auf den geheimsten und unwirtlichsten Ozeanen der Gelehrsamkeit. Vor langer Zeit, als ganz junger Mann, war José Salgar auf der Schneckenleiter der täglichen Fron von den Kellern der Druckerei in die Chefetage der Redaktion gelangt, und er galt zu Recht als der beste Journalist des Landes, obwohl ihn nur wenige und ganz selten zu Gesicht bekommen hatten. Dann war da Darío Bautista, der sich mit dem ersten Hahnenschrei – denn damals lebten und vögelten in Bogotá noch jede Menge Hähne – daran machte, den Gutsverwaltern mit seinen fast immer zutreffenden Mutmaßungen bezüglich einer düsteren Zukunft die Morgenstunden zu vergällen. Sodann mein Vetter Gonzalo González, der wegen einer drittklassigen Fußballpartie zwei Jahre lang ein Gipsbein trug. Mit der Beantwortung von Leserfragen bestritt er die seriöseste und unterhaltsamste Kolumne seiner Zeit und wurde, weil er so vieles studierte und überprüfte, um seine Sache gut zu machen, ein Fachmann auf allen Gebieten. Der jüngste, unerfahrenste und schüchternste unter all diesen und vielen anderen Redakteuren, die ich bewusst unerwähnt lasse, damit meine Aufzählung nicht uferlos wird, war der neue Chefredakteur.

Eine glückliche Wendung meines Schicksals ließ mich im Jahre 1954 dieses schwierige Gestade ansteuern. Seit sieben Jahren veröffentlichte Eduardo Zalamea meine Erzählungen in der Literaturbeilage der Zeitung, aber persönlich kannten wir uns nicht, wie ich auch sonst niemanden in der Redaktion kannte. Die panische Angst, aufdringlich zu wirken, veranlasste mich, die Manuskripte in einem Umschlag an der Pförtnerloge der Zeitung abzugeben, solange ich noch an der Universidad Nacional studierte, oder sie von Cartagena und Barranquilla aus per Post zu schicken, wohin ich gezogen war, nachdem mein einziger Koffer und meine erste Schreibmaschine zusammen mit meiner Studentenunterkunft am 9. April 1948 zu Asche geworden waren.

Ich kehrte erst sechs Jahre später zurück, als mich der Dichter Álvaro Mutis – Pressechef einer Fluggesellschaft, die einging, nachdem alle ihre Flugzeuge abgestürzt waren – zu einem gemeinsamen Wochenende in Bogotá einlud. Es wurde das längste Wochenende meines Lebens, denn es dauert immer noch an. Erst sehr viel später fand ich heraus, dass diese Einladung eine List von Guillermo Cano gewesen war, um mich in die Redaktion der Zeitung zu holen – fast mit Gewalt und ohne Rücksicht auf meine Vorbehalte, nach der bitteren Erfahrung des 9. April nach Bogotá zurückzukehren. Zu meinem Glück ging ich ihm ins Netz – als fester Redakteur für drei Jahre, als ein Freund unter Freunden und ein bedingungsloser Mitstreiter gegen alle Stürme dieser und der anderen Welt bis zum heutigen Tage.

Als ich zum ersten Mal den hellen Redaktionssaal des neuen Zeitungsgebäudes betrat, stellte ich zunächst mit Verwunderung fest, dass Guillermo Cano wahrhaftig ein Chefredakteur war, mit Autorität und Führungskraft, während viele von uns Außenstehenden ihn bestenfalls für einen folgsamen Sohn gehalten hatten. Was mich vom ersten Tag an vor allem beeindruckte, war die Schnelligkeit, mit der er eine Nachricht erkannte. Manchmal musste er sich, auch ohne viele Argumente zu haben, mit der ganzen Redaktion auseinandersetzen, bevor er sie von seiner Einsicht überzeugen konnte. Eines Nachmittags, wenige Minuten, bevor die Zeitung in Druck gehen sollte, ging über der Stadt ein so heftiger Wolkenbruch nieder, wie ich selten einen erlebt habe. Wir alle, die wir gerade unser tägliches Brot in den Ofen geschoben hatten, fühlten uns am Boden zerstört. Man konnte nichts tun, als die Sturzbäche durch das Fenster zu beobachten, bis Guillermo Cano sich plötzlich zu uns umwandte und sagte:

»Dieser Wolkenbruch ist eine Nachricht.«

Er begann, Befehle zu erteilen, schickte die Fotografen auf die Straße und gab jedem Redakteur den Auftrag für eine Recherche im Rahmen seines Spezialgebiets. Zum Schluss setzte er sich selbst an die Maschine und tippte auf nur einer Viertelseite ein meisterhaftes Resümee der dreistündigen Katastrophe, die gerade stattgefunden hatte. Um sechs Uhr abends, als der Regen aufhörte, hatte die komplette Ausgabe des Wolkenbruchs die ursprünglich vorgesehene ersetzt und war auf dem Weg zu den durchweichten Lesern, die es noch nicht geschafft hatten, in einer vom Unwetter ins Chaos gestürzten Stadt in ihre Häuser zurückzukehren.

Vielleicht habe ich bei keiner Gelegenheit mit mehr Respekt vor dem professionellen Spürsinn Guillermo Canos den Hut gezogen als an jenem Nachmittag, da der Seemann Luis Alejandro Velasco in der Redaktion erschien und uns seine Memoiren verkaufen wollte. Er hatte so viele Interviews gegeben, hatte die Geschichte so oft erzählt, dass sich keine Zeitung mehr für sie interessierte, schon gar nicht unsere, die immer vom Fieber der Aktualität geschüttelt wurde. Alle waren wir uns einig. »Das ist kalter Kaffee.« Nur Guillermo Cano bestand hartnäckig darauf, dass die Reportage gemacht wurde, und dies war vielleicht das einzige Mal, dass er mich fast zwingen musste, einen Befehl auszuführen. In meinem ganzen Leben habe ich keine Sache lustloser begonnen, mit dem sicheren Gefühl, dass niemand sie lesen würde, und sogar mit dem Wunsch, zu scheitern, um zu beweisen, dass ich Recht hatte.

Niemand, der ihn näher kannte, hätte hinter Canos ruhiger und ein wenig ausweichender Art die fürchterliche Entschlossenheit seines Charakters vermuten können. Er war es, der die Filmkritik durchsetzte, obwohl die Kinobetreiber drohten, ihre Anzeigen zurückzuziehen. Er überzeugte seinen Vater, seine geschäftsführenden Brüder, uns alle, und zum ersten Mal erhielt die Filmkritik in einer größeren Zeitung grünes Licht. Selbst die Kinobetreiber mussten Guillermo Cano Recht geben: Denn die negativen Kritiken entzogen den schlechten Filmen keine Besucher, während sie den guten Filmen, für die am schwersten Zuschauer zu gewinnen waren, Zulauf verschafften. Mit der gleichen Leidenschaft ließ er sich auf sehr viel folgenreichere und gefährlichere Schlachten ein, ohne sich je von der Gewissheit abschrecken zu lassen, dass hinter den nobelsten Anliegen immer der Tod lauert.

Ich habe niemanden gekannt, der dem öffentlichen Leben reservierter, persönlichen Ehren ablehnender gegenüberstand und den Lockungen der Macht beharrlicher aus dem Weg ging. Guillermo Cano besaß nicht viele Freunde, die wenigen aber waren gute Freunde, und vom ersten Tag an hatte ich das Gefühl, einer von ihnen zu sein. Vielleicht trug die Tatsache dazu bei, dass wir in einer Redaktion von Gelehrten die jüngsten waren, woraus zudem ein Gefühl der Komplizenschaft erwuchs, das sich nie verlieren sollte. Diese Freundschaft zeichnete sich dadurch aus, dass sie über unsere Gegensätze hinweg Bestand hatte. Die politischen Meinungsverschiedenheiten waren gewaltig und nahmen in dem Maße zu, wie die Welt aus den Fugen ging, doch immer gelang es uns, eine gemeinsame Ebene zu finden, von der aus wir weiterhin gemeinsam für die Dinge kämpfen konnten, die wir für richtig hielten.

Fast vierzig Jahre lang war zu jeder Uhrzeit und an jedem Ort der Welt, wenn in Kolumbien etwas passiert war, meine erste Redaktion, Guillermo Cano anzurufen, um mir von ihm einen genauen Bericht geben zu lassen. Und jedesmal, ohne Ausnahme, drang aus dem Hörer die gleiche Stimme: »Hallo Gabo, was gibt's?« An einem schwarzen Tag im vergangenen Dezember überbrachte mir María Jimena Duzán in Havanna eine Nachricht von ihm mit der Aufforderung, etwas Besonderes zum Hundertjährigen von *El Espectador* zu schreiben. Am selben Abend erzählte mir Präsident Fidel Castro bei einer Feier mit Freunden in meinem Haus gerade eine fesselnde Geschichte, als ich Mercedes mit zitternder, fast unhörbarer Stimme sagen hörte: »Sie haben Guillermo Cano ermordet.« Die Tat hatte sich eine Viertelstunde zuvor ereignet, und jemand war ans Telefon gestürzt, um uns dies rasch mitzuteilen. Ich besaß kaum die Kraft, mit verschleierten Augen das Ende von Fidel Castros Erzählung abzuwarten. Und das einzige, was mir dann in der Verwirrung meiner Gefühle durch den Kopf schoss, war der gleiche instinktive Impuls wie immer: Sofort Guillermo Cano anrufen, um mir von ihm einen vollständigen Bericht geben zu lassen und die Wut und den Schmerz über seinen Tod mit ihm zu teilen.

Was geht in Kolumbien vor?
1989

Anfang Oktober enthüllte die Presse überraschend eines der bestgehüteten Geheimnisse Kolumbiens: Mindestens ein Jahr lang hatten autorisierte Regierungsvertreter formelle Gespräche mit autorisierten Vertretern des Drogenhandels geführt. Der offizielle Abgesandte dementierte, der der Drogenhändler bestätigte, und schließlich gab die Regierung die Sache ohne weiteren Kommentar zu. Wie immer in diesem Krieg der großen Geheimnisse blieben am Ende alle Fragen offen. Allerdings bestätigte die Enthüllung einmal mehr, wie sehr sich die Geschichte dieses Krieges in einem fort wiederholt, ohne jemals an irgendein Ziel zu gelangen. Sie kehrt lediglich mit stets neuem Elan und unter jedesmal dramatischeren Umständen wieder.

Der erste Anlauf zu einem Dialog, von dem die Öffentlichkeit erfuhr, erfolgte im Mai 1984, als der Chef des Medellin-Kartells, Pablo Escobar Gaviria, in einem Hotel in Panama mit Alfonso López Michelsen zusammentraf, um Präsident Belisario Betancur im Namen aller am Drogenhandel in Kolumbien beteiligten Gruppen ein formelles Angebot zu übermitteln. Diese versprachen, sich aus dem Geschäft zurückzuziehen, ihre Stützpunkte zur Kokainerzeugung und -vermarktung aufzugeben, ihr immenses Kapital aus dem Ausland zurückzuholen, es ganz legal in die einheimische Industrie und Wirtschaft zu investieren und sogar die schwere Bürde der Auslandsschulden mit dem Staat zu teilen. Im Gegenzug forderten sie nicht einmal eine Amnestie. Sie verlangten lediglich, in Kolumbien vor Gericht gestellt zu werden, ohne dass der Auslieferungsvertrag mit den USA gegen sie angewandt würde, der in jenen Tagen gerade reaktiviert wurde, nachdem man ihn mehrere Jahre hatte ruhen lassen.

Die Amnestie – in Kolumbien damals in Mode – war der Lorbeerzweig, den Präsident Belisario Betancur vom ersten Tag seiner Regierung an den bewaffneten Bewegungen zum Geschenk machte, von denen einige seit bald dreißig Jahren in den Bergen ihr Leben fristeten. Es war darum keineswegs verwunderlich, wenn die Drogenhändler danach strebten, sich unter diesen Schirm des Verzeihens und Vergessens zu flüchten – zu einem Zeitpunkt, als es fast unmöglich war, ihnen irgendein schweres Vergehen nachzuweisen, und in einem Land, wo wenige der großen Privatvermögen es wagen würden, sich zu ihrer Erbsünde zu bekennen.

Präsident Belisario Betancur war lediglich konsequent in seiner Politik des Dialogs, als er das Angebot mit einem Seufzer der Erleichterung aufnahm. Carlos Jiménez Gómez, der Generalbevollmächtigte der Republik, der seit über einem Jahr in direkten, vertraulichen Gesprächen mit den größten Drogenhändlern eine ehrenhafte Einigung anzustreben suchte, begab sich daraufhin zu einem erneuten Treffen mit ihnen nach Panama. Es kam nie heraus, ob er diesmal im Auftrag des Präsidenten handelte oder nicht, ich glaube aber schon, und daran war nichts Verwerfliches. Zu einem nächsten Schritt sollte es indes nicht kommen. Am 4. Juli desselben Jahres machte die Zeitung *El Tiempo* die Treffen publik und alarmierte die öffentliche Meinung gegen eine mögliche Einigung; Präsident Belisario Betancur sah sich genötigt, den Rückzug anzutreten und sogar öffentlich abzustreiten, etwas mit der Sache zu tun zu haben. Das Schlimmste daran war jedoch, dass die Regierung weder zum damaligen noch zu einem früheren oder späteren Zeitpunkt die mindeste Alternative zum Dialog besaß – weder in einem gerichtlichen Vorgehen oder einer Strafexpedition, noch in einer eindeutigen Politik gegenüber dem Drogenhandel. Mit dem Abstand von sechs Jahren lässt sich klar sagen, dass das Land damals eine verheißungsvolle Gelegenheit verspielt hat, sich einen Großteil der Gräuel zu ersparen, unter denen es jetzt zu leiden hat.

Heute besteht Grund anzunehmen, dass die Sabotage des Dialogs von den Vereinigten Staaten angezettelt wurde, aus Gründen, die wenig mit dem Drogenhandel und viel mit der antikommunistischen Paranoia Präsident Reagans zu tun hatten. Der Mann, den man mit dieser Sondermission betraute, war Botschafter Lewis Tambs, Aushängeschild der Santa Fe-Gruppe und der rechten Betonköpfe des Reaganismus, der in jenen Tagen unter großem Hallo und mit einer eigens für den Anlass geprägten Vokabel in Bogotá eintraf: *Drogenguerrilla*.

Aus seinen weitschweifigen, verklausulierten Äußerungen ging deutlich hervor, dass Tambs jeglicher Hoffnung auf einen Verhandlungsfrieden, dem Kernstück von Betancurs Regierungspolitik, eine Absage erteilte. Dagegen pochte er wie besessen auf die Gültigkeit des von der Vorgängerregierung unterzeichneten Vertrages, in dem die unwürdige Klausel über die Auslieferung kolumbianischer Staatsangehöriger verankert ist. Mit seiner drakonischen Verweigerung schien Botschafter Tambs anzudeuten, dass die Vereinigten Staaten im Schatten des Vertrages beweisen konnten, dass Drogenhändler und Guerrilleros ein und dasselbe waren: eine Drogenguerrilla. Der nächste Schritt wäre dann die

Entsendung von Truppen nach Kolumbien gewesen, unter dem Vorwand, die einen dingfest zu machen, in Wirklichkeit aber die anderen zu bekämpfen. Letzten Endes hätte die Auslieferung früher oder später jeden Kolumbianer, uns alle, treffen können.

Diesen Eindruck gewann ich während eines Mittagessens mit Botschafter Tambs kurz nach seinem Eintreffen in Bogotá, und die Zeit hat mir schließlich Recht gegeben. Tatsächlich war er im Anschluss an seine Versetzung nach Costa Rica einer der maßgeblichen Protagonisten des Irangate und unterstützte Oberst Oliver North beim Aufbau eines geheimen Flughafens für die nicaraguanischen Contras. Und was das Beste war: mit Geldern aus dem Drogenhandel.

Bis heute fragen wir uns in Kolumbien, warum die Drogenhändler jenen Waffenstillstand vorschlugen und ob sie es ehrlich meinten. Ich glaube schon. Und ihr Wahlspruch aus jener Zeit liefert – neben einem Beweis ihrer Großspurigkeit – dafür eine Erklärung: »Lieber ein Grab in Kolumbien als eine Zelle in den Vereinigten Staaten.« Selbstverständlich machte ihnen der Auslieferungsvertrag Angst. Aber das war nicht die Hauptsache. Ich glaube, dass der tiefere Grund kultureller Natur war und meist außer Acht gelassen wird: Sie waren auf Grund ihrer Herkunft und ihrer Ausbildung nicht darauf eingerichtet, außerhalb Kolumbiens zu leben. An keinem anderen Ort der Welt waren ihre märchenhaften Schätze für sie von Nutzen, nirgendwo konnten sie sich sicherer fühlen oder ihre Reichtümer besser zur Schau stellen. Sie hatten keine Lust zu sterben, schon gar nicht in einem Gefängnis, und vor allem nicht mit den phantastischen Reichtümern, die sie verdient hatten, um sie zu Lebzeiten mit ihren alten Freunden auszugeben, und sie wollten in ihrem Armeleutejargon reden und nicht auf ihr am heimischen Herd gekochtes, kreolisches Essen verzichten. Sie sehnten sich also am meisten nach dem Einzigen, das ihnen fehlte: einem Platz in der Gesellschaft. Inakzeptabel waren natürlich die schändlichen und kontraproduktiven Methoden, mit denen sie diesen Platz für sich einklagen wollten, als sie mit ihrem Verhandlungsangebot scheiterten.

Durch die Ablehnung hatten sie Zeit und Gelegenheit, sich nach anderen Verdienstmöglichkeiten umzuschauen, während der Auslieferungsvertrag in Vergessenheit geriet. Dabei sparten sie weder an Geld noch an Phantasie. Schon vorher waren sie »en vogue« gewesen. Sie genossen völlige Straffreiheit und sogar eine gewisse Popularität dank ihrer Wohltätigkeit in den Elendsvierteln, in denen sie ihre erbärmliche Kindheit verlebt hatten. Hätte jemand sie verhaften wollen, hätte er nur den Polizisten von der Ecke loszuschicken brauchen, um sie abzuholen. In weiten Teilen der kolumbianischen Gesellschaft betrachtete man sie jedoch mit einer Neugier und einem Interesse, die von Wohlwollen kaum zu unterscheiden waren. Journalisten, Politiker, Industrielle, Kaufleute oder auch einfache Schaulustige wohnten dem ständigen Jahrmarkttreiben auf der Hacienda Nápoles nahe Medellin bei, wo Pablo Escobar einen Zoo mit echten Giraffen und Nilpferden unterhielt, die er zum Zeitvertreib seiner Gäste aus Afrika hatte kommen lassen, und wo am Eingangstor wie ein nationales Denkmal das Flugzeug aufgestellt war, das die erste Ladung Kokain in die Vereinigten Staaten gebracht hatte.

Ermutigt durch das breite Einverständnis und die Gleichgültigkeit der Justiz, begnügten die Drogenhändler sich nicht mit dem Reichtum, sondern wollten auch die Macht. Escobar war als Stellvertreter ins Abgeordnetenhaus gewählt worden und sponserte Seminare über Menschenrechte. Carlos Lehder unterhielt Diskotheken für Jugendliche, ohne über die Verluste Buch zu führen, setzte John Lennon in der sehr sybaritischen Stadt Armenia mit einer Statue ein Denkmal, rief eine politische Bewegung ins Leben und gab eine ultrarechte nationalistische Zeitung heraus, die er der Hanfpflanze zu Ehren mit grüner Farbe drucken ließ, oder er erschien mit seiner Leibwache aus Revolverhelden im Kongress, legte die Stiefel auf die Zuschauerbalustrade und lachte sich halbtot. Jorge Luis Ochoa vom Medellin-Kartell und Gilberto Rodríguez Orejuela vom Cali-Kartell – die heute Todfeinde sind – reisten nach Belieben durch die halbe Welt, wo sie Rassepferde kauften und europäische Partner für ihre legalen Geschäfte suchten. Beide wurden in Spanien verhaftet, an Kolumbien ausgeliefert und dort auf freien Fuß gesetzt. Eine komfortable Situation, in der ihnen keiner ihrer politischen Freunde den Gefallen tat, sie darauf hinzuweisen, dass die Anschläge auf Personen nicht nur abscheuliche Verbrechen waren, sondern eine politische Dummheit, die sie ins Verderben riss.

Die Ermordung von Justizminister Rodrigo Lara Bonilla am 4. April 1984 war das erste folgenschwere Attentat. Bedauerlicherweise verlor Präsident Betancur in dieser traurigen Situation seinen kühlen Kopf. Unter dem Druck der Öffentlichkeit, die ihm Untätigkeit vorwarf, und vielleicht auch aus persönlicher Betroffenheit, nahm er erstmals Zuflucht zu dem Auslieferungsvertrag, den er selbst ablehnte und in seinem tiefsten Innern womöglich heute noch ablehnt. Er tat es zweifellos in Ermangelung einer unmittelbaren und abschreckenderen gesetzlichen Handhabe, ohne zu überlegen, dass die Anwendung des Vertrages fortan nicht mehr eine Frage von Prinzipien, sondern eher ein Instrument der Vergeltung darstellte.

Rasch begann sich der Teufelskreis zu schließen. Carlos Lehder, der offenbar durch Verrat aus den eigenen Reihen gefasst wurde, verbüßt in den Vereinigten Staaten eine aberwitzige Freiheitsstrafe von 135 Jahren. Rund zwanzig Kolumbianer und drei in Kolumbien lebende Ausländer waren bis Ende Oktober ausgeliefert worden. Was die Drogenbosse betrifft, so haben sie ihre geistige Beteiligung am Tod einer nur noch schwer bestimmbaren Zahl von Menschen nicht abgestritten – den des Ministers Lara Bonilla ausgenommen, dessen Tod der Auslöser für den Krieg mit der Öffentlichkeit war. Mindestens achthundert Mitglieder der Union Patriótica, einschließlich ihres Präsidentschaftskandidaten Jaime Pardo Leal, fielen einer entsetzlichen Mordkampagne zum Opfer. Die Ermordung von Guillermo Cano, dem unvergesslichen Chefredaktur der Tageszeitung *El Espectador* war für mich eine persönliche Katastrophe ohnegleichen. Das gilt auch für den anschließenden Terror gegen seine Zeitung, in der ich meine besten Jahre als Reporter verbracht habe, und der ich jeden nur erdenklichen Dank schulde. Richter und Justizbeamte, deren magere Gehälter gerade zum Überleben reichten, nicht aber für eine Ausbildung ihrer Kinder, befanden sich in einem ausweglosen Dilemma: Entweder waren sie käuflich oder sie wurden umgebracht. Bewundernswert und erschütternd ist, dass über vierzig von ihnen, wie auch etliche Journalisten und Funktionäre, es vorzogen zu sterben.

Unbegreiflicherweise haben die Drogenhändler, auch als das Morden schon in vollem Gange war, nie aufgehört, Dialogbereitschaft zu signalisieren. Die Zahl der öffentlichen und geheimen Bemühungen festzustellen, ist heute unmöglich. Ich selbst hatte Ende 1985 eine Unterredung mit einem Abgesandten Pablo Escobars, der gegenüber der Regierung das Angebot von Panama erneuern wollte, jedoch mit einer spektakulären Änderung: Über die Frage des Auslieferungsvertrages, an die der Dialog bislang immer gebunden gewesen war, sollte erst nach einer Einigung verhandelt werden.

Die Initiative erwies sich als ebenso fruchtlos wie alle anderen. Zwar erklärte der Oberste Gerichtshof einige Monate später den Vertrag für verfassungswidrig, doch das Morden ging mit unverminderter Wut weiter. Es ist indes kein Hirngespinst anzunehmen, dass diese Grausamkeit gewichtige Gründe hat, die dem Land von keiner der beiden Konfliktparteien jemals enthüllt worden sind.

Ich glaube, dass man nicht berücksichtigt hat, in welch hohem Maße die politische und soziale Situation ein gedeihlicher Nährboden für die Entwicklung des Drogenhandels in Kolumbien war, einem Land, das auf Glanz und Elend, mehrere Jahrhunderte von steinzeitlichem Feudalismus, dreißig Jahre ausweglosen Guerrillakriegs und eine lange Geschichte volksferner Regierungen zurückblicken kann. Als General Omar Torrijos 1979 die Rinderfarmen des Sinú an der kolumbianischen Karibik besuchte, wunderte er sich über die große Zahl bewaffneter Zivilisten, von denen die Viehzüchter eskortiert wurden. Er erinnerte sich, dass es in El Salvador zur Zeit der Militärherrschaft genauso angefangen hatte, und teilte dies beizeiten dem damaligen Präsidenten Julio César Turbay mit. Dieser ließ ihm über seinen Verteidigungsminister als Antwort eine rhetorische Kopfnuss verabreichen. »In Kolumbien herrscht sozialer Frieden.« Wer sich jedoch nicht getäuscht hatte, war General Torrijos. Wenige Meilen von den blühenden Farmen entfernt, die er besucht hatte – im Zentralgebiet meines sagenhaften Flusses Magdalena –, war bereits ein sozialer Zerfallsprozess in vollem Gange, der binnen weniger Jahre in der Bildung eines Schattenstaates unter der Ägide des Drogenhandels kulminieren sollte.

Der Hergang der Ereignisse ist mittlerweile bekannt. Die revolutionären bewaffneten Kräfte Kolumbiens (FARC), der weltliche Arm der Kommunistischen Partei, hatte in den sechziger Jahren mehrere Guerrillakommandos in Magdalena Medio stationiert, mit dem erklärten Ziel, die wehrlosen Bauern gegen die unersättlichen Großgrundbesitzer zu verteidigen. Die ursprünglichen Absichten der FARC verkamen jedoch zu einer billigen Methode, sich ihren Krieg durch Entführung, Erpressung und Ausplünderung der Viehzüchter zu finanzieren. Diese wiederum stellten, erbittert über den anhaltenden Terror, Privatarmeen auf, die sogar seitens der Regierung als Selbstverteidigungsgruppen rechtlich anerkannt wurden.»Angefangen hat alles als eine Kampagne zur physischen Vernichtung des Kommunismus«, schrieb ein Journalist nach einem Besuch der Region vor sechs Jahren. »Dann aber richteten sich ihre Angriffe gegen die Viehdiebe auf dem Land, gegen die Kleinkriminellen in den Dörfern und schließlich auch gegen Bettler und Homosexuelle.« Wer von den Viehzüchtern überlebte, der sah sich ruiniert und von eben den Räuberbanden bedroht, die er selbst bewaffnet hatte.

Diese verarmten Viehzüchter nahmen dann Kontakt zu den Drogenhändlern auf, denen sich damit die ersehnten Einsatzmöglichkeiten für ihre überschüssigen Reichtümer boten. Aus diesem Bündnis ging das heutige Magdalena Medio hervor, ein riesiges Imperium von fünfzigtausend Quadratkilometern, doppelt so groß wie El Salvador und weit stärker bewaffnet, als General Torrijos es in seiner Jugend kennen gelernt hatte. All dies vollzog sich innerhalb weniger Jahre, kaum dreihundert Kilometer vom Regierungspalast und nur einen Steinwurf von der Militärgarnison entfernt. Die Öffentlichkeit erfuhr davon erst vor einigen Monaten, als ein Überläufer die ganze Geschichte ausplauderte.

Die Drogenhändler steuerten das Geld, die Technik und ihr anerkannt großes unternehmerisches Talent bei. Die dilettantische wurde zu einer professionellen Gewalt, mit paramilitärischem Messianismus und Ausbildungsstätten unter der Leitung von Söldnern, die für Unsummen in London oder Tel Aviv angeheuert wurden. Zumindest einer dieser Leute handelte mit Wissen seiner Botschaft in Bogotá: der Israeli Yai Klein, der 1973 berühmt wurde, als sein Kommando in weniger als zwei Sekunden eine entführte Maschine auf dem Flughafen von Lodz befreite. Aus dieser Schule gingen die jugendlichen Verbrecher hervor, die, in den Elendsvierteln der Städte angeworben, damals im ganzen Land Mord und Schrecken verbreiteten. Dennoch wurde auf Grund eines verhängnisvollen dialektischen Scherzes aus der Revolution, die die FARC angestrebt hatte, am Ende Wirklichkeit, allerdings mit umgekehrtem Vorzeichen: eine abgeschlossene Welt, nicht mehr mit den Sicherheitsdiensten der Anfangsphase, sondern mit regulären Polizeieinheiten, die öffentlich gewählten Bürgermeistern und Stadträten unterstellt waren. Die Sozialpläne für Wohnung, Gesundheit und Erziehung könnte man glatt für eine Kampfansage an die Zentralregierung halten. Die ebenso unerschrockenen wie selbstzufriedenen Anführer gründeten eine mehr als rechtsextreme Partei, die sich seit kurzem um ihre offizielle Zulassung bemüht. Ihr Wahrzeichen ist das Zielfernrohr eines Gewehrs.

Als wir übrigen Kolumbianer diese niederschmetternde Realität zur Kenntnis nahmen, war es bereits zu spät. Der Staat im Staate hatte sich nicht mit den fruchtbaren Weiden und atemberaubenden Sonnenuntergängen des Magdalena begnügt, sondern sich klammheimlich bis in die unvorstellbarsten Winkel der Nation ausgebreitet. Ein scharfsinniger Beobachter der hiesigen Verhältnisse hat einmal gesagt, dass die gesamte kolumbianische Gesellschaft süchtig sei. Nicht nach Kokain – in Kolumbien sicherlich kein alarmierendes Phänomen –, sondern nach einer sehr viel perverseren

Droge: nach dem schnellen Geld. Die Industrie, der Handel, die Banken, die Politik, die Presse, der Sport, die Wissenschaften und die Künste, der Staat selbst: Alle öffentlichen und privaten Einrichtungen sind auf die eine oder andere Weise – vielleicht mit ein paar Ausnahmen, vielleicht unwissentlich und sogar in gutem Glauben – in ein Netz von Interessenverflechtungen verstrickt, das niemand mehr zu entwirren vermag. Es ist unglaublich: In nur drei Jahren wurden 1700 Offiziere der Streitkräfte und der Polizei angeklagt, verurteilt oder vom Dienst suspendiert, weil sie in den Drogenhandel verwickelt waren; eine von den USA veröffentlichte Liste von Personen, die vom Drogengeschäft profitieren, enthält die Namen von fünfundzwanzig gewählten Politikern; im Koffer eines Drogenhändlers wurden Kopien von vertraulichen Akten des Sicherheitsrates entdeckt; die telefonischen Indiskretionen einiger hoher Staatsbeamter gelangten an die falschen Ohren; und bei Hausdurchsuchungen stieß man in Verbindung mit unsauberen Geschäften auf die Namen bekannter Persönlichkeiten. Es ist eine Hydra, die man weder hört, noch sieht, aber die vor nichts Halt macht und allgegenwärtig ist und bis weit über unsere Grenzen hinaus alles infiltriert und infiziert. Vielleicht ist sich selbst die Regierung nicht darüber im Klaren, in welchem Ausmaß ihr diese widernatürlichen Einkünfte den Gefallen getan haben, soziale Spannungen zu mildern.

Nach ganz vorsichtigen Schätzungen betragen die nicht deklarierbaren Investitionen eine Milliarde Dollar jährlich. Es könnten aber auch fünfmal mehr sein. Nach Berechnungen der Presse besitzt jeder der drei mächtigsten Drogenbosse Kolumbiens mehr als drei Milliarden Dollar. Es ist undenkbar, dass sich eine derartige Kaufkraft mit der ephemeren Leidenschaft für materielle Dinge begnügt haben sollte, dass sie nicht vielmehr den Wunsch und die

Macht besaß, in die dunklen Abgründe des menschlichen Bewusstseins und Willens einzudringen. Dennoch scheint die freudsche Besessenheit der Drogenhändler darin zu bestehen, Land, Land und immer mehr Land zu erwerben. Kürzlich feierten sie mit einem rauschenden Fest den Kauf des 180.000. Hektars, als beabsichtigten sie, das ganze Land mit seinen Kondoren und Flüssen, dem Gelb seines Goldes und dem Blau seiner Meere zu kaufen, damit keiner ihnen jemals den Ort würde nehmen können, an dem sie leben wollten. Es war ein schwacher Hoffnungsschimmer, als sich in dieser wahnwitzigen Wirklichkeit die Stimme des Präsidentschaftskandidaten Luis Carlos Galán erhob und noch einmal eine Lösung beschwor, an die keiner mehr glaubte. Seine fast rituelle Ermordung in aller Öffentlichkeit, inmitten von achtzehn unerschrockenen Leibwächtern, konfrontierte die kolumbianische Regierung endlich mit dem Schreckgespenst ihrer ungeheuren historischen Verantwortung. Die – wenngleich verspätete und wenig weitsichtige – Reaktion von Präsident Virgilio Barco hätte nicht energischer ausfallen können.

Seine erste Maßnahme bestand darin, wie Betancur mit Hilfe von Notstandsverordnungen den verfassungswidrigen Vertrag zu reaktivieren. Die Drogenhändler schienen von seiner Entschlossenheit überrascht, die sie bei einem so bedächtigen Mann nicht für möglich gehalten hatten. Die unerwartete Beschlagnahmung ihrer Häuser und Farmen, ihrer verborgenen Laboratorien und geisterhaften Flugzeuge, ihre schwerbeladenen Yachten und aufschlussreichen Archive war ein tödlicher Schlag, von dem sie sich nicht so bald erholen sollten, und der sich zweifellos auf Kokainproduktion und -handel ausgewirkt haben dürfte. Trotzdem: Ihr größter Feind sind ihre eigenen Methoden, mit denen sie am Ende die ganze Nation gegen sich aufbringen werden.

Das Erstaunlichste an den Kolumbianern ist vielleicht ihre unbegreifliche Fähigkeit, sich an alles, sei es gut oder schlecht, mit einer Zähigkeit anzupassen, die ans Übernatürliche grenzt. Einigen – und möglicherweise sind es die Weisesten – scheint nicht einmal bewusst zu sein, dass sie in einem der gefährlichsten Länder der Welt leben. Das ist kein Wunder: Inmitten des Schreckens geht das Leben weiter, und vielleicht ist es wertvoller, wenn es täglich darum geht zu überleben. Noch am Sonntag der Beerdigung von Luis Carlos Galán, dessen Tod die Nation wirklich erschüttert hatte, strömten die ausgelassen jubelnden Massen auf die Straße, um den Sieg der Nationalelf über die Mannschaft von Ecuador zu feiern.

Der städtische Terrorismus jedoch ist ein seltenes Element in Kolumbiens jahrhundertealter Kultur der Gewalt. Die Bombenanschläge, die Unschuldige töten, und die anonymen Drohungen per Telefon, die schlimmer sein können als jede andere Heimsuchung des täglichen Lebens, werden letzten Endes alle, Freunde und Feinde, gegen das unsichtbare Verhängnis zusammenschweißen. Selbst der schlimmste Tod besitzt eine Ethik, die dem Terrorismus fehlt. Vielleicht kann man lernen, mit dem Entsetzen über das zu leben, was geschehen ist, aber niemand wird lernen, mit der Unsicherheit zu leben, was alles geschehen könnte: dass die Kinder in der Schule von einer Bombe zerfetzt werden oder jemand am Kinoausgang irrtümlich erschossen wird oder einem Händler auf dem Markt das Gemüse in die Luft fliegt oder ein Flugzeug unterwegs explodiert oder eine ganze Familie mit Trinkwasser vergiftet wird. Nein: Noch nie in der lange Epopöe menschlicher Tollheiten hat der Terrorismus einen Krieg gewonnen, noch wird er je einen gewinnen können.

Präsident Virgilio Barco, dem das außergewöhnliche Los des einsamen Steuermanns zugefallen ist, dürfte bereits wissen, dass der zu erwartende heftige Krieg das schwierigste und waghalsigste Unterfangen seines Lebens sein wird, unter anderem, weil der vielseitige Gegner durch geisterhafte Informanten im Zentrum der Macht informiert und vorgewarnt wird, deren Augen alles sehen und deren Ohren alles hören. Vor allem aber, weil die regulären Haushaltsmittel, die der Regierung zur Verfügung stehen, nicht mit der Finanzkraft des Feindes konkurrieren können. Die USA haben Kolumbien Nachlässigkeit im Kampf gegen den Drogenhandel vorgeworfen, obwohl man doch in den Straßen ihrer Städte schon immer mehr Kokain bekam als bei uns und obwohl auf den staatlichen Listen der am Drogenhandel beteiligten Personen amerikanische Staatsbürger ungenannt blieben. Es müssen eine Menge sein in einem Land, das im vergangenen Jahr zweihundertsiebzig Tonnen Kokain konsumiert hat. Die Hilfe jedoch, die die USA Kolumbien gewähren, wenn es – wie in der gegenwärtigen Notlage – darauf ankommt, steht in keinem Verhältnis zu den Geldern, die acht Jahre lang auf halb offiziellem, halb verdecktem Wege an die nicaraguanische Contra flossen: zwei Milliarden Dollar. Und es ist wahrscheinlich, dass Kolumbien keine weitergehende Unterstützung erhalten wird, solange Präsident Barco sich hartnäckig weigert – was er zweifellos bis zum Schluss tun wird –, nordamerikanische Truppen ins Land zu lassen, und sei es auch nur, um dem Drogenhandel ein Ende zu machen.

All dies deutet darauf hin, dass es ein langer, ruinöser und aussichtsloser Krieg werden wird. Und was das Schlimmste ist: er ist ohne Alternative. Es sei denn, dass unerwartet irgendein glücklicher Umstand eintritt: eine jener wahnwitzigen Erleuchtungen, die Lateinamerika so viele Male gerettet haben. Wenn es nicht der Dialog ist, könnte es irgend etwas anderes sein – vorausgesetzt, dass es keinen Menschen das Leben kostet. Damit wir am Ende nicht, noch bevor dieser endlose Krieg zu Ende geht, unserem Land ein jähes Ende bereiten. Das ist leider die einzige ermutigende Aussicht, die sich mir anbietet, um diesem Bericht einen vernichtenden Schluss zu ersparen.

Was sind die vorrangigen Aufgaben der Menschheit in den kommenden Jahrzehnten?*
1992

Wollte man etwas wirklich Neues zur Rettung der Menschheit im 21. Jahrhundert unternehmen, müsste man den Frauen die Führung der Welt übertragen. Ich glaube nicht, dass eins der Geschlechter dem anderen über- oder unterlegen ist. Ich glaube, dass sie verschieden und die biologischen Unterschiede unüberwindlich sind, dass aber die männliche Vorherrschaft eine zehntausendjährige Gelegenheit verspielt hat.

Jemand hat einmal gesagt: »Wenn Männer schwanger werden könnten, wäre die Abtreibung fast ein Sakrament.« Dieser geniale Aphorismus sagt alles, und die Moral, die sich darin ausdrückt, müssen wir verändern. Das wäre zum ersten Mal in der Geschichte eine tiefgreifende Veränderung des Menschengeschlechts, die dem gesunden Menschenverstand, den wir Männer geringgeschätzt und als »weibliche Intuition« verspottet haben, gegenüber der Vernunft, mit der wir Männer uns herausgeredet haben, um unsere fast ausnahmslos absurden und verabscheuenswerten Ideologien zu rechtfertigen, den Vorrang einräumen würde.

* »What should humankind aim to accomplish in the coming decades?« Frage von *Time Magazine* an den Autor.

Wegen der Zerstörung der Umwelt ist die Menschheit im 21. Jahrhundert zum Untergang verurteilt. Die männlich dominierte Macht hat bewiesen, dass sie dies nicht verhindern kann, weil sie unfähig ist, ihre Interessen zurückzustellen. Für die Frau dagegen ist der Schutz der Umwelt eine genetische Bestimmung. Das ist lediglich ein Beispiel. Aber schon allein deswegen ist die Umkehrung der Machtverhältnisse eine Frage von Leben und Tod.

ANMERKUNGEN ZU EINER NEUEN DEBATTE
ÜBER DIE DROGENFRAGE*
1993

Der erste Schritt auf dem Weg zu einer realistischen Lösung des Drogenproblems in der Welt besteht meines Erachtens darin, das Scheitern der bisher angewandten Methoden anzuerkennen. Diese Methoden haben – mehr als die Drogen selbst – die größten Probleme verursacht oder weiter verschärft, unter denen sowohl die Hersteller- als auch die Abnehmerländer leiden.

Man hatte mehr als genug Zeit, dies festzustellen. In Wirklichkeit sind diese Methoden 1982 vom US-amerikanischen Präsidenten Reagan durchgesetzt worden, als er das Kokain zu einem der nützlichsten Feindbilder seiner Politik der nationalen Sicherheit erhob und ihm den bewaffneten Krieg erklärte. Dieser Krieg sollte von Präsident George Bush fortgesetzt und auf die Spitze getrieben werden – durch die ständigen Versuche, Kuba in den Drogenhandel hineinzuziehen, und durch die Invasion in Panama, deren Ziel die Entführung von General Manuel Antonio Noriega war. Nach den Erfahrungen der vergangenen elf Jahre gibt es jede Menge Gründe, um anzunehmen, dass beide Präsidenten nur die Interessen ihrer Regierungen im Auge hatten und dass ihr Krieg gegen die Drogen –

---

* Vor dem Tod von Escobar entstandener Vortrag für die in Mexiko veranstaltete Ringvorlesung »Die Vollmacht der Justiz: Probleme, Herausforderungen und Perspektiven«.

ähnlich wie gewisse wirtschaftliche und humanitäre Hilfeleistungen oder das Eintreten für Menschenrechte – nur ein Mittel zur Intervenierung in Lateinamerika war.

In Kolumbien bestand die erste Aktion dieses Krieges in der Wiederbelebung eines Auslieferungsvertrages, den beide Länder viele Jahre zuvor geschlossen hatten, um den Marihuanaanbau und -handel zu bekämpfen, doch wurde dieser Vertrag nie in die Tat umgesetzt. Zur gleichen Zeit trug die US-amerikanische Botschaft in Bogotá mit einem Neologismus zur Verarmung der spanischen Sprache bei: *narcoguerrilla*.

Mit diesem Schlagwort und im Schatten jenes Vertrages konnten die Vereinigten Staaten beweisen, dass Drogenhändler und Guerrilleros ein und dasselbe waren, und demzufolge unter dem Vorwand, die einen zu bekämpfen und die anderen gefangenzunehmen, Truppen nach Kolumbien schicken. Im Zweifelsfall hätte die Auslieferung jeden Kolumbianer treffen können.

Der Krieg gegen die Drogen geriet augenblicklich in Widerspruch zu der Friedenspolitik des damals neu gewählten Präsidenten Belisario Betancur, der seine Amtszeit mit einem Angebot zur Vergebung und Versöhnung an die Guerrillas begonnen hatte – ein Hoffnungsschimmer für die Friedenswünsche einer Nation, die seit dreißig Jahren unter inneren Kriegen litt.

Die Kokainhändler, gegen die noch keine schwerwiegenden Anklagen vorlagen, beeilten sich, unaufgefordert darauf zu antworten. Sie boten der neuen Regierung an, sich aus dem Geschäft zurückzuziehen, ihre Produktions- und Handelsbasen aufzugeben, ihr enormes Kapital aus dem Ausland abzuziehen und es auf legale Weise in Kolumbien zu reinvestieren. Im Gegenzug erhoben sie nicht einmal Anspruch auf die den Guerrillas angebotene Generalamnestie. Sie verlangten nur, dass man sie in Kolumbien vor Gericht stellte und nicht den Auslieferungsvertrag auf sie anwendete. Inoffiziell stand Präsident Betancur einer Prüfung dieses Angebots im Rahmen seiner Friedenspolitik aufgeschlossen gegenüber.

Durch einen eindeutigen Sabotageakt wurde jede Möglichkeit einer Vereinbarung im Keim erstickt, der sie vorzeitig disqualifizierte und die Öffentlichkeit mit alarmierenden Darstellungen verschreckte. Niemand zweifelte daran, dass hinter dem plötzlichen Scheitern die Interessen der Vereinigten Staaten standen, doch die kolumbianische Regierung sah sich gezwungen, jegliche Beteiligung an der Vereinbarung zu leugnen. Fortan war der heilige Krieg von Präsident Reagan die Ultima Ratio im Kampf gegen die Drogen. Zwar widersetzten sich alle nachfolgenden kolumbianischen Regierungen der Entsendung von US-Truppen für den gleichzeitigen Kampf gegen Drogenhandel und Guerrilla, doch die Intoleranz brachte sämtliche Alternativen zu Fall.

Das Ergebnis nach Ablauf von elf bitteren Jahren sind eine Kriminalität großen Ausmaßes, blinder Terrorismus, reihenweise Entführungen, allgemeine Korruption, und dies alles verbunden mit einer nie dagewesenen Gewalt.

Eine Droge, perverser noch als die anderen, hatte die Kultur des Landes infiltriert: das schnelle Geld. Es hat die Vorstellung begünstigt, dass das Gesetz ein Hindernis auf dem Weg zum Glück ist und es sich nicht lohnt, lesen und schreiben zu lernen, dass man als Mörder besser und sicherer lebt denn als Richter. Kurz, der jedem Krieg eigene Zustand sozialer Perversion war erreicht.

Natürlich leiden die Abnehmerländer ebenfalls unter den schweren Folgen dieses Krieges. Denn durch das Verbot hat der Drogenhandel an Attraktivität und Lukrativität gewonnen und begünstigt auch dort Kriminalität und Korruption auf allen Ebenen.

Gleichwohl verhalten sich die Vereinigten Staaten, als wüssten sie dies nicht. Kolumbien hat trotz seiner knappen Finanzmittel und seiner vielen Tausend Toten zahlreiche Banden zerschlagen, und die Gefängnisse sind voll von Straftätern aus dem Drogenmilieu. Wenigstens vier der mächtigsten Drogenbosse wurden festgenommen, und der mächtigste von allen steht mit dem Rücken zur Wand. In den Vereinigten Staaten dagegen versorgen sich täglich zwanzig Millionen Abhängige mit Drogen, was nur möglich ist, weil es unendlich viel größere und effizientere Handels- und Vertriebsnetze im Inland gibt. Dennoch sitzt in den Vereinigten Staaten kein einziger Polizist, kein einziger Zollbeamter, kein einziger Straßenhändler wegen Drogenhandels im Gefängnis, und kein einziger Drogenboss ist je identifiziert worden.

Angesichts dieser Situation sollte man im Streit um die Drogen nicht länger zwischen Krieg und Freigabe hängen bleiben, sondern den Stier ein für alle Mal bei den Hörnern packen und sich auf die verschiedenen möglichen Schritte zu einer Legalisierung konzentrieren. Mit anderen Worten: den eigennützigen, verderblichen und unsinnigen Krieg beenden, den uns die Abnehmerländer aufgezwungen haben, und das weltweite Drogenproblem als eine in ethischer wie politischer Hinsicht zentrale Aufgabe in Angriff nehmen, die nur durch eine universale Vereinbarung, in erster Linie mit den Vereinigten Staaten, gelöst werden kann. Und zwar unter der Voraussetzung, dass die Abnehmerländer zu ernsthaften Zugeständnissen an die Produktionsländer bereit sind. Denn es wäre nicht gerecht, wenn auch sehr wahrscheinlich, dass wir, die wir unter den schrecklichen Folgen des Krieges leiden, hinterher um die Früchte des Friedens gebracht werden. Es könnte uns sonst ergehen wie Nicaragua, das während des Krieges im Brennpunkt des weltweiten Interesses stand und im Frieden fast ganz in Vergessenheit geriet.

Für ein Land, das den Kindern gehört
1994

Die ersten Spanier, die in der Neuen Welt eintrafen, waren wie betäubt vom Gesang der Vögel, berauschten sich an der Reinheit der Gerüche und machten in wenigen Jahren einer schmackhaften Rasse stummer Hunde den Garaus, die von den Indios zum Verzehr gezüchtet worden waren. Viele dieser Spanier und jene, die noch kommen sollten, waren unter Auflagen freigelassene Verbrecher, die allen Grund hatten, bleiben zu wollen. Die Eingeborenen sollten bald kaum noch Grund haben, diesen Wunsch zu teilen.

Christoph Kolumbus, versehen mit einem Brief der spanischen Könige an den Kaiser von China, hatte dieses Paradies auf Grund eines geographischen Irrtums entdeckt, der den Lauf der Geschichte veränderte. Am Vorabend seiner Landung, noch bevor er in der Dunkelheit des Ozeans den Flügelschlag der ersten Vögel vernahm, war ihm ein Blütenduft in die Nase gestiegen, der ihm süßer erschien als alles auf der Welt. In seinem Bordtagebuch schreibt er, dass die Eingeborenen zum Empfang am Strand standen, wie ihre Mütter sie geboren hatten, dass sie schön waren, von freundlichem Wesen und so natürlicher Unschuld, dass sie alles, was sie besaßen, gegen bunte Halsketten und Schellen aus Messing tauschten. Aber ihm stockte der Atem, als er feststellte, dass ihre Nasenringe aus Gold waren, genauso ihre Armreifen,

Halsketten, Ohrringe und ihr Fußschmuck, dass sie goldene Glöckchen zum Spielen besaßen und einige ihre Scham unter einer goldenen Kapsel verbargen. Dieser ornamentale Glanz, und nicht ihre menschlichen Werte, verurteilte die Eingeborenen dazu, die Protagonisten einer neuen Schöpfungsgeschichte zu sein, die an jenem Tag begann. Viele von ihnen starben, ohne zu wissen, woher die Invasoren gekommen waren. Viele von diesen starben, ohne zu wissen, wo sie sich befanden. Fünf Jahrhunderte danach wissen wir, die Nachkommen beider Völker, noch immer nicht, wer wir sind.

Es war eine Welt, die einer Entdeckung weit weniger bedurft hätte, als man damals glaubte. Die Inkas, ein Volk von zehn Millionen Menschen, hatten einen sagenhaften, wohlgeordneten Staat und momumentale Städte auf den Gipfeln der Anden, dem Sonnengott zum Greifen nah. Sie verfügten über ausgeklügelte Zahlen- und Rechensysteme, öffentlich zugängliche Archive und Annalen, die die europäischen Mathematiker in Erstaunen versetzten, und eine aufwendige Pflege der öffentlichen Künste, deren Meisterwerk der Garten des kaiserlichen Palastes war, in dem lebensgroße Bäume und Tiere aus Gold und Silber standen. Azteken und Mayas hatten ihrem Geschichtsbewusstsein in heiligen Pyramiden inmitten fauchender Vulkane Gestalt verliehen, sie besaßen weitsichtige Herrscher und erfahrene Handwerker, denen der technische Gebrauch des Rades unbekannt war, die es aber als Kinderspielzeug verwendeten.

Im Winkel der beiden großen Ozeane erstreckt sich ein vierzigtausend Quadratmeilen großes Gebiet, das Kolumbus auf seiner vierten Reise flüchtig zu sehen bekam und das heute seinen Namen trägt: Kolumbien. Seit rund zwölftausend Jahren wohnten dort mehrere, verstreut lebende Völker mit unterschiedlicher Sprache und Kultur, die alle ihre eigene, klar umrissene Identität besaßen. Die Idee einer staatlichen Ordnung war ihnen fremd, eine politische Einheit untereinander nicht vorhanden, aber sie hatten das Wunder entdeckt, bei aller Verschiedenheit in Gleichheit zu leben. Sie verfügten über traditionelle Systeme von Wissenschaft und Erziehung und über eine reiche Kosmologie, die sich mit den Werken ihrer genialen Goldschmiede und einfallsreichen Töpfer verband. Ihre schöpferische Reife stand unter der Maxime, die Kunst in die Alltagswelt einzubeziehen – was vielleicht die höchste Bestimmung der Künste ist –, und dies gelang ihnen mit bemerkenswertem Erfolg, sowohl im Bereich häuslicher Gerätschaften als auch in ihrer Art zu leben. Gold und Edelsteine besaßen für sie keinen Tauschwert, sondern eine kosmologische und künstlerische Macht, während die Spanier derlei mit den Augen des Westens betrachteten: Gold und Edelsteine im Überfluss, um die Alchimisten arbeitslos zu machen und die Wege zum Himmel vierfach mit Dublonen zu pflastern. Das war der Grund und die Triebfeder der Eroberung und Kolonialisierung – und der eigentliche Ursprung für das, was wir sind.

Ein Jahrhundert sollte verstreichen, bis die Spanier den Kolonialstaat mit einer einzigen Sprache, einem einzigen Namen und einem einzigen Gott errichtet hatten. Seine Grenzen und seine politische Gliederung in zwölf Provinzen entsprachen in etwa der heutigen Situation. Er vermittelte erstmals einen Begriff von einem zentralistischen und bürokratischen Land und gebar aus dem Dämmerzustand der Kolonialisierung den Traum einer nationalen Einheit. Ein illusionärer Traum, angesichts einer Gesellschaft, die ein obskurantistisches Modell rassistischer Diskriminierung und verhüllter Gewalt unter dem Deckmantel der heiligen Inquisition war. Die drei oder vier Millionen Indios, die die Spanier angetroffen hatten, waren durch die Grausamkeit der Eroberer und die von ihnen eingeschleppten, unbekannten Krankheiten auf höchstens eine Million dezimiert worden. Die Mestizisierung entfaltete jedoch eine nicht mehr aufzuhaltende demographische Dynamik. Die vielen tausend afrikanischen Sklaven, die man für die unmenschliche Arbeit in den Bergwerken und auf den Hazienden gewaltsam herbeigeschafft hatte, fügten dem kreolischen Schmelztiegel eine dritte Würde hinzu, mit neuen Ritualen der Einbildungskraft und der Nostalgie und anderen, fernen Göttern. Doch die Gesetze Spanisch-Amerikas hatten ein minutiöses, auf dem jeweiligen Anteil weißen Blutes beruhendes Schema der Rassentrennung festgelegt: Mestizen unterschiedlicher Schattierungen, schwarze Sklaven, freigelassene Schwarze, Mulatten verschiedenen Grades. Bei den Mestizen unterschied man nicht weniger als achtzehn Abstufungen, und die weißen Spanier segregierten ihre eigenen Kinder als weiße Kreolen.

Die Mestizen waren von bestimmten Posten beim Militär, in der Regierung und anderen öffentlichen Ämtern ausgeschlossen, auch höhere Schulen oder Priesterseminare blieben ihnen verwehrt. Den Schwarzen wurde alles vorenthalten, sogar eine Seele; sie hatten weder ein Anrecht auf den Himmel, noch auf die Hölle, und ihr Blut galt als unrein, solange es nicht durch vier Generationen von Weißen geläutert worden war. Derartige Gesetze konnten wegen der Schwierigkeit, klare Grenzen zwischen den Rassen zu ziehen, und auch wegen der sozialen Dynamik der Mestizisierung nicht mit allzu großer Strenge angewandt werden, auf alle Fälle aber verstärkten sie rassisch bedingte Spannungen und Gewalt. Bis vor wenigen Jahren noch hatten in Kolumbien Kinder unverheirateter Paare keinen Zutritt zu Gymnasien. Die Schwarzen sind zwar vor dem Gesetz gleich, leiden aber unter einer Vielzahl von Diskriminierungen – abgesehen von denen, die aus der Armut erwachsen.

Die Generation der Unabhängigkeit verpasste die erste Gelegenheit, diese abscheuliche Erbschaft zu beseitigen. Jene *Pléiade* junger, vom Licht der französischen Revolution inspirierter Romantiker errichtete voll guter Absichten eine moderne Republik, doch vermochte sie die Relikte der Kolonialzeit nicht abzuschaffen. Auch sie selbst waren gegen ihr verhängnisvolles Odium nicht gefeit. So hatte der fünfunddreißigjährige Simón Bolívar den Befehl gegeben, achthundert spanische Gefangene einschließlich der Kranken in einem Hospital zu exekutieren. Francisco de Paula Santander, der damals fünfundzwanzig Jahre alt war, ließ die Gefangenen aus der Schlacht von Bocayá einschließlich ihres Kommandanten erschießen. Einige der gutgemeinten Vorhaben der Republik begünstigten indirekt neue soziale Spannungen zwischen Armen und Reichen, Arbeitern und Handwerkern sowie Randgruppen. Die Grausamkeit der Bürgerkriege im 19. Jahrhundert blieb von diesen Ungleichheiten nicht unberührt, genauso wenig wie die zahlreichen politischen und bürgerlichen Unruhen, in deren Folge sich eine Blutspur durch unsere gesamte Geschichte zieht.

Zwei natürliche Begabungen haben uns geholfen, diesem düsteren Geschick zu entkommen, die Lücken unserer kulturellen und sozialen Situation auszugleichen und auf gut Glück nach einer eigenen Identität zu suchen. Die eine ist die Gabe der Kreativität, der höchste Ausdruck menschlicher Intelligenz; die andere eine wilde Entschlossenheit, sich nicht unterkriegen zu lassen. Diese beiden Eigenschaften – gepaart mit einer fast übernatürlichen und gleichermaßen zum Guten wie zum Bösen tauglichen Listigkeit – waren vom ersten Tag der Landung an ein segensreiches Hilfsmittel der Eingeborenen gegen die Spanier. Um sich diese vom Halse zu schaffen, schickten die Indios Kolumbus auf die Suche nach einem ganz in Gold gehüllten König, der nie existiert hat, von einer Insel zur nächsten und immer so weiter. Sie umgarnten die von Ritterromanen verblendeten Eroberer mit Berichten von phantastischen Städten aus purem Gold. Mit dem Märchen vom sagenhaften El Dorado, dessen über und über mit Goldstaub bedeckter Körper sich einmal im Jahr aus seinem heiligen See erhebt, führten sie alle in die Irre. Drei Meisterwerke eines nationalen Epos, die die Indios benutzten, um zu überleben. Vielleicht sind es ja diese präkolumbischen Talente, denen wir unsere außerordentliche Flexibilität verdanken, uns in kürzester Zeit an jede Umgebung anzupassen und mühelos die verschiedensten Berufe zu erlernen: den eines Fakirs in Indien, eines Kameltreibers in der Sahara oder eines Englischlehrers in New York.

Der spanischen Seite wiederum haben wir möglicherweise zu verdanken, dass wir geborene Emigranten mit einem Sinn fürs Abenteuer sind, der kein Risiko scheut. Im Gegenteil: wir suchen es. Von den rund fünf Millionen im Ausland lebenden Kolumbianern hat sich der Großteil mit nichts als der eigenen Waghalsigkeit im Gepäck auf die Suche nach dem Glück gemacht; heute findet man sie überall, aus welchen Gründen auch immer, und ob sie das Beste oder Schlechteste daraus machen – unbemerkt bleiben sie nie. An einer Eigenschaft erkennt man sie überall unter den Völkern der Welt: kein Kolumbianer wird je Hungers sterben. Ihre auffälligste Tugend ist allerdings, niemals kolumbianischer zu sein, als wenn sie sich fern von Kolumbien fühlen.

Es ist wahr: Die Kolumbianer haben sich fremde Sprachen und Gebräuche angeeignet, doch niemals haben sie die Asche der Nostalgie aus ihren Herzen schütteln können, und sie lassen keine Gelegenheit aus, dies durch alle nur erdenklichen patriotischen Aktionen zum Ausdruck zu bringen und das an der Heimat zu verherrlichen, wonach sie sich sehnen, die negativen Seiten eingeschlossen. An den unwahrscheinlichsten Orten der Welt kann es einem passieren, hinter der nächsten Ecke auf die lebensgroße Rekonstruktion eines kolumbianischen Städtchens zu stoßen: die Häuser in kräftigen Farben, die Gaststätte mit dem Namen des unvergesslichen Dorfes und den herzzerreißenden Düften der heimischen Küche, die Schule »20. Juli« neben der Bar »7. August« mit der zu Tränen rührenden Musik, der Platz mit den staubigen Bäumen, in denen noch die Papiergirlanden vom letzten Freitagsrummel hängen. Auf diese provinzielle Weise führen wir unser Leben im Kreise unserer Landsleute fort, wo immer wir uns befinden, während um uns herum die Welt ihren Lauf nimmt.

Paradox ist nur, dass diese nostalgischen Eroberer genau wie ihre Vorfahren in einem Land der verschlossenen Türen geboren wurden. Die Freiheitskämpfer hatten versucht, diese für den frischen Wind aus England und Frankreich zu öffnen, für die juristischen und ethischen Lehren Benthams und die pädagogischen Methoden Lancasters, für das Erlernen fremder Sprachen und die Ausbreitung der Künste und Wissenschaften, um die Untugenden des spanischen Mutterlandes zu tilgen, das päpstlicher war als der Papst und sich von der Finanzmacht der Juden und einer achthundertjährigen islamischen Herrschaft noch nicht erholt hatte. Die Radikalen des 19. Jahrhunderts und später die Generation von 1900 unternahmen erneute Anläufe und versuchten mit einer massiven Einwanderungspolitik, die Kultur der Mestizisierung zu bereichern, doch ein ums andere Mal verzweifelten sie an einer nachgerade theologischen Furcht vor den äußeren Dämonen. Noch heute sind wir weit davon entfernt uns klarzumachen, wie sehr wir der von uns ignorierten, weiten Welt verpflichtet sind.

Wir sind uns unserer Fehler bewusst, haben uns aber im Kampf gegen ihre Symptome verausgabt, während die Ursachen fortbestehen. Man hat uns eine gefällige und offiziell beglaubigte Version unserer Geschichte geschrieben, die mehr vertuscht, als erhellt, und ursprüngliche Untugenden festklopft, in der Schlachten gewonnen werden, die nie stattgefunden, und ein Ruhm verherrlicht wird, den wir nie verdient haben. So wiegen wir uns in der Illusion, dass die Geschichte zwar keine Ähnlichkeit mit dem Kolumbien hat, in dem wir leben, dass aber Kolumbien am Ende mit seiner geschriebenen Geschichte übereinstimmen wird.

Genauso scheint auch unser konformistisches und repressives Erziehungswesen nur dazu geschaffen, die Kinder mit aller Gewalt einem Land anzupassen, das nicht für sie gemacht ist; stattdessen sollte das Land sich ihnen anpassen, damit sie es verändern und groß machen. Dieses Missverhältnis lähmt die natürliche Kreativität und Intuition, blockiert die Phantasie, die frühkindliche Hellsicht und Herzensklugheit, sodass die Kinder schließlich vergessen, was sie zweifellos von Geburt an wissen: dass die Wirklichkeit nicht dort zu Ende ist, wo die Bücher es behaupten, dass ihre Vorstellung von der Welt mehr im Einklang mit der Natur steht als die der Erwachsenen, und dass das Leben länger und glücklicher wäre, wenn jeder in dem Bereich arbeiten könnte, der ihm Freude macht, und zwar nur dort.

Diese schicksalhaften Verstrickungen haben ein komplexes und unergründliches Land hervorgebracht, in dem das Unwahrscheinliche das einzige Maß der Wirklichkeit ist. Unser Kennzeichen ist die Maßlosigkeit. In allen Dingen, im Guten wie im Schlechten, in der Liebe wie im Hass, im Jubel des Triumphes wie in der Verbitterung der Niederlage. Wir zerstören die Götzenbilder mit der gleichen Leidenschaft, mit der wir sie errichten. Wir sind intuitiv, sind gelehrige und spontane Autodidakten, sind unermüdliche Arbeiter, doch der bloße Gedanke an schnell verdientes Geld raubt uns den Verstand. In unserem Herzen halten sich politischer Groll und historische Vergesslichkeit problemlos die Waage. Rauschende Siege oder Niederlagen im Sport können bei uns ebensoviele Tote fordern wie eine Flugzeugkatastrophe. Aus dem gleichen Grund sind wir eine sentimentale Gesellschaft, in der das Handeln über das Nachdenken, die Impulsivität über die Vernunft und die menschliche Wärme über das Misstrauen triumphiert. Wir besitzen eine fast irrationale Liebe zum Leben, aber aus Angst um unser Leben bringen wir uns gegenseitig um. Den grausamsten Verbrecher richtet eine sentimentale Schwäche zu Grunde. Anders gesagt: Der herzlose Kolumbianer stirbt an gebrochenem Herzen.

Unser Land ist also zweimal vorhanden: einmal auf dem Papier und einmal in der Wirklichkeit. Obwohl wir zu den Wegbereitern der Wissenschaft in Lateinamerika gehören, hängen wir bis heute einer mittelalterlichen Vorstellung vom Wissenschaftler als hermetischem Hexenmeister an, und das, obwohl es im täglichen Leben nur noch sehr wenige Dinge gibt, die nicht ein Wunder der Wissenschaft sind. In jedem von uns haben Gerechtigkeitssinn und fehlendes Schuldbewusstsein auf die denkbar willkürlichste Weise nebeneinander Platz; unsere Gesetzestreue erreicht fanatische Ausmaße, doch in unserer Seele beherbergen wir einen ausgefuchsten Winkeladvokaten, der es meisterhaft versteht, die Gesetze zu düpieren, ohne sie zu verletzen, oder sie zu verletzen, ohne dafür bestraft zu werden. Wir lieben Hunde, malen die Welt in rosa Farben, sterben aus Liebe zum Vaterland, wollen jedoch nichts davon wissen, dass infolge des verbrecherischen Raubbaus an den tropischen Regenwäldern stündlich, rund um die Uhr, sechs Tierarten aussterben und wir eigenhändig einen der großen Flüsse des Planeten für immer zerstört haben. Wir ärgern uns über das negative Bild Kolumbiens im Ausland, wagen aber nicht zuzugeben, dass die Wirklichkeit weit schlimmer ist. Wir haben das Zeug zu den nobelsten wie zu den abscheulichsten Taten, zu erhabenen Gedichten und barbarischen Morden, ausgelassenen Leichenfeiern und sterbenslangweiligen Straßenfesten. Nicht weil einige von uns gut, andere schlecht wären, sondern weil jeder von uns beide Extreme in sich trägt. Wenn es zum Äußersten kommt – was Gott verhüten möge –, sind wir zu allem fähig.

Vielleicht würden wir bei intensiverem Nachdenken feststellen können, wie sehr diese Wesensart daher rührt, dass wir im Grunde noch die gleiche abweisende, kleinliche und eingebildete Gesellschaft sind wie zu Kolonialzeiten. Vielleicht würden wir bei gelassenerem Nachdenken erkennen, dass unsere historische Gewalttätigkeit die unkontrollierte Dynamik unserer Dauerfehde gegen das Unglück ist. Vielleicht sind wir durch ein System verdorben, das uns dazu verleitet, uns wie Reiche aufzuführen, während vierzig Prozent der Bevölkerung im Elend leben, und das uns eine kurzsichtige und wenig tragfähige Vorstellung vom Glück vermittelt hat: Ständig wollen wir ein wenig mehr als wir bereits haben, immer noch mehr von dem, was eben noch unerreichbar schien, weit mehr als es das Gesetz erlaubt, und so oder so bekommen wir es – auch gegen das Gesetz. In dem Bewusstsein, dass keine Regierung imstande ist, diese innere Unruhe zu stillen, sind wir schließlich misstrauisch geworden, politikverdrossen und unregierbar, von einem einzelgängerischen Individualismus, der jeden von uns glauben lässt, das er nur von sich selbst abhänge. Gründe genug, uns auch weiterhin zu fragen, wer wir sind und welches Bild wir im dritten Jahrtausend abgeben wollen.

Die Kommission für Wissenschaft, Erziehung und Entwicklung hat keine fertige Antwort parat, sie wollte jedoch eine Orientierungshilfe geben, die dazu beitragen könnte, eine Antwort zu finden. Wir glauben, dass die Voraussetzungen für einen sozialen Wandel besser sind als je zuvor und dass die Ausbildung dabei die tragende Rolle spielen wird. Eine Ausbildung von der Wiege bis zur Bahre, nonkonformistisch und durchdacht, die uns neue Denkweisen eröffnet und uns anspornt herauszufinden, wer wir sind, und dies in einer Gesellschaft, die sich selbst mehr lieben sollte. Eine Ausbildung, die unsere unerschöpfliche Kreativität richtig zur Geltung bringt und für unser rabiates und legitimes Streben nach persönlichem Erfolg eine Ethik – vielleicht auch eine Ästhetik – entwickelt; die Wissenschaft und Künste zum Gemeingut werden lässt, wie es der Absicht eines großen Dichters unserer Zeit entspricht, der forderte, sie nicht länger getrennt, wie zwei feindliche Brüder, zu lieben; und die unser unermessliches kreatives Potential, das wir jahrhundertelang an Verbrechen und Gewalt verschwendet haben, dem Leben zuführt, damit sich uns am Ende auf Erden eine zweite Chance bietet – die dem unglücklichen Geschlecht von Oberst Aureliano Buendía versagt geblieben war. Für das blühende und gerechte Land, von dem wir träumen: ein Land für Kinder.

FELIPES BITTERER APRIL
1994

Das Läuten des Telefons riss mich erbarmungslos aus dem Schlaf, und mir blieb kaum Zeit, den Zettel zu lesen, den ich mir selbst am Vorabend auf den Nachttisch gelegt hatte: »Ich bin in Madrid.« Das mache ich immer so auf langen Reisen mit mehreren Etappen, um mich sofort zu erinnern, in welcher Stadt ich aufwache, doch an diesem Tag hätte ich es auch so gewusst, wegen der warmen Stimme, die mir ohne Umschweife mitteilte: »Felipe lädt dich um acht zum Essen ein.« Da erst wurde mir bewusst, dass die Stimme Pilar Navarro gehörte, der Star-Sekretärin des seit zwölf Jahren amtierenden spanischen Ministerpräsidenten Felipe González, dessen Rücktritt für diesen Freitag erwartet wurde.

Wir waren am Vorabend in Madrid eingetroffen, und das einzige Gesprächsthema war, dass Felipe, von der Korruption hoher Funktionäre seiner Regierung überrollt, seinen Hut nehmen würde. Selten waren die Gemüter so erregt. Madrid ist eine sensationshungrige Stadt und imstande, selbst den dramatischsten Ereignissen eine frivole Wendung zu geben, aber was ich diesmal antraf, das war doch unverhohlene Empörung. Niemand zweifelte an der Schuld der Angeklagten, und das war verständlich. Erstaunlich – vor allem in dieser Einmütigkeit – war, dass auch Felipes Integrität von niemandem angezweifelt wurde. Selbst Leute, die ihn weniger mochten, warfen ihm lediglich vor, sich ahnungslos gestellt zu haben. Die führenden Journalisten, die ich seit meiner Ankunft getroffen hatte, verbargen nicht ihre Unruhe, und alle hätten wer weiß was gegeben für eine einzige Minute mit ihm unter vier Augen. Gemeinsame Freunde, die meine unverbesserliche Leidenschaft für aussichtslose Fälle kannten, rieten mir, ihn anzurufen. »Seit längerem lässt er sich nicht mehr blicken«, hatten sie mir gesagt. »Er ist am Ende und allein.« Die Tatsache, dass er uns, Mercedes und mich, an dem vielleicht bittersten Tag seines Lebens so spontan zum Essen eingeladen hatte, weckte in mir die denkbar düstersten Vorahnungen.

Die Unruhe ließ mich den ganzen Tag über nicht los. Es war ein typischer Morgen des unentschiedenen Madrider Frühlings, aschgrau, dazu ein eisiger Wind, und in den düstern Parkanlagen des Retiro waren mehr Sportler als Liebespaare unterwegs. Am Eingang zum Museum Reina Sofía vertrat mir ein wildfremder Mann den Weg und starrte mich mit panischer Miene an. Schließlich gab er sich seinem schlechten Gedächtnis geschlagen und fragte: »Sie sind doch nicht etwa dieser Schriftsteller?« »Leider doch«, erwiderte ich, ohne stehenzubleiben. Und ohne ganz sicher zu sein, dass ich wirklich der war, für den er mich hielt.

Eine Stunde lang lief ich durch die erschütternde Ausstellung von Lucian Freud, voller Scham und Entsetzen darüber, dass mich an ihm bisher nur interessiert hatte, dass er der Enkel dieses Großvaters war. Den halben Vormittag hatte uns der Journalist Antonio Caballero wegen eines Interviews über meinen neuen Roman begleitet, das er dann zwischen den Muscheln des Mittagessens und der verspäteten Siesta machte. Er hielt es in Schwung mit seinem bekannten, rasiermesserscharfen Verstand und einer besonderen Neigung, bei den Schwachstellen des Buches zu verweilen: die Widersprüchlichkeit der Figuren, der eine oder andere missglückte Kunstgriff, zwei grammatische Entgleisungen. Ich dankte ihm insgeheim, denn das verschaffte mir das Vergnügen, ihm Recht zu geben, ohne dass es mich viel kostete.

In Wahrheit war ich außerstande, mich auf irgendetwas zu konzentrieren, bis uns abends um acht ein Adjutant in der Privatwohnung der Moncloa empfing, der offiziellen Residenz des Ministerpräsidenten. Felipe Gonzáles erschien gerade von dort, von wo wir ihn am wenigsten erwartet hatten, in Freizeithose, bequemen Mokassins und einer durch jahrelanges Tragen veredelten Lederweste. Seine resolute und herzliche Art passte nicht zu jemandem, der seinen Abschied nahm, eher zu jemandem, der gerade angekommen war.

Zuletzt hatten wir ihn vor einem Jahr in Deutschland gesehen, als er für seine Verdienste um die europäische Einigung den Karlspreis verliehen bekam. Die Zeremonie im Aachener Dom war umrahmt von dem liturgischen Glanz und dem Brausen von Totenorgeln, womit man eben dort unzählige unwahrscheinliche Könige gekrönt und bestattet hatte. Der einzige moderne Anachronsimus in dieser karolingischen Weihestunde war Felipe selbst, doch mit cordobesischem Stoizismus stand er sie durch.

So auch den Abend unseres gemeinsamen Essens. Während des Apéritifs im Wohnzimmer, ausgestattet mit Lehnstühlen in leuchtendem Damast und historischen Stichen an den Wänden, stellte er uns Fragen zu Lateinamerika, das er gut kennt und mit ebensoviel Interesse beobachtet wie wir. Wider alle Erwartungen hatte er zugenommen, und einzig die Tatsache, dass er in jeder Gesprächspause seine kubanische Zigarre anzündete, um sie im nächsten Satz wieder ausgehen zu lassen, verriet vielleicht etwas von dem Aufruhr in seinem Innern. Er erzählte, wie gut es einer Bonsai-Ulme ging, die wir ihm vor Jahren aus Japan mitgebracht hatten und über deren Wohlergehen er uns jedesmal, wenn wir uns sehen, Bericht erstattet, als handele es sich um ein Mitglied der Familie. Wir sprachen wie immer über Bücher, denn das Lesen ist für ihn offenbar der beste Schutz gegen die Trugbilder der Macht. Vielleicht gefallen ihm deswegen dickleibige, packend geschriebene Romane wie der, den er damals gerade las: *Harlot's Ghost* von Norman Mailer.

Bis jetzt hatten wir noch kein Anzeichen für einen bevorstehenden Rücktritt feststellen können. Aber das musste nichts heißen: Regierungschefs besitzen eine besondere, ihrer Machtstellung eigene Moral, die es ihnen ermöglicht, ohne eine Miene zu verziehen, die schwersten Unwetter durchzustehen. Einige, wie Fidel Castro, wachsen daran. Dennoch lassen solche Situationen am ehesten erahnen, wieviel Menschlichkeit ihnen in den Verheerungen der Macht geblieben ist. Gelegenheit bot sich uns vor dem Essen, als mir schien, dass sowohl wir als auch der Ministerpräsident das zentrale Thema umkreisten, ohne dass sich einer von uns entschließen konnte, es anzusprechen. Ich tat also einen ersten Schritt.

»Du hast mir einmal gesagt, du würdest dich mit fünfzig aus der Politik zurückziehen«, sagte ich. »Inzwischen bist du zweiundfünfzig.«

»So ist es«, sagte er in seinem unverwüstlichen Andalusisch. »Ich habe immer gedacht, fünfzig wäre ein gutes Alter, um sich zurückzuziehen, am Ende aber stellt man fest, dass nicht alles von uns selbst abhängt.«

Da das Eis gebrochen war, ging ich noch etwas weiter. Ich erwähnte die Erregung auf der Straße, die Hetzkampagne in den Zeitungen und die unter Freunden und Feinden einhellige Überzeugung, dass seine Regierung unwiderruflich vor dem Ende stehe. Er gab uns eine ungeschminkte und minutiöse Schilderung der Ereignisse, die zu der Katastrophe geführt hatten, ließ aber keinerlei Anzeichen von Zorn, Verbitterung oder Betroffenheit erkennen, allenfalls eine gewisse Beschämung angesichts einiger Fehler, die nicht seine waren, die jedoch für alle Zeiten auf ihm lasten würden. Nichtsdestotrotz schien er der einzige Spanier zu sein, dem nie der Gedanke gekommen war, dass Felipe Gonzáles zurücktreten müsse.

»Das Wichtigste ist jetzt, dass wir Spanien aus der Krise führen«, sagte er abschließend. »Es gibt bereits gute Anzeichen dafür.«

Kurz nach neun traf Carmen Romero ein, Felipes schöne und lebhafte Frau, mit so vielen Paketen vom Einkaufen beladen, wie es womöglich seit ihrer Hochzeit nicht mehr der Fall gewesen war. In Erwartung eines überstürzten Umzugs hatte sie an diesem Nachmittag Besorgungen für das Haus gemacht, das sie immer noch einrichteten, ohne je fertigzuwerden. Es war das berühmteste Haus Spaniens, und man wusste alles darüber: wem sie das Bauland abgekauft hatten zu welchem Preis und unter welchen Umständen; wieviel Zeit und wieviel Geld sie für den Bau aufgewendet hatten und dass sie für die Fertigstellung einen Bankkredit aufnehmen mussten. Die Eile zum Schluss interpretierte man als den endgültigen Beweis für einen bevorstehenden Rücktritt. Manch einer vermutete dahinter allerdings auch eine absichtliche politische Irreführung.

Das Essen zusammen mit Pablo, dem ältesten Sohn, und María, der fünfzehnjährigen einzigen Tochter verlief ruhig und entspannt. Die Atmosphäre war so intim, der Kabeljau so raffiniert und gut zubereitet, dass für die Politik kein Schlupfloch blieb. Zum Abschluss kam eine Torte mit einer einzelnen Kerze auf den Tisch, die sich von einem anderen

Essen hierher verirrt zu haben schien, und es stellte sich heraus, dass heute Pablos zweiundzwanzigster Geburtstag war. María aß fast nichts, weil sie sich in der Verlegenheit befand, am nächsten Tag in der Schule ein fünfzigminütiges Referat über den Gegenwartsroman Lateinamerikas halten zu müssen. Aber am Ende war ich es, der in Verlegenheit geriet, weil ich keine der Fragen beantworten konnte, die sie mir stellte, um für ihre Prüfung gewappnet zu sein. Es war nach elf, und der Wind von Guadarrama trug Fetzen von Musik, den Duft der Magnolien von der Straße und etwas wie einen Freudenschuss herüber; die letzten Spuren eines 29. April, der für immer vorüberging, ohne etwas für die Geschichte zu hinterlassen.

Als sie uns kurz vor zwölf zum Auto begleiteten, hatte der Frühling das Tief überwunden, und die Sterne leuchteten. »Das Unwetter ist vorbei«, sagte Felipe mit einem Blick zum Himmel. »Es wird ein herrlicher Tag morgen.« Es war eine so unschuldige Bemerkung, dass ihm der Doppelsinn gar nicht auffiel. Dagegen wusste er genau, was er sagte, als er uns am Tor mit einer seiner Redensarten verabschiedete, für die er in Kolumbien bereits berühmt ist: »Wenn ihr mich einmal nicht mehr finden solltet, sucht mich in Cartagena de Indias.«

FEDERICOS UNERSÄTTLICHER OPTIMISMUS
1995

Wenn es Federico Mayor nicht gäbe, müsste man ihn für den Posten des Generaldirektors der UNESCO erfinden. Das dachte ich bereits, als ich ihm zum ersten Mal in Mexiko-Stadt begegnete, im Haus eines Freundes, der uns gemeinsam mit einer Gruppe von Schriftstellern und Künstlern zum Essen eingeladen hatte. Er kam herein, in seiner ungezwungenen Art, grüßte von der Tür aus in die Runde, und noch bevor er jemandem die Hand geschüttelt hatte, sprach er bereits von einem kulturellen Projekt, das ihm im Fahrstuhl in den Sinn gekommen war. Und er hatte es sich kaum auf seinem Stuhl bequem gemacht, als er schon eine Diskussion über dieses und viele andere vergangene und zukünftige Projekte begann, die fast die ganze Zeit des Essens in Anspruch nahm. Selten habe ich einen deutlicheren Eindruck von physischer Energie und kreativem Optimismus bekommen.

Er hatte den Posten zu einem Zeitpunkt übernommen, als niemand auch nur einen Centavo für das Überleben der UNESCO gegeben hätte. Die Vereinigten Staaten waren ausgetreten, weil es ihnen nicht gelungen war, der Mehrheit ihre Vorstellungen aufzuzwingen. Das bedeutete einen Aderlass von jährlich fünfzig Millionen Dollar, ein Viertel des Gesamtbudgets einer Organisation, die selbst in ihren

Glanzzeiten immer kurz vor dem Ruin zu stehen schien. Damals verließ auch Großbritannien die UNESCO. Federico Mayor ließ sich von der Finanzmisere indessen nicht beirren und plante die Zukunft, als wäre er der Präsident von General Motors.

Vielleicht hoffte er in seinem unerschöpflichen Optimismus auf die segensreiche Hilfe der sogenannten sozialistischen Welt, die damals imstande zu sein schien, das Universum zu kolonisieren. In Wirklichkeit war die Sowjetunion – obwohl sie die ersten Fotografien der erdabgewandten Seite des Mondes geliefert hatte – selbst nicht in der Lage, ihren eigenen Etat auszugleichen. Die Vereinigten Staaten wussten das und waren überzeugt, dass die UNESCO ohne sie eingehen werde. So wäre es wohl auch gekommen, wenn Federico nicht der wäre, der er ist: ein genialer Schnorrer der Kultur. Statt auf riesige globale Haushalte zu vertrauen, lauert er den Beitragszahlern mit Adleraugen auf, macht sie im Zwielicht ausfindig, zielt kaltblütig und drückt ab. Selten verfehlt er sein Ziel. Mit seinen Wilderermethoden brachte er in den schlechtesten Zeiten dreimal mehr zusammen, als die Vereinigten Staaten an Beiträgen zahlten.

Das geschah in einer ferneren Zeit, in der die Welt eine ganz andere war als heute: vor sieben Jahren. Der Beton der Berliner Mauer zeigte keinerlei Risse, nicht einmal die Kultur war gegen den düsteren Bann des Kalten Krieges gefeit. Der ehemalige Ostblock, von dem sich die UNESCO so viel erhofft hatte, entwickelte sich zu einem ihrer größten Schuldner. Doch selbst noch in dieser Situation stellte ihr Generaldirektor einmal mehr seinen grenzenlosen Optimismus unter Beweis, indem er erneut für den Posten kandidierte. Das heißt: zum zweiten Mal kaufte er ein Los für die Raubtier-Tombola, und zum zweiten Mal zog er den Hauptgewinn.

Vielleicht verdankte er seinen seltenen Charakter der Tatsache, dass er gleichzeitig Wissenschaftler und Dichter ist, zwei Berufe, die Saint-John Perse in seiner wunderbaren Nobelpreisrede als zwei Leidenschaften darstellte, die sich aus der gleichen Quelle speisen und auf den gleichen Methoden basieren. Vielleicht resultiert daraus auch sein Zeitgefühl, das er selbst in einem Buchtitel treffend zusammenfasst: *Morgen ist immer schon zu spät*. Man sieht dies sogar an seiner Art zu gehen, rasch zu sprechen und schnell zum Ende zu kommen. Dennoch weiß jeder, der ihn gut kennt, dass er zwar augenblicklich handelt, aber in aller Ruhe nachdenkt. Dass er seine Einbildungskraft zu kontrollieren weiß und mehrere Ideen – mögen sie auch utopisch sein – wie russische Puppen ineinander steckt, damit sie sich gegenseitig befruchten und erproben können.

Er selbst hat die Maßlosigkeit seiner Träume auf den denkbar schlichtesten Nenner gebracht: das Schaffen von Frieden, der Schutz der Umwelt und die Verringerung der Armut. Mehr nicht. Daher rührt vielleicht seine Auffassung von der Kultur als soziales Erbe – die richtige Auffassung, aber auch die unwahrscheinlichste: Es fehlt an Zeit und Geld, sie zu verwirklichen. Doch wie die überspannten Prediger des Mittelalters kennt er kein Verzagen. »Das Entscheidende ist unser Handeln«, hat er gesagt, »woher das Geld kommt, sehen wir dann schon.« Was kann man gegen einen so unersättlichen Optimismus ausrichten? Nichts: Wenn es die UNESCO nicht gäbe – Federico würde versuchen, sie zu erfinden.

Quellenverzeichnis

Chile, der Putsch und die Gringos
»Chile, el golpe y los gringos«. Erstmals in zwei Teilen veröffentlicht: »Chile, el golpe y los gringos«. In: *Alternativa* Nr. 1, Bogotá, März 1974; »Pilotos gringos bombarderon la Moneda«. In: *Alternativa* Nr. 2, Bogotá, September 1974.

Interview mit Philip Agee
»Entrevista con Philip Agee«. In: *Excelsior*, Mexiko, 19. Dezember 1974.

Der Kampf, bei dem Miguel Enríquez starb (Dem Autor von Carmen Castillo berichtet)
»El combate en que murió Miguel Enríquez«. In: *Alternativa* Nr. 28, Bogotá, April 1975.

Portugal, freies Territorium Europas
»Portugal, territorio libre de Europa«. Erstmals in drei Teilen veröffentlicht: »Portugal, territorio libre de Europa«. In: *Alternativa* Nr. 40, Bogotá, Juni – Juli 1975; ¿Pero qué carajo piensa el pueblo?« In: *Alternativa* Nr. 41, Bogotá, Juli 1975; »El socialismo al alcance de los militares«. In: *Alternativa* Nr. 42, Bogotá, Juli 1975.

Kuba kreuz und quer
»Cuba de cabo a rabo«. Erstmals in drei Teilen veröffentlicht: »La mala noche del bloquer«. In: *Alternativa* Nr. 51, Bogotá, August 1975; »La necisidad hace parir gemelos«. In: *Alternativa* Nr. 52, Bogotá, August 1975; »Si no me creen, vayan a verlo«. In: *Alternativa* Nr. 53, Bogotá, September 1975.

»Ja, es gibt den chilenischen Widerstand« (Interview mit Jaime Gazmurri)
»Sí, la resistencia chilena existe«. In: *Alternativa* Nr. 50, Bogotá, 8. September 1975.

»Wir sind eine Armee, die fest im Alltagsleben verankert ist« (Interview mit Alberto Camps)
»Somos un ejército integrado a la vida cotidiana«. In: *Alternativa* Nr. 65-66, Bogotá, Dezember 1975 - Januar 1976.

»Montoneros: Soldaten und Politiker« (Interview mit Mario Eduardo Firmennich)
»Montoneros: Guerreros y Políticos«. In: *Alternativa*, Bogotá, 1977 [?].

Mir fällt keine Überschrift ein
»No se me ocurre ningún título«. In: *Revista de Casa de las Américas* Nr. 100, Havanna, Januar 1977.

Operatión Carlota - Kuba in Angola
»Operación Carlota - Cuba en Angola«. Erstmals in drei Teilen veröffentlicht: »Cómo penetró Cuba en África«. In: *El Espectador*, Bogotá, 9. Januar 1977; »Una epopeya de temeridad«. In: *El Espectador*, Bogotá, 10. Januar 1977;

»Del desastre a la victoria«. In: *El Espectador*, Bogotá, 11. Januar 1977.

Aber General Torrijos hat jemanden, der ihm schreibt
»El General Torrijos si tiene quien le escriba«. In: *Alternativa* Nr. 117, Bogotá, Mai 1977.

Angola, ein Jahr danach. Eine Nation in der Grundschule
»Angola, un año después. Una nación en la escuela primaria«. In: *The Washington Post*, 30. Mai 1977.

Rodolfo Walsh, der Schriftsteller, der den CIA überflügelte
»Rodolfo Walsh, el escritor que se le adelantó a la CIA«. In: *Alternativa* Nr. 124, Bogotá, Juli – August 1977.

Torrijos, Kreuzung aus Maultier und Jaguar
»Torrijos, cruce de mula y tigre«. In: *Alternativa* Nr. 126, Bogotá, August 1977.

Die Monate der Finsternis – Che im Kongo
»Los meses de tinieblas – El Che en el Congo«. In: *Alternativa* Nr. 134, Bogotá, Oktober 1977.

»Die Revolution steht nicht auf dem Sockel« (Interview mit Régis Debray)
»Revolución se escribe sin mayúsculas«. In: *Alternativa* Nr. 146 und 147, Bogotá, 26. Dezember 1977 und 20. Januar 1978.

Der Coup der Sandinisten. Chronik des Sturms auf das »Haus der Schweine«
»El golpe sandinista. Crónica del asalto al la ›casa de los chanchos‹«. In: *Alternativa* Nr. 178, Bogotá, September 1978.

Die Kubaner und die Blockade
»Los Cubanos frente al bloqueo«. In: *Alternativa* Nr. 190, Bogotá, November – Dezember 1978.

Vietnam von innen
»Vietnam por dentro«. Erstmals in drei Teilen veröffentlicht: »Vietnam por dentro«. In: *Alternativa* Nr. 242, Bogotá, Dezember 1979; »El delirante saldo de la guerra«. In: *Alternativa* Nr. 243, Bogotá, Dezember 1979; »La guerra que se perdió«. In: *Alternativa* Nr. 244–245, Bogotá, Dezember 1979 – Januar 1980

Bateman: Rätsel ohne Ende
»Bateman: Misterio sin final«. In: *Semana* Nr. 70, Bogotá, 6. – 12. September 1983.

Aus meinen Erinnerungen: Besuch beim Papst
»De mis memorias: Visita al Papa«. In: *Revista* Nr. 200, Bogotá, November 1986.

Aus meinen Erinnerungen: Guillermo Cano
»De mis memorias: Guillermo Cano«. In: *El Espectador*, Bogotá, 22. März 1987.

Was geht in Kolumbien vor?
»¿Qué es lo que pasa en Colombia?« In: *El País*, Madrid. 5. November 1989.

Was sind die vorrangigen Aufgaben der Menschheit in den kommenden Jahrzehnten?
»¿Cuales son las prioridades de la humaidad para las próximas décadas?« In: *Time Magazine, Special Issue Millenium*, Los Angeles, 15. Oktober 1992.

Anmerkungen zu einer neuen Debatte über die Drogenfrage
»Apuntes para un debate nuevo sobre las drogas«. In: *Cambio* 16, Bogotá, 13. Dezember 1993.

Für ein Land, das den Kindern gehört
»Por un país al alcance de los niños«. Veröffentlicht von der durch die kolumbianische Regierung ins Leben gerufenen Comisión de Ciencias, Educación y Desarrollo, Bogotá, 1994.

Felipes bitterer April
»El amargo abril de Felipe«. In: *Le Nouvel Observateur* Nr. 1567, Paris, 17. – 23. November 1994.

Federicos unersättlicher Optimismus
»El optimismo insaciable de Federico«. In: *Federico Mayor Amicorum Liber*, Établissements Émile Buylant, Brüssel 1995.

Register

AAA (Alianza Anticomunista Argentina, Antikommunistische Argentinische Allianz) 117
Abranches, Henrique 195
Afrikanische Unabhängigkeitspartei für Guinea und Cabo Verde (Partido Africano da Independência da Guiné e Cabo Verde, PAIGC) 154
Agee, Philip 27-33
–, »Inside the Company: CIA Diary« 27
Aires Machado, David 194
Alianza Anticomunista Argentina (AAA, Antikommunistische Argentinische Allianz) 117
Allende, Hortensia 26
Allende Gossens, Salvador 9, 10, 13, 17f., 20, 22, 24-26, 176
Almeida, Roberto Victor de 194

Alternativa 369-372
Amado, Jorge 297
–, Doña Flor und ihre zwei Ehemänner 297
Amnesty International 194
Anaconda, US-amerikanisches Unternehmen 15
Antikommunistische Argentinische Allianz (Alianza Anticomunista Argentina, AAA) 117
Aramburu, Pedro Eugenio 125-127
Arns, Paulo Evaristo, Kardinal 310, 314
Arosemena Tola, Carlos Julio 29, 31

Bacon John, 29
Baeza, Ernesto 10
Banque Commerciale pour l'Europe du Nord 16
Barco Vargas, Virgilio 336-338

Bateman Cayón, Jaime
287–307
Batista y Zaldívar, Fulgencio
97, 136, 139, 142f., 148, 169
Bautista, Dario 319
Bentham, Jeremy 353
Betancur Cuartas, Belisario
288, 293f., 296, 325–327,
330, 344f.
Bewegung der Streitkräfte
(Movimento das Forças
Armadas, MFA), Portugal
46, 52f., 55, 60–63, 65–68
Bewegung des 19. April
(Movimiento 19 de Abril,
M-19), Kolumbien 287,
294, 296f. 300, 303–306
Bewegung 26. Juli (Movimiento 26 de Julio), Venezuela 138, 140
Binh, Erziehungsministerin
von Vietnam 285
Boavida, Diógenes 194
Bolívar, Simón 287, 351
Borges, Jorge Luis 202
Bravo, Flavio, 146
Breschnew, Leonid Iljitsch
182
Bunau-Varilla-Vertrag 205
Bush, George 343

Caballero, Antonio 360
Cabral, Amílcar 154
Caetano, Jacobo 152
Cambio 372
Cámpora, Héctor 116
Camps, Alberto 113-121
Cano, Guillermo 317–323, 331
Cantuarias, Oberst 22
Carlos Fonseca Amador 232
Carter, Jimmy 130, 203f., 206,
230, 279
Castillo Armas, Carlos 136
Castillo, Carmen 35–43
Castillo, Jaime 42
Castro, Fidel 17, 25, 29, 73,
83f., 90, 92, 96–99, 134,
136, 141, 146, 149, 152f.,
170–171, 174, 176, 182, 214f.,
219, 225, 251, 323, 362
Castro, Juanita 29
Cayón, Clementina 289, 291,
293
CDR (Comités de Defensa
de la Revolución cubana),
Komitees zur Verteidigung
der kubanischen Revolution 84–87
Central Única de Trabajadores (CUT, chilenischer
Gewerkschaftsbund) 109
Céspedes, Carlos Manuel de
74
CGT (Confederación General de Trabajo), Argentinien 114

Chamorro, Eduardo 245
Chesterton, Gilbert Keith 73
chilenische Fliegerschule 9
chilenische Staatssicherheit, (Seguridad Nacional de Chile) 10
Christdemokraten, chilenische (Partido Demócrata Cristiano, PDC) 15–18, 26, 109, 111
Christdemokraten, italienische (Democrazia Cristiana, DC) 57
Christdemokraten, portugiesische 57
Christlich-Soziale Partei (Ecuador), Partido Social Cristiana (PSC) 29
CIA, Central Intelligence Agency 11, 14, 19, 27–33, 48, 64, 75, 147, 155, 172, 178f., 199–202, 251, 259
Cienfuegos, Camilo 142, 154
Cintras Frías, Leopoldo 173
Columna Camilo Cienfuegos 154
Comités de Defensa de la Revolución cubana (CDR), Komitees zur Verteidigung der kubanischen Revolution 84–87
Confederación de Trabajadores de Cuba (Gewerkschaftsbund von Kuba) 103
Confederación General de Trabajo (CGT), argentinische Zentralgewerkschaft 114
Consejo Nacional de la Revolución del Congo (Nationalrat der Revolution im Kongo) 153, 217
Contadoro-Staaten (Grupo de Contadora 294
COPA, Fluggesellschaft in Panama 244
Coral Island, kubanischer Frachter 148f.
Correia, Ramiro 61f.
Costa Andrade, Fernando 195
Le Coubre, französischer Frachter 251
Chruschtschow, Nikita Sergejewitsch 281
Cubana de Aviación, kubanische Fluggesellschaft 151, 156, 258f.
Cunhal, Álvaro 57
CUT, Central Única de Trabajadores (chilenischer Gewerkschaftsbund) 109

Daniel, Jean 184
Darío, Rubén 231

Dávila, Aurelio 29f.
Debray, Régis 221–227
–, »Lettre aux communistes français« 223
Defence Intelligence Agency des Pentagons 11
Democracia Cristiana chilena (die chilenischen Christdemokraten, Partido Demócrata Cristiano, PDC) 15–18, 26, 109, 111
Democracia Cristiana portuguesa 57
Democrazia Cristiana (Partito Democrazia Cristiana, DC, Christdemokratische Partei Italiens) 57
Díaz Argüelles, Raúl 146, 169
DINA (Dirección de Inteligencia Nacional Anticomunista), chilenischer Geheimdienst 35, 39
Dirección de Inteligencia Nacional Anticomunista, siehe DINA
Dos Santos, Enrique, 152
Duzán, María Jimena 323

Edwards Bello, Joaquín 21
Eiffel, Alexandre Gustave 272
Eisenhower, Dwight David 135

Ejército de Liberación Nacional (ELN, Nationale Befreiungsarmee Argentiniens) 112
Ejército Popular de Liberación (EPL, Volksheer für die Befreiung) Kolumbien 287
Ejército Revolucionario del Pueblo (ERP, Revolutionäre Volksarmee in Argentinien) 118, 120f.
Endo, befehlshabender Kommandant der MPLA 146
ELN (Ejército de Liberación Nacional, Nationale Befreiungsarmee Argentiniens) 113
Enríquez, Camila und Jimena 36f.
Enríquez, Miguel 35–43
EPL (Ejército Popular de Liberación), Volksheer für die Befreiung (in Kolumbien) 287
ERP (Ejército Revolucionario del Pueblo), Revolutionäre Volksarmee in Argentinien 118, 120f.
Escobar Bravo, Antonio 287, 295f., 299–304
Escobar Gaviria, Pablo 325, 329, 331, 343

Escorcio, Herminio Joaquín 194
El Espectador 317–323, 331, 370, 372
L'Espresso 310f.
Espriella, Ricardo de la 294
Ewefp, General 173f.
Excelsior 369

FAPLA (Fuerzas Armadas Populares de Liberación de Angola), Volksheer zur Befreiung Angolas) 169
FAR (Fuerzas Armadas Revolucionarias, Revolutionäre Streitkräfte), Argentinien 113
FARC (Fuerzas Armadas Revolucionarias de Colombia, Revolutionäre bewaffnete Kräfte Kolumbiens) 332–334
Fayad, Álvaro 290, 293, 296–300, 303
Figueroa Guthiérrez, Sergio 10
Firmennich, Mario Eduardo 123–132
First National City Bank 27
Fliegerschule, chilenische 9
FLN (Front de Libération Nationale, Nationale Befreiungsfront in Algerien) 151
FNLA (Frente Nacional de Libertação de Angola) Nationale Front für die Befreiung Angolas 147
Ford, Gerald 279
Frauenverband von Kuba (Federación de Mujeres de Cuba) 103
Frei Montalva, Eduardo 14, 16, 22, 27
Frente Nacional de Libertação de Angola (FNLA, Nationale Front für die Befreiung Angolas) 147
Frente Sandinista de Liberación Nacional (FSLN), Sandinistas (Sandinistische Nationale Befreiungsfront) 229–245
Freud, Lucian 360
Frondizi, Arturo 31
Front de Libération Nationale (FLN, Nationale Befreiungsfront in Algerien) 151
FSLN, Frente Sandinista de Liberación Nacional, Sandinistas (Sandinistische Nationale Befreiungsfront) 229–245
Fuerzas Armadas Populares

de Liberación de Angola (FAPLA, Volksheer zur Befreiung Angolas) 169
Fuerzas Armadas Revolucionarias (FAR), Revolutionäre Streitkräfte (Argentinien) 113
Fuerzas Armadas Revolucionarias de Colombia (FARC, Revolutionäre bewaffnete Kräfte Kolumbiens) 332–334

Galán, Luis Carlos 336f.
Gallardo, chilenischer Hauptmann 25
García Barcha, Rodrígo 72
De Gaulle, Charles 151
Gazmurri, Jaime 107–112
Giscard d'Estaing, Valéry 196
Gewerkschaftsbund Argentiniens (argentinische Zentralgewerkschaft, Confederación General de Trabajo, CGT) 114
Gewerkschaftsbund von Kuba (Confederación de Trabajadores de Cuba) 103
Gonçalves, Vasco 47, 64f.
González, Gonzalo 319
González, Pancho 87
González, María 363f.

González Márquez, Felipe 359–364
González, Pablo 363
Goulart, João 32
Granma 103
Granma (das Schiff, mit dem Castro auf Kuba eintraf) 140, 149, 156
Greene, Henry Graham 276
Grupo de Contadora (Contadora-Gruppe) 294
Guardia Nacional de Nicaragua (Nationalgarde von Nicaragua) 231, 233–239, 241
Guardia Nacional de Panamá (Nationalgarde von Panama) 178, 294
Guevara, Ernesto, Che 113, 117–118, 132, 152–154, 163f., 166, 176, 213–219, 226f., 289
Guillén, Nicolás 134–136
Gulf Oil, US-amerikanische Öl-Firma 192f.

Hay-Bunau-Varilla-Vertrag, siehe Bunau-Varilla-Vertrag
Hemingway, Ernest 210
Hitler, Adolf 114, 288
Hospital Psiquiátrico de La Habana (Psychiatrisches Krankenhaus von Havanna) 89f.

Institut für die Umgestaltung der Landwirtschaft (Instituto de Reorganización Agraria, IRA) in Portugal 59f.
Institut für Militärsoziologie (Instituto de Sociologá Militär) in Portugal 62
International Telegraph & Telephone Corporation (ITT) 10
Irangate (Iran-Contra-Affäre) 328
IRA (Instituto de Reorganización Agraria, Institut für die Umgestaltung der Landwirtschaft in Portugal) 59f.
ITT (International Telegraph & Telephone), US-amerikanisches Unternehmen 10

Jacinto, António 194
Jagan, Cheddi 32
Jiménez Gómez, Carlos 326
Johannes Paul I., Papst (Albino Luciani) 309f.
Johannes Paul II., Papst (Karol Wojtyla) 309–315
Johnson, Lyndon Baines 32
Jornal de Angola 194
Juan de la Cruz (Johannes vom Kreuz) 313

Kabila, Laurent-Désiré 153, 217
Kennecott, US-amerikanisches Unternehmen 15
Kissinger, Henry 11f., 147, 174
Klein, Yai 334
Kolumbus, Christoph 248, 347f., 351
Komitees zur Verteidigung der kubanischen Revolution (Comités de Defensa de la Revolución cubana, CDR) 84–87
Kommunistische Partei Argentiniens (Partido Comunista de Argentina) 120, 131
Kommunistische Partei Chiles (Partido Comunista de Chile) 107
Kommunistische Partei Kolumbiens (Partido Comunista de Colombia), siehe auch FARC 332
Kommunistische Partei Kubas (Partido Comunista de Cuba, PCC) 100, 102–104, 151, 159
Kommunistische Partei Portugals (Partido Comunista de Portugal, PCP) 54–58
Kommunistische Partei Venezuelas (Partido Comunista de Venezuela, PCV) 138

Kommunistische Partei Vietnams 281
Konfuzius 267f.
Konservative Partei Nicaraguas (Partido Conservador de Nicaragua) 234
Korry, Edward 14
Kuchilán, Mario 144
Kundera, Milan 312f.

Lacerda, brasilianischer Reaktionär 51
Lancaster, Joseph 353
Lanusse, Alejandro Augustin 113
Lara, Lucio 194
Lara Bonilla, Rodrigo 330
Lehder, Carlos 329-331
Leigh Guzmán, Gustavo 10
Lenin, Vladimir Iljitsch 105
Lennon, John 329f.
Lezama Lima, José 134
Liberale Partei Nicaraguas (Partido Liberal de Nicaragua) 234
Lira, Juan Enrique 26
Lleras Restrepo, Carlos 296
López Angulo, Gerardo 9
López Fitoría, Leovigildo 240
López Michelsen, Alfonso 207, 325

López Rega, José 116
Lopo do Nascimento 194
Luciani, Albino, siehe Johannes Paul I.
Lumumba, Patrice Hemery 153

M-19 Moviemento 19 de Abril, Bewegung des 19. April), Kolumbien 287, 294, 296f., 300, 303-306
Mailer, Norman, 362
–, »Harlot's Ghost« 362
Mantos, Chef der angolanischen Militärakademie 152
Mao Tse-tung 182
Marín, Conrado 296, 304
Marino Ospina, Iván 293, 307
Martí, José Julian 92, 105, 151, 156
Martins, João Filipe 194
Marx, Karl 224
Masetti, Jorge Ricardo 200f., 217f.
Mayor Zaragoza, Federico 365-367
Medellin-Kartell (Kolumbien) 325, 329f.
Melo Antunes, Augusto 67
Méndez de Carvalho, Agostinho 194

Mendoza, Plinio Apuleyo 140
Mercedes, Ehefrau von Gabriel García Márquez 139, 179f., 323, 360
El Mercurio, 26
MFA (Movimiento das Forcas Armadas, Bewegung der Streitkräfte in Portugal) 46, 52f., 55, 60–63, 65–68
Mingas, Finanzminister von Angola 152
Mobutu Sese-Seko (Joseph Désiré Mobutu) 147, 157f.
Molina, Coño el 39–41
Montoneros 113–121, 123–132
Montonero-Partei (Partido Montonero), Argentinien 131
Mora, José Antonio 238f., 245
Morales Benítez, Otto 294
Moravia, Alberto 182f.
Movimento das Forças Armadas (MFA, Bewegung der Streitkräfte), Portugal 46, 52f., 55, 60–63, 65–68
Movimento Popular de Libertação de Angola MPLA, Volksbewegung zur Befreiung Angolas) 146f., 149f., 154, 158, 167f., 170, 172f., 184–186, 188, 194
Movimiento 19 de Abril (M-19, Bewegung des 19. April), Kolumbien 287, 294, 296f., 300, 303–306
Movimiento 26 de Julio (Venezuela, Bewegung 26. Juli) 138, 140
MPLA (Movimento Popular de Libertação de Angola, Volksbewegung zur Befreiung Angolas) 146f., 149f., 154, 158, 167f., 170, 172f., 184–186, 188, 194
Mutis, Álvaro, 320

Nationale Befreiungsarmee Argentiniens (ELN, Ejército de Liberación Nacional) 112
Nationale Befreiungsfront (FLN, Front de Libération Nationale), Algerien 151
Nationale Front für die Befreiung Angolas (Frente Nacional de Libertação de Angola, FNLA) 147
Nationaler Sicherheitsdienst von Panama (Seguridad Nacional de Panamá) 209, 294

Nationalgarde von Nicaragua (Guardia Nacional de Nicaragua) 231, 233–239, 241
Nationalgarde von Panama (Guardia Nacional de Panamá) 178, 294
Nationalpartei (Partido Nacional), Chile 16
Nationalrat der Revolution im Kongo (Consejo Nacional de la Revolución del Congo) 153, 217
NATO (North Atlantic Treaty Organization 47
N'Dalo 152
National Cash Register 186
Nationaler Sicherheitsrat der USA 11
Naval Intelligence Agency 11
Navarro, Pilar 359
Neruda, Pablo 12, 19
Neto, António Agostinho 145–147, 149, 152, 154, 174, 191f., 193–197
Neto, María Eugenia 197
Ngi, Doàn 267
Nguyen Ko Thach 283
Nixon, Richard 11, 282
Noland, Ted 29f., 32
Noriega Morena, Manuel Antonio 294, 343
North, Olive, 328

Le Nouvel Observateur 184, 373
Null, Kommandant Null (comandante Cero), siehe Pastora, Edén

OAS, (Organisation Amerikanischer Staaten) 31f.
OAU (Organization of African Unity Organisation für Afrikanische Einheit) 165, 171
Obando Bravo, Miguel 240
Ochoa, Jorge Luis 330
Odría, Manuel Antuno 135
Olivares, Augusto 18, 25
Oliveira, César 62
Operation Camelot 13
Operation Carlota 145–176
Operation Phoenix, siehe Phoenix-Programm
Operation Schweinehüter (Operación Chanchera) 230
Operation Unitas 11, 23f.
Ordaz, kubanischer Kommandant 90
Organisation Amerikanischer Staaten (OAS, Organization of American States) 31f.
Organisation für Afrikanische Einheit (OAU, Organiza-

tion of African Unity) 165, 171
Ovalle, Felipe, 29
Oxford, CIA-Spionageschiff 259f.

Pacavira, Manuel 194f.
PAIGC (Partido Africano da Independência da Guiné e Cabo Verde, Afrikanische Unabhängigkeitspartei für Guinea und Cabo Verde 154
El País 372
Palacios, Javier 10, 25
Pallais Debayle, Luis 235, 238, 245
Palma, Ricardo 21
Palme, Sven Olof 175
Pardo Leal, Jaime 331
Partido Africano da Independência da Guiné e Cabo Verde (PAIGC, Afrikanische Unabhängigkeitspartei für Guinea und Cabo Verde 154
Partido Comunista de Argentina (Kommunistische Partei Argentiniens) 120, 131
Partido Comunista de Chile (Kommunistische Partei Chiles) 107
Partido Comunista de Colombia (Kommunistische Partei Kolumbiens, siehe auch FARC) 332
Partido Comunista de Cuba (PCC, Kommunistische Partei Kubas) 100, 102–104, 151, 159
Partido Comunista de Portugal (PCP, Kommunistische Partei Portugals) 54–58
Partido Comunista de Venezuela (PCV, Kommunistische Partei Venezuelas) 138
Partido Conservador de Nicaragua (Konservative Partei Nicaraguas) 234
Partido Demócrata Cristiano (PDC, chilenische Christdemokraten) 15–18, 26, 109, 111
Partido Intansigente, Argentinien 131
Partido Liberal de Nicaragua (Liberale Partei Nicaraguas) 234
Partido Montonero (Argentinien) 131
Partido Nacional (extreme Rechts-Partei in Chile) 16
Partido Radical, Argentinien 131

Partido Socialista de Portugal (PS, Sozialistische Partei Portugals) 54f., 58, 63f.
Partido Social Cristiana (PSC, Christlich-Soziale Partei), Ecuador 29
Pastora, Edén, Kommandant Null (Nummer Null) 230, 231f., 235–239, 244, 245
PCC (Partido Comunista de Cuba, Kommunistische Partei Kubas) 100, 102–104, 151, 159
PCP (Partido Comunista de Portugal, Kommunistische Partei Portugals) 54–58
PCV (Partido Comunista de Venezuela, Kommunistische Partei Venezuelas) 138
PDC, Partido Demócrata Cristiano (chilenische Christdemokraten) 15–18, 26, 109, 111
Peláez, Amalia 134
Pentagon 9f., 14
Pérez, Carlos Andrés 145, 203, 244
Pérez Jiménez, Marcos 135, 136f., 139
Perón, Eva (genannt Evita, geb. María Eva Duarte) 49, 114
Perón, Isabel 124
Perón, Juan Domingo 114–116, 125–127, 135f.
Pham Van Dong 281, 283
Phoenix-Programm (Vietnam) 263, 265, 279
Pinochet Ugarte, Augusto 10, 22, 111, 202
La Plata, kubanischer Frachter 148, 149
Pol Pot, 282
La Prensa Latina 83, 200f., 249, 255
PSC (Partido Social Cristiana, Christlich-Soziale Partei), Ecuador 29
Psychiatrisches Krankenhaus von Havanna (Hospital Psiquiátrico de La Habana) 89f.

Qadros, Janio da Silva 31

Reagan, Ronald 327, 343, 345
Renascença, katholischer Radiosender in Portugal 64
Revista 372
Revista de Casa de las Américas 370
Revolutionäre bewaffnete Kräfte Kolumbiens (FARC, Fuerzas Armadas Revolucionarias de Colombia) 332–334

Revolutionäre Streitkräfte in
  Argentinien (Fuerzas
  Armadas Revolucionarias,
  FAR) 113
Revolutionäre Volksarmee in
  Argentinien (Ejército Revo-
  lucionario del Pueblo,
  ERP) 118, 120f.
Riva, Valerio 311
Roberto, Holden 147, 149f.,
  158, 171
Rodríguez Orejuela, Gilberto
  330
Rodríguez Peralta, Pedro 151
Rojas Pinilla, Gustavo 135
Romero, Ángel 300 305f.
Romero, Carmen, Ehe-
  frau von Felipe González
  363
Rossanda, Rossanna 17, 20
Russell-Tribunal 178

Saint-John Perse 367
–, »Morgen ist es immer
  schon zu spät« 367
Salazar, António de Oliveira
  65
Salazar y Espinosa, Manuel
  240
Salgar, José 319
Salgari, Emilio 264
Sandinistas (Frente Sandinista
  de Liberación Nacional,
FSLN, Sandinistische
  Nationale Befreiungsfront)
  229–245
Santander, Francisco de
  Paula 351
Saraiva de Carvalho, Otelo
  62f., 149
Savimbi, Jonás 147, 172
Schueg Colás, Víctor 171
Segundo, Deckname für
  Jorge Ricardo Massetti 217
Seguridad Nacional de Chile
  (chilenische Staatssicher-
  heit) 10
Seguridad Nacional de
  Panamá (Nationaler Sicher-
  heitsdienst von Panama
  209, 294
Semana 372
Semana Cómica, La 133
Silva Saúde, Noe da 194
Soares, Mário 55–58
Sombra, Segundo 218
Somoza Abrego, José 235,
  245
Somoza Debayle, Anastasio
  135, 230f., 234, 238–245
Somoza, José 235
Sotomayor, Humberto 39, 41
Soumialot, Gaston 153, 217
Sozialistische Partei Portu-
  gals (PS, Partido Socialista
  de Portugal) 54f., 58, 63f.

Staatssicherheit, chilenische (Seguridad Nacional de Chile) 10
Stroessner, Alfredo 135

Tambs, Lewis 327f.
Tatu, Deckname für Che Guevara im Kongo (siehe Guevara, Ernesto, Che) 153, 217
Téllez, Dora María, Kommandantin Zwei (Nummer Zwei) 231–237, 239f., 244
Thomas, Hugh 257
El Tiempo 300, 325
Time Magazine 372
Toledo Plata, Carlos 290, 293, 295f., 300
Toro Mazote, Carlos 9
Torres, Camilo 289
Torres Jiménez, Hugo, Kommandant Eins (Nummer Eins) 231, 238f., 245
Torrijos Herrera, Omar 177–180, 203–211, 243f., 332f.
Touré, Ahmed Sékou 151, 182
Troncoso, Arturo 10
Tropical Cable, Firma in Guatemala 200
Trujillo y Molina, Rafael Leónidas 32, 136
Tshombé, Moïse Kapenda 153, 217f.

Turbay Ayala, Julio César 296, 332

UN (siehe Vereinte Nationen)
UNESCO (United Nations Educational, Scientific and Cultural Organization) 91, 278, 365–367
União Nacional para a Independência Total de Angola (UNITA, Union für die völlige Unabhängigkeit Angolas) 147, 168, 172
Unidad Popular de Chile (Volksfront) 10, 14–16, 18f., 22, 24, 108, 113
Union für die völlige Unabhängigkeit Angolas (União Nacional para a Independência Total de Angola, UNITA) 147, 168, 172
Unión Patriótica (Kolumbien) 331
UNITA (União Nacional para a Independência Total de Angola, Union für die völlige Unabhängigkeit Angolas) 147, 168, 172
El Universal 300, 305

Varea, Reinaldo 29f.
Varela Gómez, 62

Velasco, Luis Alejandro 321
Velasco Ibarra, José María 29, 31
Velho da Costa, Maria 70
Vereinte Nationen (UNO) 173, 268, 270
Vernon, Edward 260
Videla, Jorge Rafael 123f.
Vieira, Luandino 195
Viet Nam heroico, kubanisches Passagierschiff 148f., 163
Villapol, Nitza 79
Vivas, Nelly 296
Volksbewegung zur Befreiung Angolas (MPLA, Movimento Popular de Libertação de Angola) 146f., 149f., 154, 158, 167f., 170, 172f., 184–186, 188, 194
Volksheer zur Befreiung Angolas (FAPLA, Fuerzas Armadas Populares de Liberación de Angola) 169
Volksheer für die Befreiung (EPL, Ejército Popular de Liberación), Kolumbien 287
Volver a empezar, spanischer Film (dt. Titel: Neubeginn) 290

Wagner, Richard 38
Walsh, Rodolfo 199–202
Washington, George 260
The Washington Post 371
Watergate-Skandal 155
Westmoreland, William, 23

Xieto, angolanischer Befehlshaber 158
Xuan Thuy 281–283

Zalamea Borda, Eduardo 317–319
Zanetti, Fulvio 310
Zapata, Emiliano 288

Gabriel García Márquez
Hundert Jahre Einsamkeit

Roman
Gebunden

»Hundert Jahre Einsamkeit von Gabriel García Márquez ist ein Buch, wie es in Europa seit Jahrzehnten nicht geschrieben worden ist und wahrscheinlich gar nicht geschrieben werden könnte: Literatur als Schöpfungsbericht, als magische Beschwörung und als revolutionäre Auflehnung. Dieser Roman ist ein Elementarereignis.«
Die Zukunft, Wien

Gabriel García Márquez
Chronik eines angekündigten Todes

Roman
Gebunden

Ein Dorf an der kolumbianischen Karibikküste feiert ein rauschendes Hochzeitsfest, doch noch in der Hochzeitsnacht wird die Braut ins Elternhaus zurückgeschickt; sie war nicht mehr unberührt. Der mutmaßliche „Täter" muß sterben. In seiner atemberaubenden Chronik, einem in sich geschlossenen Meisterwerk, beschreibt Gabriel García Márquez die Stunden zwischen Ankündigung und bitterem Vollzug dieses Todes.

Gabriel García Márquez
Die Liebe in den Zeiten der Cholera

Roman
Gebunden

Nichts auf der Welt ist schwieriger als die Liebe – davon erzählt Gabriel García Márquez in seinem großen Roman, einer Geschichte voller Lebenskraft und Poesie über die lebenslange Liebe von Florentino Ariza zu Fermina Daza.

»Gabriel García Márquez' komische, ironische, traurige Geschichte von Liebe und Vergänglichkeit ist vom handfest und dauerhaft robusten Stoff der großen Literatur.«
Der Spiegel

Gabriel García Márquez
Von der Liebe und anderen Dämonen

Roman
Gebunden

»Bücher, die ihre Leser mit Sehnsucht vergiften: Liebesgeschichten, Ritterromane. Gabriel García Márquez' neuer Roman ist ein solches Buch: Es zieht seinen Leser in eine Welt hoffnungsloser Verfallenheit, die sich ihm als literarische Schönheit mitteilt.«
Gustav Seibt, FAZ

»Auch in unserer Zeit gibt es Romane, die uns bedauern lassen, daß sie eine letzte Seite haben. Einen solchen Roman, ein Buch von... großer, ja gewaltiger Wirkung verdankt die lesende Welt dem kolumbianischen Schriftsteller Gabriel García Márquez... ein *Theatrum mundi*, dessen Farben hell und düster sind, dessen Klänge uns betören und schaudern lassen.«
Marcel Reich-Ranicki, FAZ

Gabriel García Márquez
Die Erzählungen

KiWi 504

»Mit welch üppigen Fabeln und poetischen Kapriolen hat García Márquez den Lesern in aller Welt die Augen geöffnet vor den wunderbaren Wirklichkeiten seiner kolumbianischen Heimat an den schwülen Gestaden des karibischen Meers, wo die Rohrdommeln segeln, wo sintflutartig der Regen fällt und die Erinnerungen, Träume und Delirien aufsteigen aus dampfender Feuchtigkeit.«

Gunnar Ortlepp, Der Spiegel